The Practice of Programming

プログラミング作法

Brian W. Kernighan/Rob Pike 著
福崎俊博 訳

ASCII
DWANGO

The Practice of Programming

Brian W.Kernighan
Rob Pike

ADDISON-WESLEY

Boston • San Francisco • New York • Toronto • Montreal
London • Munich • Paris • Madrid
Capetown • Sydney • Tokyo • Singapore • Mexico City

日本語版序文

世界中のプログラマは共通の願望を抱いており、残念ながら共通の悩みを抱えている。我々の願望とは何だろうか。我々は皆、自分のプログラムを優れたプログラムにしたいと望んでいる。明瞭で簡潔でエレガントで、どんな状況でも正しく機能し、リソースを効率よく経済的に使用し、ニーズの変化に柔軟に対応でき、どんな環境にも難なく移植できるプログラムにしたいと思っている。

我々の悩みとは何だろうか。スケジュールがきつく期限が間近に迫っているため、改良や仕上げを施す余裕がほとんどない。にもかかわらず、矢継ぎばやの変更に応じるためにコードに絶えず手を加えなければならない。メモリはいくらあっても足りないし、プロセッサはいくら速くても決して十分とは言えない。しかも言語やシステムや環境がこれほど頻繁に変化するようでは、移植性を確保するのも困難だ。

我々2人が『The Practice of Programming』を執筆した目的は、プログラムに対する効果的な取り組み方を提示し、質の高いコードを作成／維持するという目標をプログラマが達成するのを多少なりとも支援することにある。本書の意図する読者対象は幅広い。ベテランのプログラマなら自らの仕事に潜む問題点を認識できるだろうし、比較的経験の浅いプログラマならほかの人々が苦労して得た教訓から多くのことを学べるだろう。

我々は『The Practice of Programming』が福崎俊博氏によって翻訳され、このたび日本で出版されることを心から嬉しく思う。本書が日本の友人たちのお役に立てることを願っている。

2000年11月　ベル研究所
Brian Kernighan & Rob Pike

目 次

はじめに

次のような経験をしたことはないだろうか。

間違ったアルゴリズムでコーディングしてやたらと時間を無駄にした
使用するデータ構造が死ぬほど複雑になった
プログラムをテストしたのに明白な問題点を見落としていた
5分もあれば見つかるはずのバグを1日がかりで探し回った
プログラムを3倍速くしメモリ使用量も減らしたいと思った
ワークステーションとPCの間でプログラムを移植するのに苦労した
他人のプログラムに少々変更を加えようとした
さっぱり理解できないプログラムを書き直した

で、それって楽しかったですか？

こうしたことはプログラマにはよくあることだ。それなのに、この種の問題に対処しようとすると予想外に苦労することが多い。テストやデバッグ、移植性、性能、設計の選択、スタイルなどといったテーマ（プログラミングの**実践**）は、計算機科学の授業やプログラミング講座であまりまともに取り上げられないからだ。自分の経験を通して場当たり的に手法を身につけているプログラマがほとんどだし、中には少しも身につけていないプログラマもいる。

巨大で複雑なインターフェイス。絶えず変化するツールや言語やシステム。そして何よりも現実の過酷なプレッシャー。このような状況の中にいると、優れたソフトウェアを生み出す素地となる基本原則（簡潔性、明瞭性、一般性）をどうしても見失いがちになる。また、ソフトウェアの作成作業を機械化することでコンピュータ自身をプログラミング作業に参加させるツールや記法が存在するが、その価値を見くびっている人もいる。

本書のアプローチはこうした基本的で互いに関連し合う原則に基づいており、これらの原則はあらゆるレベルのコンピュータ使用形態に通用する。まず**簡潔性**（simplicity）。これはプログラムを短く扱いやすい状態にしておくということだ。**明瞭性**（clarity）はプログラムを人間にもマシンにもわかりやすく書くことを表す。**一般性**（generality）は幅広い状況できちんと機能し、新たな状況にもうまく対応できるという意味で、**自動化**（automation）は自分の代わりにマシンに仕事をさせて、つまらない作業から自分を解放することだ。本書では、アルゴリズムやデータ構造から設計、デバッグ、テスト、性能改善の話題にいたるまで、さまざまな言語を使ってコンピュータプログラミングについて解説する。これによって、個別の言語やオペレーティングシステムやプログラミングパラダイムにとらわれない、ソフトウェア工学の普遍概念を明らかにできるはずだ。

本書は我々の経験から生まれたものだ。我々は長年にわたって数多くのソフトウェアの開発とメンテナンスに従事し、プログラミング講座で講師を務め、さまざまなタイプのプログラマと共同作業をしてきた。本書を通して、現実の問題から学んだ教訓や我々の経験から得た考えを伝えたいと思うし、技術レベルの如何を問わず、すべてのプログラマが自らの能力と生産性を向上させるのに役立つ手段を提示できればと思う。

本書は何種類かの読者を想定している。プログラミングの授業を受けたことがあり、もっと優秀なプログラマになりたいと思っている学生ならば、授業であまり時間をかけて扱われなかった題材に関する詳しい解説が本書に見つかるはずだ。また、仕事でプログラムを書くことはあってもプログラミングが本業ではなく、あくまでも別の作業を支援するためにプログラミングしている人なら、もっと効率よくプログラムを書くのに役立つ情報が得られるだろう。本職のプログラマでも、学校でこうしたテーマについてあまり学ばなかった人や勉強し直したい人、あるいは自分の部下を正しい方向に導きたいと思っているソフトウェアマネージャには、本書は一読の価値があると思う。

我々は本書のアドバイスが読者のプログラミング技術の向上に貢献することを願っている。読者に唯一必要な条件は（できればCかC++かJavaでの）多少のプログラミング経験だ。もちろんプログラミングに関して言えば、経験は多いに越したことはない。ほんの半月かそこらで、都合よく初心者からエキスパートに変身できる方法などあるわけがないのだ。なお、WindowsやMacintoshしか使ったことのない人よりも、UnixやLinuxのプログラマの方が親しみを感じやすい例も一部登場するが、どんな環境にいるプログラマだろうと、自分のやり方を改善するのに役立つヒントが必ず本書に見つかるはずだ。

本書は9つの章で構成され、それぞれの章では実際のプログラミング作業における重要なテーマを個別に取り上げている。

1章ではプログラミングスタイルについて述べる。このテーマを最初に持ってきたのは、良きプログラミングには良きスタイルが不可欠だからだ。プログラムをきれいに書けば、汚く書くより間違いが少なくなるしデバッグや修正も楽になるので、初めからスタイルを意識することが肝心になる。またこの章では、利用する言語に合った慣用句を使用するという、優れたプログラミングをする上で重要なテーマも取り上げる。

2章の話題はアルゴリズムとデータ構造についてだが、これは計算機科学のカリキュラムの中心であり、プログラミング講座でも重要な題材として扱われる。大半の読者はもうこのテーマについてはよく知っているだろうから、多くのプログラムに登場する何種類かのアルゴリズムやデータ構造に関する簡単な復習のつもりで読んでほしい。もっと複雑なアルゴリズムやデータ構造はたいていはこうした素材の発展形なので、ここで紹介する基本はマスターしておかなければならない。

アルゴリズムとデータ構造の問題を現実に即した形で示すため、3章では小さなプログラムの設計と実装を取り上げる。このプログラムは5種類の言語で実装される。それぞれのバージョンを比較することで、同一のデータ構造が個々の言語でどのように扱われ、言語によって表現力や性能がどう違うのかが明らかになる。

ユーザーとプログラムとプログラムの部品間のインターフェイスはプログラミングの基本要素であり、ソフトウェアが成功するかどうかは、インターフェイスの設計と実装がどれだけ優れているかによってほぼ決まる。4章では、広く使われているデータ形式を解析するための小さなライブラリが発展していく過程を示す。小さな例には違いないが、抽象化、情報の隠蔽、リソース管理、エラー処理といったインターフェイス設計上の多くの問題がこれを通して明らかになる。

最初からいくら正しいプログラムを書こうと努力しても、バグとそれにともなうデバッグ作業からは逃れられない。5章では、システマチックに効率よくデバッグする戦略と戦術を解説する。よくあるバグの症状などを説明するほか、デバッグ出力のパターンによって問題の所在を解明する「数字占い」の重要性も紹介する。

テストとは、プログラムが正しく機能していることや、正しさを維持しながらプログラムが発展していることを確認するための行為だ。6章では、手とマシンによる系統的なテストの重要性に力点が置かれる。境界条件のテストをすれば、潜在的なウィークポイントを発見できる。機械化してテスト機構を用意すれば、徹底したテストをそこそこの労力で簡単に実行できるようになる。また、ストレステストは一般的なユーザーが実行するのとはタイプの違うテストであり、違った種類のバグを発見するのに使われる。

コンピュータは高速だしコンパイラも優秀なので、たいていのプログラムはでき上がると同時に十分な速度で動く。それでも中には異常に遅かったり、メモリ使用量が膨大だったり、その両方だったりするプログラムもある。7章では、プログラムが効率よくリソースを利用できるようにしつつ、効率が向上しても正しく安定した動作が保たれるようにする秩序立った方法を紹介する。

8章では移植性の問題を取り上げる。できのいいプログラムは長生きするので、その環境も変化していくし、新しいシステムや新しいハードウェアや新しい国に引っ越さなければならない場合もある。移植性を確保する目的は、必要最小限の変更を施すだけでプログラムを新しい環境に順応させられるようにして、メンテナンスの手間を減らすことにある。

コンピュータの世界は言語にあふれており、大部分のプログラミングに利用する汎用言語だけでなく、狭い分野に特化した専用言語も数多く存在する。9章では、コンピュータの世界における記法の重要性を示す実例をいくつか紹介し、それを利用してプログラムを簡潔にしたり、実装を導き出したり、さらにはプログラムを記述するプログラムを記述する方法を示そう。

プログラミングの話をするには、どうしてもコードをたくさん紹介しなければならなくなる。ほとんどは本書のために書き起こしたコードだが、ちょっとした例の中には既存のコードを書き直したものもある。我々はとりわけまともなコードを書くように心がけ、数種類のシステムで機械可読のテキストを直接使ってテストしてある。これ以外の詳しい情報は、次に示す『*The Practice of Programming*』のWebサイトに掲載する。

```
http://tpop.awl.com
```

ほとんどのプログラムはCで書いてあるが、C++やJavaで書いた例もいくつか登場するほか、ちょっと遠出をしてスクリプト言語に立ち寄ることもある。最低のレベルで言えばCとC++はほとんど同じなので、本書のCプログラムはC++プログラムとしても正しい。C++とJavaはCの直系の子孫であり、共通する構文も少なくないし効率や表現力といった点でもかなり似通っているが、型のシステムやライブラリはさらに充実している。我々はこの3種類の言語は言うまでもなく、ほかにも数多くの言語を仕事で日常的に使っている。どんな言語を選択するかは目的次第だ。オペレーティングシステムを書くならCやC++のような効率的で制約の少ない言語がベストだし、簡単なプロトタイプならたいていはコマンドインタープリタであるとか、AwkやPerlなどのスクリプト言語を使うのが一番手っとり早い。ユーザーインターフェイス記述用としては、JavaとともにVisual BasicやTcl/Tkも有力候補となるだろう。

本書の実例の言語選択には重要な教育的配慮が反映されている。あらゆる問題を同じようにうまく解決できる言語が存在しないように、あらゆるテーマを解説するのに最適な言語も1つではない。高級言語には、多少なりともあらかじめ設計が規定されてしまう面がある。一方、低級言語を使う場合には問題解決に至る選択肢をあれこれ考える必要があるが、我々としては細部を提示できればできるほど解説する上で都合がよくなる。経験から言って、高級言語の機能を利用する場合でも、それがもっと低レベルの事柄とどう関連しているのかを知ることはきわめて重要だ。この点を意識しないと、すぐに性能上の問題や奇妙な動作を引き起こすはめになってしまう。そのため、我々自身現実の仕事だったら別の言語を選択するかもしれないような場面も含めて、本書の実例には主としてCを使うことにした。

もっとも、本書の内容の大部分は特定のプログラミング言語に依存しない。データ構造の選択は使用する言語に左右される面があり、選択肢の幅は言語によって狭かったり広かったりする。しかし選択に至る過程は同じだ。テストやデバッグの方法も言語によってまちまちだが、戦略と戦術はどんな言語でも似通っている。そしてプログラムの効率を向上させるテクニックの大半もあらゆる言語に応用できる。

どんな言語で書くにせよ、プログラマとしての読者の任務は手もとのツールを使ってベストを尽くすことだ。良きプログラマは貧弱な言語や使いづらいオペレーティングシステムを克服できるが、悪しきプログラマを救うのはたとえ最高のプログラミング環境だろうと不可能だ。読者の現在の経験や実力がどの程度であれ、読者が本書を参考にして実力を向上させ、プログラミングの楽しみをもっと感じられるようになればさいわいだ。

我々2人は、原稿を読んで参考意見を数多く寄せてくれた友人や仲間たちに感謝の念を禁じえない。Jon Bentley、Russ Cox、John Lakos、John Linderman、Peter Memishian、Ian Lance Tayler、Howard Trickey、Chris Van Wykの各氏には、原稿を非常に細かく丁寧に（人によっては何度も）読んでいただいた。Tom Cargill、Chris Cleeland、Steve Dewhurst、Eric Grosse、Andrew Herron、Gerald Holzmann、Doug McIlroy、Paul McNamee、Peter Nelson、Dennis Ritchie、Rich Stevens、Tom Szymanski、Kentaro Toyama、John Wait、Daniel C. Wang、Peter Weinberger、Margaret Wright、Cliff Youngの各氏には、いろいろな段階で原稿に関して貴重な意見をいただいた。さらに、Al Aho、Ken Arnold、Chuck Bigelow、Joshua Bloch、Bill Coughran、Bob Flandrena、Renée French、Mark Kernighan、Andy Koenig、Sape Mullender、Evi Nemeth、Marty Rabinowitz、Mark V. Shaney、Bjarne Stroustrup、Ken Thompson、Phil Wadlerの各氏からは、優れたアドバイスと豊かなヒントをいただいた。ありがとう。

Brian W. Kernighan
Rob Pike

The Practice of Programming — CHAPTER 1

第1章　スタイル

昔から言われるように、最高の書き手は時にレトリックのルールを無視することがある。ただしそうした場合には、ルール違反を補ってあまりあるメリットがその文を通して読者に伝わるのが通例だ。それに確信が持てない限り、おそらく書き手はできる限りルールにしたがおうとするだろう。

William Strunk and E. B. White, *The Elements of Style*

次のコードは、大昔に開発された巨大なプログラムの一部だ。

```
if ( (country == SING) || (country == BRNI) ||
     (country == POL) || (country == ITALY) )
{
        /*
         * 国がシンガポールかブルネイかポーランドだったら
         * 現在の時間はオフフック時ではなく応答時
         * 応答時をリセットし曜日をセット
         */
        ...
```

コードは注意深く記述され、清書され、コメントも入れられており、これによって生成されたプログラムはきわめて良好に動作する。このシステムを開発したプログラマは自分たちの作品を誇っていいだろう。ところが、上記の引用部分をたまたま目にした人は少々とまどう。シンガポールとブルネイとポーランドとイタリアは、どんな関係で結ばれているんだろう。なぜコメントのほうにイタリアが登場しないんだろう。コメントとコードが食い違っているのだから、どちらかが間違っているはずだ。ひょっとすると両方とも。実行されテストされるのはコードなのだから、コードのほうが正しい可能性が高い。たぶんコードが更新されるときにコメントが更新されなかったに違いない。コメントに出てくる3か国の関係はコメントからはよくわからない。このコードのメンテナンスを命じられたとしたら、もっと詳しい情報を仕入れなければならない。

上記の数行のコードは現実によくあるコードの典型的な例だ。だいたいはきちんと書けているのだが、少々改善の余地もある。

本書は、プログラミングの実践、つまり現実のプログラムの書き方についての本だ。本書の目的は、トラブル発生要因やもろさをプログラムに持ち込まないようにしながら、少なくともこの例の元になったプログラムと同じくらいまともに機能するソフトウェアを書けるようにすることにある。本書では、最初から優れたコードを書き、それを発展させながらコードを改善していく方法を解説する。

ただ、我々はそれを少々異例の地点から始めようとしている。我々が最初に取り上げるのはプログラミングスタイルだ。スタイルの目的は自分にも他人にもコードを読みやすくすることにあり、良きプログラミングには良きスタイルが欠かせない。これを最初に説明するのは、本書のコードを読むときに読者にスタイルを意識してもらいたいからだ。

プログラムを書くということは、正しい構文を使い、バグを直し、それなりに高速に動くようにすれば済むわけではない。プログラムはコンピュータだけでなくプログラマにも読まれるからだ。きれいに書かれたプログラムは汚く書かれたプログラムよりも読んで理解しやすいし、修正するのも簡単になる。きれいに書く修業はコードが正しく動く可能性を高める。さいわいこれはそれほどつらい修業ではない。

プログラミングスタイルの原則は経験によって導かれる常識に基づいており、勝手な規則や掟があるわけではない。コードは明晰でシンプルでなければならず（明快なロジック、自然な表現、慣習にしたがった言語の使用法、意味のある名前、清書、役に立つコメント）、小賢しいトリックや構文の異例な使い方は避けなければならない。一貫性も重要だ。全員がきちんと同じスタイルにしたがうようにすれば、他人は自分の、自分は他人のコードが読みやすくなるからだ。現場の慣行や上司の命令やプログラムによって細かく指示されるケースもあるが、そうでない場合にも広く普及している慣習にしたがうのが一番いい。本書は基本的に『*The C Programming Language*』[*1]のスタイルに準拠しており、C++とJavaの場合はそれに微調整を施している。

同じことを2通りの表現で言って対比させるとわかりやすいと思うので、スタイルのルールを解説する際には、たいていプログラミングの悪い例と良い例を示す小さなサンプルを掲載している。こうした例は決して人為的に作ったわけではない。「悪い」例はすべて現実のプログラムから抜き出したコードだ。それを書いたのは、多すぎる仕事と少なすぎる時間というありふれた状況の下で仕事をしているごく普通のプログラマたちだ（場合によっては我々自身だったりする）。短くするために簡

---

*1　（邦訳）『プログラミング言語C：ANSI規格準拠』Brian Kernighan、Dennis Ritchie著、石田晴久訳、2版、共立出版、1989

略化した例も一部あるが、故意にねじ曲げたりはしていない。それを紹介したあとで、改善方法の例を紹介するために悪い部分を書き直してみる。ただしこれらは現実のコードなので、コード中に問題点が複数存在するケースもある。個々の問題点をすべて取り上げていたら本題からどんどん外れていってしまうので、良い例の中には本文で触れられていない別の問題が依然として潜んでいる場合もあるので注意してほしい。

悪い例を良い例と区別するために、次の現実の例のように、本書では一貫しておかしなコードの左端にクエスチョンマークをつけることにする。

```
?     # define ONE 1
?     # define TEN 10
?     # define TWENTY 20
```

この#defineのどこが変なのだろうか。プログラムの変更にともなって、要素が20個（TWENTY）だった配列を拡張しなければならなくなったケースを考えてみればいい。最低でもこうした名前は、それぞれの値のプログラム中での役割を示す名前に変更する必要がある。

```
# define INPUT_MODE 1
# define INPUT_BUFSIZE 10
# define OUTPUT_BUFSIZE 20
```

1.1 名 前

名前にはどんな内容が盛り込まれているだろうか。変数名や関数名はオブジェクトのラベルであり、その目的についての情報を伝える。名前は、情報を含み、簡潔で覚えやすく、できれば発音可能な名前にしなければならない。文脈とスコープからもかなりの情報が得られるが、スコープの広い変数ほど名前から伝わる情報量を増やす必要がある。

グローバルにはわかりやすい名前を、ローカルには短い名前を。グローバル変数はその定義上プログラムのどこにでもひょっこり出現する可能性があるので、読む人がその意味を思い出せる程度に長く、説明的な名前をつける必要がある。個々のグローバル変数の宣言に短いコメントをつけておくのも役に立つ。

```
int npending = 0;  // 現在の入力キューの長さ
```

グローバルな関数とクラスと構造体にも、プログラム中での役割を表す説明的な名前をつける必要がある。

それとは逆に、ローカル変数には短めの名前で十分だ。関数の内部でならおそらくnで十分だし、npointsなら申し分ないし、numberOfPointsだとやりすぎだ。

特定の場面で使われるローカル変数はごく短い名前でかまわない。ループインデックスのiとj、ポインタのpとq、文字列のsとtは非常によく使われるので、これより長い名前を使ってもあまりメリットはないし、おそらく無駄だろうと思う。

```
?     for (theElementIndex = 0; theElementIndex < numberOfElements;
?             theElementIndex++)
?         elementArray[theElementIndex] = theElementIndex;
```

これを次のコードと比べてみよう。

```
    for (i = 0; i < nelems; i++)
        elem[i] = i;
```

文脈にかかわらず長い変数名を使うように言われることがよくあるが、それは間違いだ。明快さは簡潔さによってもたらされることが多いからだ。

命名法に関する慣習的な規約やローカルな慣行は数多く存在する。よくあるのは、nodepのようにポインタの末尾や先頭にpをつけるとか、グローバル変数の1文字目をGlobalsのように大文字にするとか、定数をCONSTANTSのようにすべて大文字にすることなどだ。もっと徹底したルールを採用しているプログラミング現場もあり、たとえばpchなら文字のポインタで、strToやstrFromならそこに書き込んだり読み出したりする文字列を表すというように、変数名に型や使用法をエンコードする記法が使用されることもある。名前のスペリング自体について言えば、nspendingかnumPendingかnum_pendingかは趣味の問題だ。まともな慣習に一貫してしたがうことに比べれば、具体的なルール自体の重要性ははるかに小さい。

命名法の慣習にしたがえば自分自身のコードも他人のコードも理解しやすくなるし、コードを書いている最中に新しい名前を考案するのも楽になる。プログラムが長くなればなるほど、説明的で体系的で優れた名前を選択する重要性が増す。

C++の名前空間とJavaのパッケージは名前のスコープを管理する手段であり、だらだらした長い名前を使わなくても意味が明確になる。

統一しよう。関連性のあるものには関連性のある名前をつけて、関係を示すとともに違いを際立たせるようにすること。

名前が長すぎるのは別にしても、次のJavaクラスのメンバ名には一貫性がまるで欠けている。

```
?     class UserQueue {
?         int noOfItemsInQ, frontOfTheQueue, queueCapacity;
?         public int noOfUsersInQueue() {...}
?     }
```

“queue”という単語がQ、Queue、queueとして登場している。しかしキューはUserQueue型の変数からしかアクセスできないので、メンバ名に“queue”を入れる必要はまったくない。文脈だけで十分にわかるので、次の文は冗長だ。

```
?     queue.queueCapacity
```

次のバージョンのほうがいい。

```
class UserQueue {
    int nitems, front, capacity;
    public int nusers() {...}
}
```

こうすれば次のように文を書けるようになるからだ。

```
queue.capacity++;
n = queue.nusers();
```

明瞭さは一切低下していない。もっとも、この例にはまだ手直しが必要だ。“item”と“users”は同じものであり、1つの概念には1つの用語だけを使うべきだ。

関数には能動的な名前を。関数名は能動的な動詞を基本にし、とくに問題がなければそのあとに名詞をつけるようにしよう。

```
now = date.getTime();
putchar('\n');
```

ブール（真偽）値を返す関数の場合は、戻り値が不明確にならないような名前をつける必要がある。

```
?     if (checkoctal(c)) ...
```

この例だとどの値が真になってどの値が偽になるのかわからないが、次の例なら

```
if (isoctal(c)) ...
```

引数が8進数だったらこの関数が真を返し、そうでなければ偽を返すことがはっきりする。

名前は的確に。 名前は単なるラベルではなく、読み手に情報を伝えるものだ。誤解されやすい名前をつけると、魔訶不思議なバグを発生させる可能性がある。

我々著者の1人は次のような実装の間違った isoctal というマクロを書き、何年もの間それを配布していた。

```
?     # define isoctal(c) ((c) >= '0' && (c) <= '8')
```

正しいのはこちら。

```
      # define isoctal(c) ((c) >= '0' && (c) <= '7')
```

このケースでは、名前は正しい意図を伝えているのに実装のほうが間違っていた。一見もっともらしい名前がついていると、実装の問題点がごまかされやすいものだ。

次に示すのは、名前とコードがまるで食い違っている例だ。

```
?     public boolean inTable(Object obj) {
?         int j = this.getIndex(obj);
?         return (j == nTable);
?     }
```

関数 getIndex は、オブジェクトが見つかればゼロから nTable-1 までの値を返し、見つからなければ nTable を返す。だから inTable で返されるブール値は、名前とまったく逆の値になる。このコードが書かれた時点ではこれによって問題が引き起こされたりはしないかもしれないが、後日別のプログラマの手でこのプログラムが修正されることになったりすると、間違いなくこの名前のせいで誤解が生じるだろう。

問題 1-1 次のコードの名前と値の選び方についてコメントせよ。

```
?     # define TRUE 0
?     # define FALSE 1
?
?     if ((ch = getchar()) == EOF)
?         not_eof = FALSE;
```

問題 1-2 次の関数を改良せよ。

```
?     int smaller(char *s, char *t) {
?         if (strcmp(s, t) < 1)
?             return 1;
?         else
?             return 0;
?     }
```

問題 1-3 次のコードを音読せよ。

```
?    if ((falloc(SMRHSHSCRTCH, S_IFEXT|0644, MAXRODDHSH)) < 0)
?        ...
```

1.2 式と文

読み手にわかりやすい名前を選択することと似ているが、式と文はできるだけ一目で意味がわかるように書こう。作業を実行するコードはこの上なくきれいに書く。演算子の前後に空白を入れて関連性がわかるようにする。もっと広い意味では書式を整えて読みやすさを向上させる。これはくだらないことのようだが重要なポイントで、探し物を見つけやすいように自分のデスクを整理整頓しておくことに似ている。デスクと違うのは、プログラムは他人に読まれて解釈される場合がある点だ。

構造がわかるようにインデントしよう。インデントスタイルを統一することは、プログラムの構造が一目でわかるようにするもっとも手軽な方法だ。次の例の書式はひどい。

```
?    for(n++;n<100;field[n++]='\0');
?    *i = '\0'; return('\n');
```

これを次のように清書し直せば、少しはましになる。

```
?    for (n++; n < 100; field[n++] = '\0')
?        ;
?    *i = '\0';
?    return('\n');
```

さらにいいのは代入をループ本体に移してインクリメントと分離する書き方で、そうすればループがもっと慣習に沿った形になってわかりやすくなる。

```
    for (n++; n < 100; n++)
        field[n] = '\0';
    *i = '\0';
    return '\n';
```

自然な形の式を使おう。式は自分で音読するつもりで書こう。条件式に否定が含まれていると、間違いなくわかりづらくなる。

```
?    if (!(block_id < actblks) || !(block_id >= unblocks))
?        ...
```

個々のテストが否定テストとして記述されているが、どちらのテストにもそんな必要はまったくない。関係演算子を反転させれば、テストを肯定的に記述できるようになるからだ。

```
if ((block_id >= actblks) || (block_id < unblocks))
    ...
```

これで自然なコードになった。

かっこを使ってあいまいさを解消しよう。かっこはグループ化を表し、かっこがいらない場面であっても、これを使えば自分の意図を明確に表現できる。上の例の内側のかっこは本来不要だが、かといって害があるわけでもない。関係演算子（`< <= == != >= >`）は論理演算子（`&& ||`）よりも優先度が高いので、経験豊富なプログラマならこのかっこを省略する場合もあるだろう。

しかし関連性のない演算子を混在させるときには、かっこを使ったほうがいいと思う。Cやその仲間には優先度にまつわる厄介な問題があり、間違いを犯しやすいからだ。論理演算子は代入より結びつきが強いので、次のようにそれらを組み合わせたほとんどの式にはかっこが必須になる。

```
while ((c = getchar()) != EOF)
    ...
```

ビットごとの演算子`&`と`|`の優先度は`==`などの関係演算子よりも優先度が低いので、見かけは次のように書いてあっても

```
?   if (x&MASK == BITS)
?       ...
```

実際の意味は次の通りになる。

```
?   if (x & (MASK==BITS))
?       ...
```

これだとプログラマの意図とは大違いだ。ビットごとの演算子と関係演算子を組み合わせているので、この式にはかっこが欠かせない。

```
if ((x&MASK) == BITS)
    ...
```

かっこが本来不要な場面であっても、結びつきが一目でわかりづらい場合はかっこを使うと役に立つ。次のコードにはかっこは必要ないが、

```
?    leap_year = y % 4 == 0 && y % 100 != 0 || y % 400 == 0;
```

かっこを使えばもっとわかりやすくなる。

```
     leap_year = ((y%4 == 0) && (y%100 != 0)) || (y%400 == 0);
```

ついでに空白も一部取り除いてある。優先度の高い演算子のオペランド同士をまとめて書けば、読み手がもっとすんなり構造を理解できるようになるからだ。

複雑な式は分割しよう。 C や C++や Java は式の構文や演算子が充実しているせいで、つい調子に乗って何でもかんでも 1 個の構文に詰め込んでしまいがちだ。次のような式はコンパクトだが、1 個の文にあまりに多くの演算子が詰め込まれている。

```
?     *x += (*xp=(2*k < (n-m) ? c[k+1] : d[k--]));
```

これは次のように複数の部分に分割したほうがわかりやすくなる。

```
if (2*k < n-m)
    *xp = c[k+1];
else
    *xp = d[k--];
*x += *xp;
```

明快に書こう。 プログラマの飽くなき創造性が、できる限りコンパクトなコードを書くことや目的を達成する賢い方法を見つけることに発揮される場合もある。ところが、そうした技術が濫用されるケースも見受けられる。本来の目的はあくまでも明快なコードを書くことであって、小賢しいコードを書くことではないのだ。

次の込み入った計算は何をやっているのだろうか。

```
?     subkey = subkey >> (bitoff - ((bitoff >> 3) << 3));
```

一番内側の式では、`bitoff` が 3 ビット右にシフトされる。その結果が再び左にシフトされるので、シフトされた 3 ビットはそれによってゼロに置き換わる。その結果が今度は元の値から減算され、`bitoff` の下位 3 ビットが得られる。そしてこの 3 ビットが `subkey` を右シフトするのに使われる。

要するにこの式は次の式と同じだ。

```
subkey = subkey >> (bitoff & 0x7);
```

最初のバージョンが何をやっているのか解読しようとするとしばらく時間がかかるが、2番目のバージョンはもっと短いし明快だ。ベテランのプログラマなら、これを代入演算子を使って次のようにさらに短くしてしまうだろう。

```
subkey >>= bitoff & 0x7;
```

悪用を促す構文もあるように思える。たとえば ?: 演算子を使うと、怪しげなコードを書きやすくなる。

```
?      child=(!LC&&!RC)?0:(!LC?RC:LC);
```

これが何をやっているのか解読するには、この式で可能なすべての経路をたどっていかない限りほとんど不可能だ。次の形のほうが長くはなるが、経路がはっきりわかるので、たどっていくのがはるかに楽だ。

```
if (LC == 0 && RC == 0)
    child = 0;
else if (LC == 0)
    child = RC;
else
    child = LC;
```

?:演算子を使っていいのは短い式の場合で、たとえばif-elseだと4行必要になるところを次のように1行にまとめられるケースであるとか、

```
max = (a > b) ? a : b;
```

あるいは次のような場合だが、

```
printf("The list has %d item%s\n", n, n==1 ? "" : "s");
```

これが条件文全般の代わりになるわけではない。

明快さは短さと同義ではない。たしかにビットシフトの例のように明快なコードほど短くなるのが普通だが、条件式をif-elseに書き直した例のように、長くなるケースもあるのだ。

副作用に注意。++などの演算子には**副作用**がある。値を返すだけでなく、対象の変数の値を変更するからだ。副作用がきわめて便利な場合もあるが、値の抽出動作と値の更新動作が同時に実行されるとは限らないので、トラブルの元にもなる。CとC++の場合には副作用の実行順が定義されていないので、次の多重代入は間違った結果になる可能性が高い。

```
?      str[i++] = str[i++] = ' ';
```

この文の意図は、str中の次の2つの位置に空白を記憶させることだ。ところがiが更新されるタイミングによっては、str中の位置がスキップされてしまってiが1しか増やされなくなる可能性もある。これは2つの文に分けよう。

```
       str[i++] = ' ';
       str[i++] = ' ';
```

次の文中にあるインクリメントは1個だけだが、この代入文も一定でない結果をもたらす可能性がある。

```
?      array[i++] = i;
```

iが当初3だったとすると、この配列要素は3か4にセットされる。

副作用があるのは何もインクリメントやデクリメントに限った話ではない。I/Oも舞台裏での動作を引き起こす。次の例の意図は、標準入力から関連性のある数字を2個読み込むことだ。

```
?      scanf("%d %d", &yr, &profit[yr]);
```

これがうまくいかないのは、式の一部でyrを修正し、別の部分でそれを使っているからだ。yrの新しい値が元の値と同じでない限り、profit[yr]によって正しい値が得られることは決してない。結果は引数が評価される順序に依存すると思っている人もいるかもしれないが、本当の問題はscanfが呼び出される前に**すべての**引数が評価されることにある。そのため&profit[yr]は常にyrの古い値を使って評価される。この種の問題はほとんどすべての言語で発生する可能性がある。これへの対処方法は、いつものように式を分割することだ。

```
       scanf("%d", &yr);
       scanf("%d", &profit[yr]);
```

副作用をともなうすべての式に注意を払うこと。

問題 1-4 次のそれぞれのコードを改良せよ。

```
?	if ( !(c == 'y' || c == 'Y') )
?	    return;

?	length = (length < BUFSIZE) ? length : BUFSIZE;

?	flag = flag ? 0 : 1;

?	quote = (*line == '"') ? 1 : 0;

?	if (val & 1)
?	    bit = 1;
?	else
?	    bit = 0;
```

問題 1-5 次の部分の問題点は何か。

```
?	int read(int *ip) {
?	    scanf("%d", ip);
?	    return *ip;
?	}
?	    ...
?	insert(&graph[vert], read(&val), read(&ch));
```

問題 1-6 さまざまな評価順によって生成される可能性のある出力をすべて列挙せよ。

```
?	n = 1;
?	printf("%d %d\n", n++, n++);
```

できるだけ多くのコンパイラで試してみて、実際にどうなるか確認してみること。

1.3 一貫性と慣用句

一貫性はより優れたプログラムをもたらす。書式が前触れもなく変化したり、配列をたどるループがあそこでは上りだったのにこちらでは下りだったり、文字列が strcpy でコピーされたと思ったら別の場所では for ループでコピーされたりしていると、実際に何をやっているのかがわかりづらくなる。しかし同じ作業が毎回必ず同じ方法で処理されるようになっていれば、何か違っている部分があったときに、それが注目に値する本当の違いだとわかるようになる。

インデントとブレースのスタイルを統一しよう。インデントは見た目で構造を表すが、どういうインデントスタイルがベストだろうか。開きブレースは `if` と同じ行に置くべきだろうか、次行に置いたほうがいいだろうか。昔からプログラマはプログラムのレイアウトをめぐる議論を戦わせてきたが、特定のスタイルを一貫して使うことに比べれば、スタイルそれ自体はあまりたいした問題ではない。1つのスタイル（できれば本書の）を選んでそれを一貫して利用すればいいだけで、議論するのは時間の無駄でしかない。

ブレースは本来不要な場所にも入れておくべきだろうか。かっこ同様ブレースもあいまいさを解消してくれるし、場合によってはそれによってコードの明快さが向上する。一貫性を重視するため、多くのベテランプログラマはループや `if` の本体の前後に必ずブレースを置くようにしている。ただ、本体が文1個のときにはブレースは必要ないので、我々自身は省略する場合が多い。読者もそれを省略するスタイルを採用するつもりなら、次の例の「ぶら下がり else」のあいまいさを解消するためのブレースは絶対に省略しないこと。

```
?     if (month == FEB) {
?          if (year%4 == 0)
?               if (day > 29)
?                    legal = FALSE;
?          else
?               if (day > 28)
?                    legal = FALSE;
?     }
```

このインデントは誤解を生む。`else` が結びついているのは実際には次の行だからだ。

```
?               if (day > 29)
```

その結果コードが間違ってしまっている。`if` の直後に別の `if` がくるときには、必ずブレースを使おう。

```
?     if (month == FEB) {
?          if (year%4 == 0) {
?               if (day > 29)
?                    legal = FALSE;
?          } else {
?               if (day > 28)
?                    legal = FALSE;
?          }
?     }
```

構文チェック機能のある編集ツールを使えば、この手のミスはあまり起こらなくなる。

このバグを直しても、コードの流れはたどりづらい。2月の日数を入れておく変数を使えば、作業がわかりやすくなる。

```
?     if (month == FEB) {
?         int nday;
?
?         nday = 28;
?         if (year%4 == 0)
?             nday = 29;
?         if (day > nday)
?             legal = FALSE;
?     }
```

コードにはまだ間違いがあるが（2000年はうるう年だが1900年や2100年はうるう年ではない）、この構造のほうが完全無欠のコードに直すのがはるかに簡単になる。

なお、他人の書いたプログラムを修正するときには、そのプログラムのスタイルにしたがおう。変更を施す場合には、いくら気に入っていても自分自身のスタイルを使ったりしないように。プログラムの一貫性は自分自身の一貫性よりも重要だ。それによって自分のあとを引き継ぐ人が楽になるからだ。

慣用句によって一貫性を確保しよう。自然言語と同じようにプログラミング言語にも慣用句（イディオム）がある。これは、よくあるコードを書くときに経験豊富なプログラマが使用する慣習的な書き方のことだ。どんな言語でも、その言語の慣用句に馴染むことが学習の中心となる。

もっとも一般的な慣用句のひとつにループの形式がある。たとえば配列のn個の要素をたどって初期化するCやC++やJavaのコードを考えてみよう。人によってはこのループを次のように書くかもしれないし、

```
?     i = 0;
?     while (i <= n-1)
?         array[i++] = 1.0;
```

次のように書く人もいるだろうし、

```
?     for (i = 0; i < n; )
?         array[i++] = 1.0;
```

さらには次のように書く人もいるだろう。

```
?     for (i = n; --i >= 0; )
?         array[i] = 1.0;
```

どれもすべて正しいが、慣用句的な形式は次の通りだ。

```
for (i = 0; i < n; i++)
    array[i] = 1.0;
```

これは決して恣意的な書き方ではない。このコードは、0 から n-1 までのインデックスがついた要素数 n 個の配列のメンバを 1 個 1 個たどっていく。ループ制御はすべて for 自体の中に置いてあり、昇順に動作し、非常に慣用的な++演算子を使ってループ変数を更新する。終了時にインデックス変数は、最後の配列要素を超えた直後の既知の値になる。ネイティブスピーカーならこのコードを一瞬で理解できるし、いちいち考えなくても正しく記述できる。

C++や Java では、ループ変数の宣言を含んだバリエーションもよく使われる。

```
for (int i = 0; i < n; i++)
    array[i] = 1.0;
```

C でリストをたどる標準的なループは次のようになる。

```
for (p = list; p != NULL; p = p->next)
    ...
```

この場合もループ制御はすべて for 中で実行される。

無限ループに関しては、我々自身は次の書き方が好きだが、

```
for (;;)
    ...
```

次の書き方も一般的だ。

```
while (1)
    ...
```

この 2 種類以外は一切使わないこと。

インデントも慣用句と同じように考える必要があるだろう。次の変な縦長レイアウトは読みやすさを損なう。ループではなく 3 つの文のように見えるからだ。

```
?     for (
?         ap = arr;
?         ap < arr + 128;
?         *ap++ = 0
?         )
?     {
?         ;
?     }
```

標準的なループのほうがはるかに読みやすい。

```
    for (ap = arr; ap < arr+128; ap++)
        *ap = 0;
```

だらだらしたレイアウトを使うとコードが複数の画面やページにまたがるはめになるので、その点でも読みやすさが低下する。

また、次のようにループ条件の中に代入をネストさせる慣用句もよく使われる。

```
    while ((c = getchar()) != EOF)
        putchar(c);
```

for や while に比べると、do-while 文が使われる頻度ははるかに低い。それは、後者の場合は本体が最低1回は実行され、テストがループの先頭ではなく末尾で発生するためだ。こういう動作はバグの絶好の棲み家になるケースが多い。上の getchar ループを次のように書き直してみよう。

```
?     do {
?         c = getchar();
?         putchar(c);
?     } while (c != EOF);
```

これだと putchar を呼んだあとでテストが実行されるので、出力文字が1個よけいに書き込まれることになる。do-while ループを使用する正しいケースは、ループの本体が必ず最低1回は実行されなければならない場合だけだ。その実例はいずれ紹介しよう。

慣用句を一貫して使用するメリットのひとつに挙げられるのが、標準的でないループが何となく気にかかるようになることだ。それがトラブルの兆候を示しているケースはよくある。

```
?     int i, *iArray, nmemb;
?
?     iArray = malloc(nmemb * sizeof(int));
?     for (i = 0; i <= nmemb; i++)
?         iArray[i] = i;
```

iArray[0] から iArray[nmemb-1] までの nmemb 個の要素に領域が割り当てられているが、ループテストが<=なのでループが配列の末尾を通り越し、メモリ中で次に記憶されている内容が上書きされてしまう。残念ながらこの手のエラーは、実際に問題が発生してしばらくたってからでないと表面化しない場合が多い。

C と C++には文字列の空間を割り当てて操作する慣用句もあり、それを使わないコードにはたいていバグが潜んでいる。

```
?     char *p, buf[256];
?
?     gets(buf);
?     p = malloc(strlen(buf));
?     strcpy(p, buf);
```

gets は絶対に使ってはならない。gets で読み込まれる入力の量を制限する手段がないからだ。この点はセキュリティの問題を引き起こす。詳しくは 6 章で述べるが、どんな場合でも fgets を使ったほうがいい。しかし問題はそれだけではない。strlen は文字列の終端を示す'\0' を勘定に入れないが、strcpy はそれも一緒にコピーする。だから上記の例は十分な領域を割り当てていないことになり、割り当てられた領域の末尾を超えて strcpy が書き込んでしまうはめになる。これの慣用句は次の通り。

```
p = malloc(strlen(buf)+1);
strcpy(p, buf);
```

C++では

```
p = new char[strlen(buf)+1];
strcpy(p, buf);
```

+1 が見当たらないときには要注意だ。

Java では文字列が NULL で終了する配列として表現されないので、この問題は発生しない。配列の添字もチェックされるので、Java で配列の境界の外部にアクセスするのは不可能だ。

ほとんどのC／C++の環境にはstrdupというライブラリ関数が存在する。この関数はmallocとstrcpyを使って文字列のコピーを作るので、これを使えばこのバグを回避しやすくなる。ただ、残念ながらstrdupはANSI Cの標準には含まれていない。

なお、元のコードも改良後のコードもmallocが返してきた値をチェックしていないが、それを直さなかったのは話が本題からそれないようにするためだ。しかし現実のプログラムでは、mallocやreallocやstrdupはもちろん、あらゆる割り当てルーチンからの戻り値を必ずチェックしなければならない。

多分岐の判定にはelse-ifを使おう。多分岐の判定は、次のようにif...else if...elseのチェインとして表現するのが慣用句になっている。

```
if (condition1)
    statement1
else if (condition2)
    statement2
...
else if (conditionn)
    statementn
else
     default-statement
```

それぞれの条件（*condition*）は上から下に読まれる。最初の*condition*が満たされたらすぐ後ろにある文（*statement*）が実行されて、残りの構文要素はスキップされる。*statement*の部分は1つの文でもいいし、ブレースでくくられた文の集合であってもいい。一番最後のelseでは、「デフォルト」の状況、つまりこれ以外の選択肢が一切選ばれなかった場合が処理される。この最後のelse部はデフォルトの動作が存在しない場合は省略できるが、それを残してエラーメッセージを入れておけば「起こるはずのない（can't happen）」状況を捕捉しやすくなる。

個々のelseをそれと対応するifに揃えるのではなく、すべてのelse節を縦に揃えるようにしよう。縦に揃えればテストが順番に実行されることが強調されるし、ページの右端からはみ出したりしなくなる。

if文がネストされて並んでいるのは、完全な間違いとは言えないまでも、具合の悪いプログラムの兆候を示していることが多い。

```
?     if (argc == 3)
?         if ((fin = fopen(argv[1], "r")) != NULL)
?             if ((fout = fopen(argv[2], "w")) != NULL) {
?                 while ((c = getc(fin)) != EOF)
?                     putc(c, fout);
?                 fclose(fin); fclose(fout);
?             } else
?                 printf("Can't open output file %s\n", argv[2]);
?         else
?             printf("Can't open input file %s\n", argv[1]);
?     else
?         printf("Usage: cp inputfile outputfile\n");
```

ifが連続していると、実行されるテストの内容を記憶するプッシュダウンスタックを自分の頭の中で管理していなければならない。そして正しい時点でそれをポップして、(まだ覚えていればの話だが) 対応する動作を判断しなければならない。実行される動作はせいぜい1個なので、ここで本当に必要なのはelse ifだ。判断を下す順序を変えれば、次のようなもっと明快なコードになる (ついでに元のコードにあったリソースリークの問題も直してある)。

```
if (argc != 3)
    printf("Usage: cp inputfile outputfile\n");
else if ((fin = fopen(argv[1], "r")) == NULL)
    printf("Can't open input file %s\n", argv[1]);
else if ((fout = fopen(argv[2], "w")) == NULL) {
    printf("Can't open output file %s\n", argv[2]);
    fclose(fin);
} else {
    while ((c = getc(fin)) != EOF)
        putc(c, fout);
    fclose(fin);
    fclose(fout);
}
```

このコードは、最初に真になるテストを見つけ、それに対応する動作を実行し、最後のelseのあとにジャンプして実行を継続する、というように解読できる。個々の判定とそれに対応する動作はできるだけ近くに記述するのが原則だ。要するに、テストをしたらそのたびに何かをしろということだ。

コードの一部分を使い回そうとすると、結びつきのきついプログラムになりがちだ。

```
?	switch (c) {
?	case '-': sign = -1;
?	case '+': c = getchar();
?	case '.': break;
?	default: if (!isdigit(c))
?	                 return 0;
?	}
```

このコードには、1行のコードを2度書くのを避けるためにswitch文中でトリッキーな「落下（fall-through）」のシーケンスが使われている。これも慣用句的な書き方とは言えない。caseはごくまれな例外を除いて常にbreakで終わるべきであり、例外にはコメントをつけるのが通例だからだ。もっと伝統的なレイアウトと構造を使ったほうが、長くはなるが読みやすい。

```
?	switch (c) {
?	case '-':
?	    sign = -1;
?	    /* 落下 */
?	case '+':
?	    c = getchar();
?	    break;
?	case '.':
?	    break;
?	default:
?	    if (!isdigit(c))
?	        return 0;
?	    break;
?	}
```

わかりやすさの向上はサイズの増大を補ってあまりある。もっとも、このような例外的な構造ではなく、else-if文のシーケンスを使ったほうがわかりやすさがさらに向上する。

```
if (c == '-') {
    sign = -1;
    c = getchar();
} else if (c == '+') {
    c = getchar();
} else if (c != '.' && !isdigit(c)) {
    return 0;
}
```

1行ブロックの前後にあるブレースによって並置構造が強調されている。

落下の技を使ってかまわないのは数個の case に同一のコードが使われる場合で、次に示すのはその代表的なレイアウトだ。

```
case '0':
case '1':
case '2':
    ...
    break;
```

コメントは一切いらない。

問題 1-7 以下の C／C++のコードをもっと明快に書き直せ。

```
?     if (istty(stdin)) ;
?     else if (istty(stdout)) ;
?          else if (istty(stderr)) ;
?               else return(0);

?     if (retval != SUCCESS)
?     {
?         return (retval);
?     }
?     /* All went well! */
?     return SUCCESS;

?     for (k = 0; k++ < 5; x += dx)
?         scanf("%lf", &dx);
```

問題 1-8 次の Java コードの間違いを見つけて、慣用句的なループを使って書き直せ。

```
?     int count = 0;
?     while (count < total) {
?         count++;
?         if (this.getName(count) == nametable.userName()) {
?             return (true);
?         }
?     }
```

1.4 関数マクロ

比較的年輩の C プログラマには、頻繁に実行されるごく短い作業を関数ではなくマクロとして書く傾向が見受けられる。公認されている例としては、getchar などの I/O 処理や isdigit のような文字テストが挙げられる。関数マクロを使う理由は性能にある。マクロには関数呼び出しのオーバーヘッドが存在しないからだ。もっともこの理由は、Cが初めて定義された頃、つまりマシンが低速で関数呼び出しが高価だった時代でさえ説得力に欠けていたくらいだから、今日ではまったく的外れだ。最近のマシンとコンパイラを使う限り、関数マクロの短所は長所を上回っている。

関数マクロはなるべく使うな。 C++ならインライン関数によって関数マクロは不要になる。Javaにはそもそもマクロがない。Cでは、関数マクロによって解決される問題よりも引き起こされる問題のほうが多い。

関数マクロにまつわる最悪の問題のひとつは、パラメータが定義中に複数回登場すると、それが複数回評価される場合がある点だ。呼び出す際の引数に副作用をともなう式が含まれていると、厄介なバグを引き起こす。次に示すのは、`<ctype.h>`の文字テストのひとつを実装しようとしたコードだ。

```
?     # define isupper(c) ((c) >= 'A' && (c) <= 'Z')
```

パラメータ c がマクロ本体に2回出現する点に注意。次のような文脈で isupper が呼び出された場合には、

```
?     while (isupper(c = getchar()))
?         ...
```

A 以上の文字が入力されるたびにそれが捨てられ、新しい文字が読み込まれて Z とテストされる結果になってしまう。Cの標準には、isupper やその仲間の関数をマクロにすることを認めるとわざわざ書いてあるが、それはマクロで引数が1回しか評価されないと保証される場合に限った話だ。だからこの実装は間違っている。

どんな場合だろうと自分で実装するより ctype 関数を使ったほうがいいし、副作用をともなう getchar のようなルーチンはネストしないほうが安全だ。次のように式を1個ではなく2個使うようにテストを書き直せばもっとわかりやすくなるし、しかもエンドオブファイルの捕捉が明確になる。

```
      while ((c = getchar()) != EOF && isupper(c))
          ...
```

多重評価によって、明らかな間違いというよりも性能上の問題が生じるケースもある。次の例を考えてみよう。

```
?     # define ROUND_TO_INT(x) ((int) ((x)+(((x)>0)?0.5:-0.5)))
?         ...
?     size = ROUND_TO_INT(sqrt(dx*dx + dy*dy));
```

これだと平方根の計算が必要な回数の2倍実行されなければならなくなる。単純な引数を渡した場合でも、ROUND_TO_INTの本体のような複雑な式は多くの命令に変換されるので、関数として独立させて、必要に応じて呼び出されるようにしたほうがいい。使用されるたびにマクロが展開されると、コンパイル後のプログラムが大きくなってしまうからだ（この点はC++のインライン関数にも言える）。

マクロの本体と引数はかっこに入れよう。どうしても関数マクロを使いたいなら注意して使うこと。マクロの原理はあくまでもテキスト置換だ。定義中のパラメータが呼び出し時の引数によって置換され、その結果によって元の呼び出しが置換される。テキストとして。この点が関数との厄介な違いだ。次の式はsquareが関数ならまともに動作するが、

```
        1 / square(x)
```

それが次のようなマクロだと、

```
?       # define square(x) (x) * (x)
```

以下の間違った式に展開されてしまう。

```
?       1 / (x) * (x)
```

上記のマクロは次のように書き直さなければならない。

```
        # define square(x) ((x) * (x))
```

こうしたかっこはどれひとつとして省略できない。ただ、マクロに正しくかっこを使ったとしても、前述の多重評価にまつわる問題は残る。高価な処理や一般的な処理を包み隠したいときには、関数を使おう。

C++のインライン関数には、マクロの性能上のメリットをすべて備えながら構文上のトラブルを防止できるメリットがある。インライン関数は、単一の値をセットしたり取得したりする短い関数に最適だ。

問題1-9　次のマクロ定義の問題点を指摘せよ。

```
?       # define ISDIGIT(c) ((c >= '0') && (c <= '9')) ? 1 : 0
```

1.5 マジックナンバー

マジックナンバーとは、定数、配列サイズ、文字位置、変換ファクタその他、プログラム中に登場するリテラルな数値を指す。

マジックナンバーには名前をつけよう。原則として、0と1以外のすべての数値はたいていマジックナンバーであり、それ独自の名前をつける必要がある。プログラムのソースに生の数字が出てきても、その意味や根拠がさっぱりわからないし、プログラムを理解したり修正したりするのが難しくなる。次のコードは、カーソルのアドレス範囲が24×80の端末に、文字の出現頻度のヒストグラムを表示するプログラムの一部だが、見ての通りマジックナンバーが大量に使われているせいでわかりづらい。

```
?       fac = lim / 20; /* スケールファクタをセット */
?       if (fac < 1)
?           fac = 1;
?                               /* ヒストグラムを生成 */
?       for (i = 0, col = 0; i < 27; i++, j++) {
?           col += 3;
?           k = 21 - (let[i] / fac);
?           star = (let[i] == 0) ? ' ' : '*';
?           for (j = k; j < 22; j++)
?               draw(j, col, star);
?       }
?       draw(23, 2, ' '); /* x軸のラベル */
?       for (i = 'A'; i <= 'Z'; i++)
?           printf("%c ", i);
```

このコードにはとりわけ20、21、22、23、27という数値が含まれているが、これらは明らかに関連している……ようだ。実際にこのプログラムに絶対に必要な数値は、画面の行数を示す24、桁数を示す80、アルファベットの文字数を示す26の3個だけだ。ところがどれもコード中には登場せず、実際にコードに登場している数値の謎はますます深まる。

計算に使われる主な数値に名前をつければ、コードがもっとたどりやすくなる。我々は、たとえば3という数値の根拠は(80-1)/26から来ており、letのエントリ数は26であって27ではない（たぶん、画面座標の原点が1であるせいで引き起こされた1個外れエラー）ことを発見した。それ以外の点をいくつかすっきりさせた結果、次のようなコードになった。

```
enum {
    MINROW = 1,             /* 上端 */
    MINCOL = 1,             /* 左端 */
    MAXROW = 24,            /* 下端 (<=) */
    MAXCOL = 80,            /* 右端 (<=) */
    LABELROW = 1,           /* ラベル位置 */
    NLET = 26,              /* アルファベットの数 */
    HEIGHT = MAXROW - 4,    /* バーの高さ */
    WIDTH = (MAXCOL-1)/NLET /* バーの幅 */
};
    ...
    fac = (lim + HEIGHT-1) / HEIGHT; /* スケールファクタをセット */
    if (fac < 1)
        fac = 1;
    for (i = 0; i < NLET; i++) {     /* ヒストグラムを生成 */
        if (let[i] == 0)
            continue;
        for (j = HEIGHT - let[i]/fac; j < HEIGHT; j++)
            draw(j+1 + LABELROW, (i+1)*WIDTH, '*');
    }
    draw(MAXROW-1, MINCOL+1, ' ');   /* x 軸のラベル */
    for (i = 'A'; i <= 'Z'; i++)
        printf("%c ", i);
```

これでメインループの処理が明確になった。これは 0 から NLET までの慣用句的なループで、データの要素全体をたどるループだ。また MAXROW や MINCOL などの単語によって引数の順序がわかるので、draw の呼び出しも理解しやすくなった。しかし一番大事な点は、これでこのプログラムが別の表示サイズや別のデータにも応用できるようになったことだ。数値の謎が解消されたことでコードの謎も消失した。

数値はマクロではなく定数として定義しよう。 C プログラマは、マジックナンバーの値を管理するのに伝統的に#define を使ってきた。しかし C のプリプロセッサは強力だが乱暴なツールだし、マクロはプログラムの字句構造を無惨に変更してしまう危険なプログラミング手段だ。言語本来の機能を活用しよう。C と C++では、上の例のように整定数を enum 文で定義できる。C++では任意の型の定数を const で宣言できる。

```
const int MAXROW = 24, MAXCOL = 80;
```

また、Java なら final が使える。

```
static final int MAXROW = 24, MAXCOL = 80;
```

const 値はCでも使えるが、配列の境界値としては利用できないので、Cの場合はやはり enum 文が選択肢として残る。

整数ではなく文字定数を使おう。文字の属性をテストするには、<ctype.h>の関数や同様の関数を使うべきだ。次のようなテストだと、特定の文字表現方式に完全に依存してしまう。

```
?      if (c >= 65 && c <= 90)
?          ...
```

次のほうがまだましだ。

```
?      if (c >= 'A' && c <= 'Z')
?          ...
```

だが文字セットのエンコーディング法で文字が連続していなかったり、アルファベットにそれ以外の文字が含まれるような場合には、希望の結果が得られない可能性もある。一番いいのはライブラリを利用することだ。CやC++なら、

```
if (isupper(c))
    ...
```

Java なら次のようになる。

```
if (Character.isUpperCase(c))
    ...
```

これに関連する話だが、0という数値はプログラム中のさまざまな文脈に登場することが多い。コンパイラはこの数値を適切な型に変換してくれるが、型が明記されていれば読み手に個々の0の役割がわかりやすくなる。たとえばCでゼロのポインタを表現するなら (void*)0 か NULL を使い、文字列の末尾にあるヌルバイトを表現するのであれば 0 ではなく '\0' を使う。要するに次のように書くのではなく、

```
?      str = 0;
?      name[i] = 0;
?      x = 0;
```

次のように書くということだ。

```
str = NULL;
name[i] = '\0';
x = 0.0;
```

我々は、0 はリテラルの整数ゼロを表現するためにとっておいて、それ以外の場合

はなるべく各種の明示的な定数を使うようにしている。そうすれば値の用途がはっきりするし、ドキュメント性もいくらか高まる。ただしC++では、ヌルポインタとしてNULLではなく0と表記することが容認されている。この問題の解決策はJavaがベストで、何も参照していないオブジェクト参照用のキーワードnullが定義されている。

オブジェクトサイズは言語に計算させよう。どんなデータ型の場合だろうと、具体的なサイズを明示的に使ってはならない。たとえば2や4ではなくsizeof(int)を使うこと。似たような理由から、sizeof(array[0])と書くほうがsizeof(int)よりいいだろう。こうすれば、配列の型を変えたときに変更しなければならない部分が1つ減るからだ。

sizeof演算子を使うと、配列サイズを決定する数値の名前を考える手間が省けて便利な場合がある。たとえば次のように書くと

```
char buf[1024];

fgets(buf, sizeof(buf), stdin);
```

バッファサイズは依然としてマジックナンバーだが、宣言に1回登場するだけで済む。ローカル配列のサイズを表す名前をわざわざ考えてもそれほど意味はないが、サイズや型が変化しても変更する必要のないコードを書くのは間違いなく意味のあることだ。

Javaの配列には、要素数を表すlengthフィールドがある。

```
char buf[] = new char[1024];

for (int i = 0; i < buf.length; i++)
    ...
```

CやC++には.lengthに相当するものはないが、宣言が可視の配列（ポインタではない）に関しては、次のマクロを使えば配列の要素数を計算できる。

```
# define NELEMS(array) (sizeof(array) / sizeof(array[0]))

double dbuf[100];

for (i = 0; i < NELEMS(dbuf); i++)
    ...
```

配列サイズは1か所でしかセットされていない。だからサイズを変更しても残りの

コードは変わらない。ここでマクロ引数が多重評価されていても問題ないのは、副作用が発生しようがないし、実際に計算が実行されるのはプログラムのコンパイル時だからだ。このマクロは定義から配列のサイズを計算するという、関数では不可能な作業を実行する。これこそまさにマクロの正しい使い方と言えるだろう。

問題 1-10 潜在的な間違いを最少限に食い止めるには、次の定義をどのように書き直したらいいだろうか。

```
?     # define FT2METER   0.3048
?     # define METER2FT   3.28084
?     # define MI2FT      5280.0
?     # define MI2KM      1.609344
?     # define SQMI2SQKM  2.589988
```

1.6 コメント

コメントの目的はプログラムの読み手を助けることにある。コードを見れば一目でわかることを書いても仕方ないし、コードと矛盾していたり、見た目に凝って読み手の注意をそらすようなコメントも役に立たない。注目すべき細かい点に簡潔に触れたり、もっと大きな視野で処理を解説することでプログラムの理解を助長するようなコメントがベストだ。

当たり前のことはいちいち書くな。 i++でiがインクリメントされたといったような、わかり切った情報をコメントで報告したりしないこと。次に示すのは、我々がよく槍玉に挙げる無意味なコメントの例だ。

```
?     /*
?      * デフォルト
?      */
?     default:
?         break;

?     /* SUCCESSを返す */
?     return SUCCESS;

?     zerocount++; /* ゼロエントリカウンタをインクリメント */

?     /* "total"を"number_received"に初期化 */
?     node->total = node->number_received;
```

こうしたコメントは邪魔でしかないので、すべて削除すべきだ。

コメントは、コードを見てもすぐにはわからない情報を付け加えたり、ソースのあちこちに散らばっている情報を1か所にまとめる役割を果たさなければならない。何かわかりにくい事態が発生する場面はコメントによって明快になるだろうが、すでに明快に記述されている動作を言葉で言い直すのは無駄でしかない。

```
?     while ((c = getchar()) != EOF && isspace(c))
?         ;                             /* 空白をスキップ */
?     if (c == EOF)                     /* エンドオブファイル */
?         type = endoffile;
?     else if (c == '(')                /* 左かっこ */
?         type = leftparen;
?     else if (c == ')')                /* 右かっこ */
?         type = rightparen;
?     else if (c == ';')                /* セミコロン */
?         type = semicolon;
?     else if (is_op(c))                /* 演算子 */
?         type = operator;
?     else if (isdigit(c))              /* 数値 */
?         ...
```

うまく名前を選択すれば情報は十分に伝わるので、この例のコメントも不要だ。

関数とグローバルデータにコメントを。 もちろんコメントが役に立つ場合もある。我々は、関数、グローバル変数、定数定義、構造体とクラスのフィールド、簡単な説明でわかりやすくなるその他すべての場面にコメントをつけるようにしている。

グローバル変数は、プログラム全体のあちらこちらに前触れもなくひょっこり顔を出す傾向がある。その場合のコメントは、必要に応じて参照されるメモの役割を果たす。次に示すのは、本書の3章に登場するプログラムの例だ。

```
struct State { /* プレフィクス+サフィックスリスト */
    char *pref[NPREF]; /* プレフィクス用の単語 */
    Suffix *suf;       /* サフィックスのリスト */
    State *next;       /* ハッシュテーブル中の次の項目 */
};
```

個々の関数の前に置かれたコメントは、コードそのものを読むお膳立てとなる。コードがそれほど長くない場合や技術的に難解でないのであれば、1行で十分だ。

```
// random: [0..r-1] の範囲の整数を返す
int random(int r)
{
    return (int)(Math.floor(Math.random()*r));
}
```

しかしたとえばアルゴリズムが複雑だったりデータ構造が入り組んでいたりするなど、コードが本当の意味で難解な場合もある。そういうケースでは、理解の手がかりを示すコメントを書くと読み手が助かるだろう。また、特定の判断を下した根拠を示すと参考になるケースもある。次に示すのは、JPEG イメージデコーダで使われるきわめて効率の高い逆 DCT（離散コサイン変換）の実装の前段に置かれたコメントの実例だ。

```
/*
 * idct: 2次元8×8逆離散コサイン変換の
 * 整数スケールによる実装
 * Chen-Wangのアルゴリズム（IEEE ASSP-32, pp 803-816, Aug 1984）
 *
 * 32ビット整数演算（係数は8ビット）
 * DCTごとに11回の乗算、29回の加算
 *
 * IEEE 1180-1990に準拠するため
 * 係数を12ビットに拡張
 */
static void idct(int b[8*8])
{
    ...
}
```

この親切なコメントには参考文献が明記され、使われるデータが簡単に説明され、アルゴリズムの性能が示され、元のアルゴリズムの修正点とその理由が述べられている。

悪いコードにコメントをつけるな、書き直せ。異例な部分やひょっとしてわかりづらいかもしれないような部分には必ずコメントをつけるべきだが、コードよりコメントに比重が置かれているようなら、おそらくコードを修正する必要があるだろう。次の例は1個の文を説明するのに、長ったらしくわかりづらいコメントと条件コンパイルされるデバッグ出力文を使っている。

```
?       /* "result"が0ならマッチするものが見つかったので真（ゼロ以外）を返す
?           そうでなければ"result"はゼロ以外なので偽（ゼロ）を返す */
?
?       # ifdef DEBUG
?       printf("*** isword returns !result = %d\n", !result);
?       fflush(stdout);
?       # endif
?
?       return(!result);
```

否定演算はわかりづらいので避けること。問題のひとつは、役に立つ情報を含んでいない変数名 result にある。もっと説明的な matchfound という名前を使えばコメントがいらなくなるし、出力文も整理される。

```
# ifdef DEBUG
printf("*** isword returns matchfound = %d\n", matchfound);
fflush(stdout);
# endif

return matchfound;
```

コードと矛盾させるな。ほとんどのコメントはそれが書かれた時点ではコードと一致しているが、バグが直されたりプログラムが進化してもコメントがほったらかしにされ、その結果コードと一致しなくなるケースがよくある。この章の冒頭で紹介した実例の食い違いはまさにこれに当たる。

食い違いの原因が何であれ、コードと矛盾するコメントは誤解のもとになるし、間違ったコメントを真に受けたせいでデバッグ作業が無駄に長引くケースも多い。コードを変更したら、コメントがまだ正確かどうかをきちんと確認するように。

コメントはコードと一致しているだけではだめで、それに沿っていなければならない。下の例のコメントは正しい（その下に続く2行の目的を説明している）が、一見コードと合っていないように思える。コメントは改行の話をしているのにコードは空白の話をしているからだ。

```
?       time(&now);
?       strcpy(date, ctime(&now));
?       /* ctime からコピーされた末尾の改行文字を除去 */
?       i = 0;
?       while(date[i] >= ' ') i++;
?       date[i] = 0;
```

ひとつのやり方としては、このコードを次のようにもっと慣用句的に書き直して改良する手がある。

```
?       time(&now);
?       strcpy(date, ctime(&now));
?       /* ctime からコピーされた末尾の改行文字を除去 */
?       for (i = 0; date[i] != '\n'; i++)
?           ;
?       date[i] = '\0';
```

これでコードとコメントは一致したが、もっと直接的な表現を使えばどちらもまだ改善できる。ここでの問題は、ctime が文字列を返す際に末尾につける改行を削除することにある。それならコメントにそう書くべきだし、コードはそれを実行すべきだ。

```
time(&now);
strcpy(date, ctime(&now));
/* ctime() は文字列の末尾に改行をつけるのでそれを除去 */
date[strlen(date)-1] = '\0';
```

最後の式は文字列から最後の文字を取り除くのに使われる C の慣用句だ。これでコードは短く慣用句的で明快になったし、コメントはそれに沿ってなぜここにそのコードを置く必要があるのかを説明している。

あくまでも明快に、混乱を招くな。コメントはそもそも難解な部分で読み手を助けるためのものであって、難問をさらに増やすためのものではない。次の例は、関数にコメントをつけ、異例な部分を説明するという我々のガイドラインに沿っている。だがこの場合の関数は strcmp であり、標準的でよく知られたインターフェイスを実装することがここでの目的なのだから、異例な要素をくどくど説明する必要はない。

```
?       int strcmp(char *s1, char *s2)
?       /* この文字列比較ルーチンは s1 が昇順のリストで */
?       /* s2 より上にあれば-1 を返し、等しければ 0 を、*/
?       /* s1 が s2 より下にあれば 1 を返す */
?       {
?           while(*s1==*s2) {
?               if(*s1=='\0') return(0);
?               s1++;
?               s2++;
?           }
?           if(*s1>*s2) return(1);
?           return(-1);
?       }
```

作業を説明するのに単語数個で足りない場合は、たいていはコードを書き直す必要がある証拠だ。この例のコードもおそらく改良の余地があると思うが、本当の問題はコメントにある。実装の中身と同じくらい長ったらしいし、おまけにわかりづらい（「上」ってどっち？）。ついでに言えばこのルーチン自体もわかりにくいのだが、それはともかくこのルーチンが実装しようとしているのは標準関数なので、コメントでその動作を要約し、元の定義の出所を教えてくれれば読み手は助かる。だから次のようなコメントがあれば十分だ。

```
/* strcmp: s1<s2 なら < 0 を、s1>s なら > 0 を、等しければ 0 を返す */
/* ANSI C, section 4.11.4.2 */
int strcmp(const char *s1, const char *s2)
{
    ...
}
```

学校では何でもかんでもコメントをつけろと教わるし、プロのプログラマは自分のコードすべてにコメントをつけるように要求されることが多い。しかしそうしたルールにやみくもにしたがっていると、コメント本来の目的が失われてしまう。コメントは、コード自体からは即座に意図を読み取れないプログラムの部分を解読しやすくするためのものだ。とにかくできるだけわかりやすいコードを書くこと。そうすればそうするほど必要なコメントは少なくなる。優れたコードは下手なコードよりコメントが少なくて済むのだ。

問題 1-11 以下のコメントについてコメントせよ。

```
?    void dict::insert(string& w)
?    // w が辞書にあれば 1 を、なければ 0 を返す

?    if (n > MAX || n % 2 > 0) // 偶数のテスト

?    // メッセージを出力
?    // 1 行出力するたびに行カウンタを加算
?
?    void write_message()
?    {
?        // カウンタをインクリメント
?        line_number = line_number + 1;
?        fprintf(fout, "%d %s\n%d %s\n%d %s\n",
?            line_number, HEADER,
?            line_number + 1, BODY,
?            line_number + 2, TRAILER);
?        // 行カウンタをインクリメント
?        line_number = line_number + 2;
?    }
```

1.7 なぜ手間をかけるのか

この章ではプログラミングスタイルの重要な要素について取り上げ、わかりやすい名前、式の明快さ、単純な制御フロー、コードとコメントの読みやすさ、そしてこれらすべてを実現する際に慣行と慣用句を一貫して使用することの重要性について説明した。これらが悪いことだと言う人はほとんどいないだろう。

しかしなぜスタイルに気を使うのだろうか。きちんと動けばプログラムの見かけなど誰も気にしないのではないか。きれいに見せるのに時間がかかりすぎはしないだろうか。そもそも、ここで紹介されたルールは個人の勝手な意見にすぎないのではないか。

それに対する答えはこうだ。きちんと書かれているコードは読みやすく、理解しやすく、ほぼ例外なく間違いも少なく、無神経に殴り書きされたきり一度も仕上げを施されていないコードより小さくなる可能性も高い。納期に間に合わせるために大急ぎでプログラムを出荷しようとすると、どうしてもスタイルはそっちのけになり、後回しにされがちになる。スタイルを重視するのは場合によっては高くつくだろう。しかしこの章に出てきた一部の例を見れば、良いスタイルを十分に意識しないとどういう問題が発生するかがわかると思う。だらしないコードは悪いコードだ。そういうコードは単に読みづらいだけでなく、問題を抱えているケースが多い。

大事なポイントは、良いスタイルは習慣の問題だということだ。自分でコードを書き起こす際にスタイルに配慮し、時間をとってスタイルを見直し改善していけば、良い習慣が身につくようになる。そしてそれが自然に出てくるようになれば細かい点の多くは無意識のうちに処理され、たとえ納期に追いまくられて書いたコードでも今より優れたコードになるだろう。

1.8 参考文献

この章の冒頭で言ったように、良いコードを書くことは良い文章を書くことと共通する点が多い。Strunk と White の『*The Elements of Style*』（Allyn & Bacon 社刊）は、英語の上手な書き方について手短にまとめた本としては今なお最良だ。

この章は、Brian Kernighan、P. J. Plauger 共著の『*The Elements of Programming Style*』*2（McGraw-Hill 社刊、1978 年）のアプローチを踏襲している。Steve Maguire 著『*Writing Solid Code*』（Microsoft Press 社刊、1993 年）に

*2　（邦訳）『プログラム書法』Brian W.Kernighan、 P.J.Plauger 著、木村泉訳 、第 2 版、共立出版、1982

は、プログラミングの参考になる話が満載されている。スタイルに関しては、Steve McConnell 著『*Code Complete*』*3（Microsoft Press 社刊、1993 年)、Peter van der Linden 著『*Expert C Programming: Deep C Secrets*』*4（Prentice Hall 社刊、1994 年）も参考になるだろう。

*3 （邦訳）『コードコンプリート 第 2 版: 完全なプログラミングを目指して 上・下』Steve McConnell 著、クイープ訳、日経 BP、2005

*4 （邦訳）『エキスパート C プログラミング：知られざる C の深層 』 Peter van der Linden 著、梅原系訳、アスキー、1996

The Practice of Programming — CHAPTER 2

第2章　アルゴリズムとデータ構造

結局のところ、具体的な問題に適正に対処する方策はこの分野のツールとテクニックに馴染むこと以外に存在しないだろうし、クォリティの高い成果が一貫して得られるようになるには一定の経験を積む以外に手はないだろう。

Raymond Fielding, *The Technique of Special Effects Cinematography*

アルゴリズムとデータ構造の研究は計算機科学の基礎分野のひとつで、エレガントなテクニックと高度な数学的分析が満ちあふれる領域だ。だがそれは理論好きの連中の単なる娯楽やゲームではない。優れたアルゴリズムやデータ構造を利用すれば、普通なら何年もかかるような問題があっという間に解決できてしまう場合もあるのだ。

グラフィックスやデータベース、字句解析、数値解析などといった専門分野では、問題を解決するためには最先端のアルゴリズムとデータ構造の知識が絶対に欠かせない。不慣れな分野のプログラムを開発しようとするなら、その分野ですでにどんなことが解明されているかを調べてみなければ**ならない**。さもないと、優れた手法がすでに存在するのに、自己流の下手なやり方を考案するのに時間を無駄にするはめになるからだ。

どんなプログラムもアルゴリズムとデータ構造に依存するが、アルゴリズムやデータ構造をまったく新たに考案しなければならないようなプログラムはほとんどない。コンパイラやWebブラウザのような複雑なプログラムであっても、内部ではほとんどの場合には配列やリスト、ツリー、ハッシュテーブルといったデータ構造が使われている。もっと手の込んだデータ構造が必要なプログラムでも、おそらくはこうした単純なデータ構造をベースにすることになるだろう。そのためほとんどのプログラマにとっては、自分の問題にどんなアルゴリズムやデータ構造を応用できるかを知り、複数の選択肢からどう選んだらいいかを理解することが肝心になる。

この章の内容を簡単に紹介しておこう。ほとんどのプログラムに登場する基本アルゴリズムの種類はほんのわずかであり（主として探索とソーティング）、それらもたいていライブラリに含まれている。同様に大半のデータ構造も、ほんのわずかな種類の基本データ構造から派生している。そのためこの章には、プログラマなら誰でも見覚えのあるような題材ばかりが登場すると思う。我々は話を具体的にするために実用的なコードを書いた。必要なら我々のコードをそのまま流用しても一向にかまわないが、そうする前に、自分のプログラミング言語とライブラリにどんな機能が揃っているかをきちんと調べるようにしてほしい。

2.1 探索

静的な表のデータを記憶するのに、配列にかなうものはない。コンパイル時の初期化機能を利用すれば、こうした配列を安価に簡単に構築できる（Javaだと初期化が実行時に発生するが、配列がよほど巨大でない限り、この点は実装上の些細な話として無視できる）。下手な文章に多用される単語を検出したいプログラムなら、次のように書けばいい。

```
char *flab[] = {
    "actually",
    "just",
    "quite",
    "really",
    NULL
};
```

探索ルーチンは配列に入っている要素の数を知っていなければならない。それを知らせるひとつの方法は長さを引数として渡すことだが、次の例のように配列の末尾にNULLのマーカを入れるやり方もある。

```
/* lookup: 配列中の単語を逐次探索する */
int lookup(char *word, char *array[])
{
    int i;
    for (i = 0; array[i] != NULL; i++)
        if (strcmp(word, array[i]) == 0)
            return i;
    return -1;
}
```

CとC++では、パラメータを文字列の配列にしたいときにはchar *array[]あるいはchar **arrayと宣言すればいい。どちらの形式も同等だが、前者のほうがこの場合のパラメータの使われ方が明確になる。

この探索アルゴリズムは、個々の要素を順番に調べていって希望の要素かどうかを判断することから、**逐次探索**（sequential search）と呼ばれる。逐次探索はデータ量が少ないときには十分高速だ。標準ライブラリの中にも、特定のデータ型に関して逐次探索を実行するルーチンが存在する。たとえば strchr や strstr は、C や C++の文字列中で所定の文字や部分文字列が最初に出現する位置を検索する関数だし、Java の String クラスには indexOf メソッドがあるし、C++の汎用の find アルゴリズムはほとんどのデータ型に利用できる。自分が相手にしているデータ型にこの手の関数が存在するなら、それを使おう。

逐次探索は簡単だが、作業量は探索対象のデータ量に直接比例する。要素の数が倍になれば、希望の要素が存在しないときには探索時間も倍になる。これは線形の関係なので（実行時間がデータサイズの 1 次関数になる）、この手法は**線形探索**（linear search）とも呼ばれている。

次に示すのは HTML を解析するプログラムの一部で、より現実的なサイズの配列の例だ。この配列には、100 種類を優に超える文字のテキスト名が定義されている。

```
typedef struct Nameval Nameval;
struct Nameval {
    char *name;
    int value;
};
/* HTML 文字: たとえば AElig は A と E の合字 */
/* 値は Unicode/ISO10646 のエンコーディング法に準拠 */
Nameval htmlchars[] = {
    "AElig", 0x00c6,
    "Aacute", 0x00c1,
    "Acirc", 0x00c2,
    /* ... */
    "zeta", 0x03b6,
};
```

このような大きめの配列の場合には、**二分探索**（binary search）を使ったほうが効率的だ。二分探索アルゴリズムは、我々が辞書で単語を引く方法を整然と実行するバージョンと言えるだろう。まず真ん中の要素をチェックする。その値が自分の探している値よりも大きかったら前半を調べ、小さければ後半を調べる。そして希望の項目が見つかるかそれが存在しないと判断できるまで、この手順を繰り返せばいい。

二分探索を実行するには、上の例のように表がソートされていなければならない（スタイル上もそれが好ましい。人間も表がソートされていたほうが項目を探しやすいからだ）。また、表の長さもわかっていなければならない。それには 1 章に出てきた NELEMS マクロが役立つ。

```
printf("The HTML table has %d words\n", NELEMS(htmlchars));
```

この表に使用する二分探索関数は次のようになるだろう。

```
/* lookup: 表中の名前を二分探索する。インデックスを返す */
int lookup(char *name, Nameval tab[], int ntab)
{
    int low, high, mid, cmp;
    low = 0;
    high = ntab - 1;
    while (low <= high) {
        mid = (low + high) / 2;
        cmp = strcmp(name, tab[mid].name);
        if (cmp < 0)
            high = mid - 1;
        else if (cmp > 0)
            low = mid + 1;
        else /* マッチを発見 */
            return mid;
    }
    return -1; /* マッチが存在しない */
}
```

これらを組み合わせて、次のように`htmlchars`を探索すると、

```
half = lookup("frac12", htmlchars, NELEMS(htmlchars));
```

$^1/_2$という文字の配列インデックスが見つかる。

二分探索では、ステップごとにデータが半分ずつ取り除かれていく。そのため要素が1個だけ残されるまでに必要なステップ数は、nを2で除算できる回数に比例する。切り捨てを無視すれば、これは$\log_2 n$だ。探索対象の項目数が1,000個あると線形探索には最大1,000ステップ必要だが、二分探索は約10ステップで済む。100万個なら線形探索だと100万ステップだが、二分探索なら20ステップだ。項目数が増えるほど二分探索のメリットも増大する。ある入力サイズ（個々の実装による）を超えると、線形探索よりも二分探索のほうが高速になる。

2.2 ソーティング

二分探索が機能するのは要素がソートされている場合だけだ。何らかのデータ集合で繰り返し探索するつもりなら、1回ソートしておいてから二分探索を使うと効果的だろう。事前にデータ集合の内容がわかっているのであれば、プログラムを書くときにソートしてコンパイル時初期化機能によってデータ集合を作ればいい。そうでなければ、プログラムの実行時にソートしなければならない。

最良の汎用ソーティングアルゴリズムのひとつに、C. A. R. Hoareが1960年に考案した**クイックソート**がある。クイックソートは、よけいな計算をいかにして回避したらいいかを示す好例だ。これの原理は配列を小さな要素と大きな要素に分割することにある。

配列の要素を1個選択する（「ピボット」）
その他の要素を2つのグループに分割する
　　ピボット値よりも小さい「チビ」と
　　ピボット値より大きいか等しい「デカ」
個々のグループを再帰的にソートする

このプロセスが完了した時点で配列は順序正しく並んでいる。クイックソートが高速なのは、ある要素がピボット値より小さいと判明したら、一切それを「デカ」の要素と比較する必要がなくなるためだ。同様にデカもチビと比較されない。これによって、個々の要素をそれ以外の要素すべてと直接比較する挿入法やバブルソートのような単純なソーティング手法に比べて桁違いに高速になる。

クイックソートは実用的で効率的な手法だ。これは詳細に研究されており、無数のバリエーションが存在する。ここで紹介するバージョンはもっとも単純な実装と言っても過言ではなく、最高速の実装でないことは間違いない。

次のquicksort関数は、整数の配列をソートする。

```
/* quicksort: v[0]...v[n-1] を小さい順にソートする */
void quicksort(int v[], int n)
{
    int i, last;
    if (n <= 1) /* することがない */
        return;
    swap(v, 0, rand() % n); /* ピボット要素を v[0] に移す */
    last = 0;
    for (i = 1; i < n; i++) /* 分割 */
        if (v[i] < v[0])
            swap(v, ++last, i);
    swap(v, 0, last);   /* ピボットを復元 */
    quicksort(v, last); /* 再帰的にソート */
    quicksort(v+last+1, n-last-1); /* 各部分をソート */
}
```

quicksortには2個の要素を入れ換えるswap処理が3回登場するので、別個の関数にするのがベストだ。

```
/* swap: v[i] と v[j] を入れ換える */
void swap(int v[], int i, int j)
{
    int temp;
    temp = v[i];
    v[i] = v[j];
    v[j] = temp;
}
```

分割する際にランダムな要素をピボットとして選択し、それを一時的に入れ換えて先頭に置く。そして残りの要素をたどりながら、ピボットより小さな要素（「チビ」）は最初のほう（lastの位置）に入れ換え、大きな要素は後ろのほう（iの位置）に入れ換える。この手順の最初でピボットが先頭と入れ換えられた直後の段階では、last = 0であり、i = 1からn -1までの要素はまだ調査されていない。

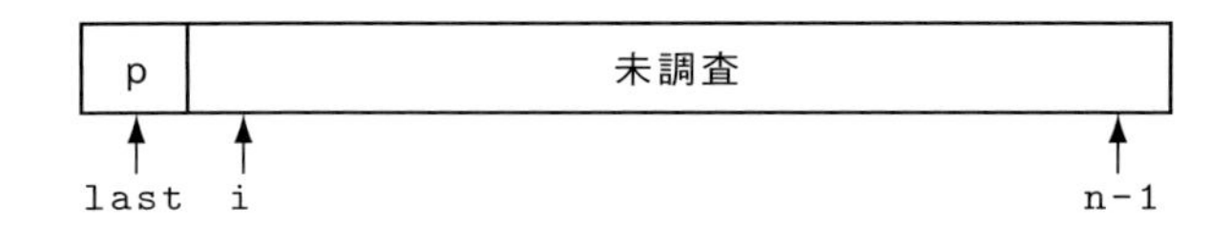

forループの開始時には、1からlastまでの要素は確実にピボットより小さく、last+1からi-1までの要素はピボットと等しいか大きく、iからn-1までの要素はまだ調査されていない。このアルゴリズムだと、v[i] >= v[0]になるまではv[i]がそれ自身と交換される場合がある。少々時間の無駄だが、気にするほどではない。

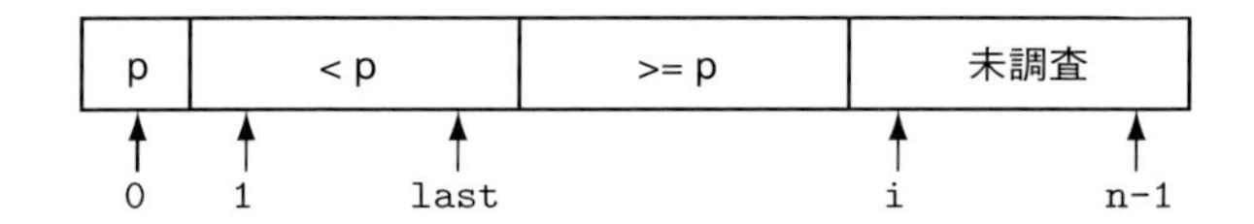

すべての要素を2つのグループに分割し終わったら、要素0を要素lastと交換してピボット要素を最終的なポジションに置く。これによって正しい順序が維持される。この時点で配列は次のようになっている。

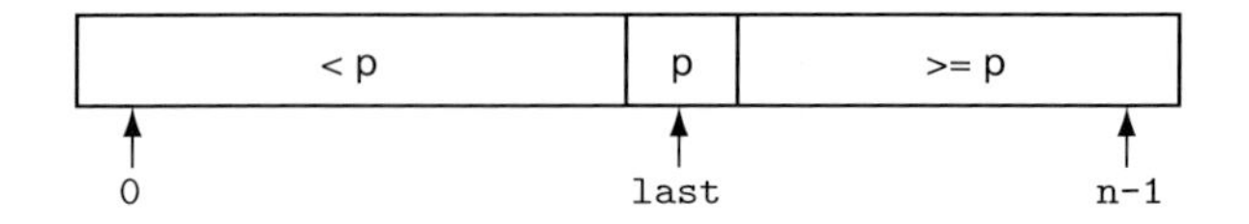

これと同じ手順が左側と右側にある部分配列に対して実行される。それが終わった時点で、配列全体のソートが完了している。

ではクイックソートはどれほど速いのだろうか。最良のケースでは、

- 最初のパスによって、n 個の要素がそれぞれ約 $n/2$ 個の要素で構成される 2 つのグループに分割される
- 第 2 レベルでは、約 $n/2$ 個の要素からなる 2 つのグループが、それぞれ約 $n/4$ 個の要素で構成される 4 つのグループに分割される
- 次のレベルでは、要素数約 $n/4$ 個の 4 グループが要素数約 $n/8$ 個の 8 グループに分割される
- 以下同様

この手順が約 $\log_2 n$ レベルまで繰り返されるので、最良のケースでの合計作業量は、$n + 2\times n/2 + 4\times n/4 + 8\times n/8$ ...（$\log_2 n$ 回）つまり $n\log_2 n$ に比例する。平均しても、実際にはこれより多少作業量が増えるにすぎない。底 2 の対数を使うのは慣行なので、クイックソートの所要時間は $n\log n$ に比例すると表記することにしよう。

このクイックソートの実装は解説用としては非常に明快だが、弱点もある。ピボットを選択するたびに要素の値がほぼ均等に分布した 2 つのグループに分かれるとするなら、上記の我々の分析は正しい。ところが偏りのある分割が頻繁に実行されると、実行時間はどんどん n^2 に近づいていく。我々の実装では、ピボットとしてランダムな要素を使うことによって、異例な入力データによって偏りのある分割が頻繁に引き起こされる可能性を減らしている。しかし入力値がすべて同じ値だったとしたら、我々の実装は毎回 1 個ずつしか要素を切り出せないことになり、実行に n^2 に比例する時間がかかるはめになる。

一部には、動作が入力データに強く依存するアルゴリズムがある。ふだんは良好に機能するアルゴリズムでも、ひねくれた入力や不都合な入力が与えられると極端に遅くなったり、大量のメモリを使うようになったりすることがあるのだ。クイックソートの場合には、上記のような単純な実装だと動作が遅くなるケースもあるが、もっと高度な実装なら病的なふるまいをする可能性をほぼゼロにまで減らせる。

2.3 ライブラリ

C と C++の標準ライブラリには、不都合な入力に強く、できる限り高速に動作するようにチューンアップされている（はずの）ソート関数が付属している。

ライブラリルーチンはどんなデータ型でもソートできるようになっているが、その代わりルーチンのインターフェイスにしたがわなければならない。しかもそのインターフェイスは、先ほど紹介した関数よりも多少複雑になっていることが多い。

Cの場合のライブラリ関数はqsortだが、qsortが2つの値を比較しなければならないときに呼び出す比較関数をプログラマ側で提供する必要がある。値はどんな型にもなり得るので、比較関数には比較対象のデータ項目を指す2個のvoid*ポインタが渡されてくる。比較関数では、その2個のポインタを正しい型にキャストし、データ値を取り出して比較し、その結果を返す必要がある（1番目の値が2番目の値より小さいか等しいか大きいかに応じて、負かゼロか正の値)。

よくあるケースとして、文字列の配列をソートする場合の実装を紹介しよう。この関数scmpは引数をキャストし、strcmpを呼び出して比較作業を実行する。

```
/* scmp: *p1と*p2の文字列比較 */
int scmp(const void *p1, const void *p2)
{
    char *v1, *v2;
    v1 = *(char **) p1;
    v2 = *(char **) p2;
    return strcmp(v1, v2);
}
```

これを1行関数として書くのも可能だが、一時変数を使うことでコードが読みやすくなる。

strcmpをそのまま比較関数として使うのは不可能だ。qsortは（型char*の）str[i]を渡してくるのではなく、次の図のように配列中の個々のエントリのアドレス、つまり（型char**の）&str[i]を渡してくるからだ。

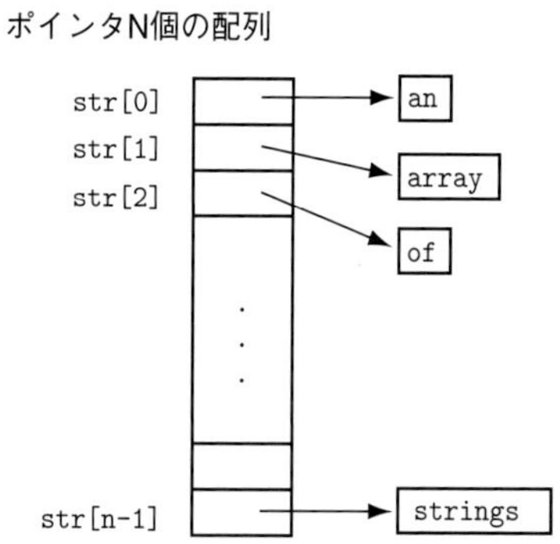

ポインタN個の配列

str[0] → an
str[1] → array
str[2] → of
・
・
・
str[n-1] → strings

文字列の配列のstr[0]からstr[N-1]までの要素をソートするためには、配列、その長さ、ソートする項目のサイズ、比較関数を指定してqsortを呼び出さなければならない。

```
char *str[N];

qsort(str, N, sizeof(str[0]), scmp);
```

整数比較用の同様の関数 icmp を次に紹介しよう。

```
/* icmp: *p1 と *p2 の整数比較 */
int icmp(const void *p1, const void *p2)
{
    int v1, v2;

    v1 = *(int *) p1;
    v2 = *(int *) p2;
    if (v1 < v2)
        return -1;
    else if (v1 == v2)
        return 0;
    else
        return 1;
}
```

これを次のように書く手もあるが、

```
?    return v1-v2;
```

v2 が大きな正の値で v1 が大きな負の値（またはその逆）だった場合には、オーバーフローが発生して間違った答えが返されてしまう可能性がある。直接比較したほうが長くはなるが安全だ。

この場合も qsort の呼び出しには、配列、その長さ、ソートする項目のサイズ、比較関数を指定する必要がある。

```
int arr[N];

qsort(arr, N, sizeof(arr[0]), icmp);
```

ANSI C には bsearch という二分探索ルーチンも定義されている。qsort 同様に bsearch にも、比較関数（たいていは qsort に使われるのと同じ関数）のポインタが必要になる。bsearch はマッチする要素のポインタか、見つからなければ NULL を返す。次に紹介するのは、先ほどの HTML ルックアップルーチン lookup を bsearch を使って書き直した例だ。

```
/* lookup: bsearch で表中の名前を探索し、インデックスを返す */
int lookup(char *name, Nameval tab[], int ntab)
{
    Nameval key, *np;

    key.name = name;
    key.value = 0; /* 使われない。何でもいい */
    np = (Nameval *) bsearch(&key, tab, ntab,
                        sizeof(tab[0]), nvcmp);
    if (np == NULL)
        return -1;
    else
        return np-tab;
}
```

qsort の場合と同じように、比較する項目のアドレスが比較ルーチンに渡されるので、キーはその型になっていなければならない。この例で言えば、ダミーの Nameval エントリを用意して、それを比較ルーチンに渡す必要がある。比較ルーチン自体は nvcmp という関数で、この関数は値は無視して文字列部分に対して strcmp を呼び出すことによって2個の Nameval 項目を比較する。

```
/* nvcmp: 2個の Nameval 名を比較 */
int nvcmp(const void *va, const void *vb)
{
    const Nameval *a, *b;

    a = (Nameval *) va;
    b = (Nameval *) vb;
    return strcmp(a->name, b->name);
}
```

scmp に似ているが、文字列が構造体のメンバとして記憶される点が違っている。

キーを指定するのが面倒なので、bsearch は qsort よりも使い勝手が悪い。優れた汎用ソートルーチンには1〜2ページ分のコードが必要だが、二分探索ルーチンは、bsearch とのインターフェイスをとるのに必要なコードと大差ないサイズで記述できる。それでも、自分で書かずに bsearch を使ったほうがいいと思う。二分検索を正しく実装するのはプログラマにとって意外なほど難しいことが、昔から実証されているからだ。

標準C++ライブラリには、O（$n\log n$）の動作を保証するsortという汎用アルゴリズムが用意されている。キャストも要素サイズも不要だし、順序関係が存在する型の場合には明示的な比較関数もいらなくなるので、こちらのほうがコードを簡単に書ける。

```
int arr[N];

sort(arr, arr+N);
```

C++ライブラリには汎用二分探索ルーチンもあり、やはり同様の記法上のメリットが存在する。

問題2-1 クイックソートは再帰によってもっとも自然に表現される。繰り返しを使ってそれを記述し、2つのバージョンを比較せよ（ちなみにHoareは、クイックソートを繰り返しによって実現するのがいかに大変だったか、再帰を使用したところどれほど美しくすんなりと実装できたかについて語っている）。

2.4 Java版クイックソート

Javaでは少し事情が異なる。初期のリリースには標準のソート関数がなく、自分で書かなければならなかった。しかし最近のバージョンにはComparableインターフェイスを実装しているクラスに使えるsort関数が用意されているため、現在ではライブラリを利用してソートできるようになっている。しかし別の場面に応用のきくテクニックがあるので、このセクションではJavaでクイックソートを実装する作業の詳細について解説しよう。

ソートしたい対象の型それぞれに合ったquicksortを書くのも簡単だが、qsortインターフェイス的なスタイルの、どんな種類のオブジェクトにも呼び出せる汎用ソートを書くほうが参考になると思う。

JavaのCやC++との大きな違いのひとつは、比較関数を別の関数に渡せないことだ。関数ポインタなど存在しないからだ。そのため、ここでは代わりに2個のObjectを比較する関数だけを含んだ**インターフェイス**を作る。さらに個々のデータ型をソートするために、そのデータ型用のインターフェイスを実装するメンバ関数を含んだクラスを作成する。そしてそのクラスのインスタンスをソート関数に渡せば、ソート関数がそのクラスの比較関数によって要素の比較を実行する。

まず最初にCmpというインターフェイスを定義しよう。このインターフェイスは、2個のObjectを比較する比較関数cmpを唯一のメンバとして宣言する。

```
interface Cmp {
    int cmp(Object x, Object y);
}
```

そうしたらこのインターフェイスを実装する比較関数を書けばいい。たとえば次のコードは整数（Integer）を比較する関数を定義するクラスだし、

```
// Icmp: 整数比較
class Icmp implements Cmp {
    public int cmp(Object o1, Object o2)
    {
        int i1 = ((Integer) o1).intValue();
        int i2 = ((Integer) o2).intValue();
        if (i1 < i2)
            return -1;
        else if (i1 == i2)
            return 0;
        else
            return 1;
    }
}
```

次のコードは文字列（String）を比較するクラスだ。

```
// Scmp: 文字列比較
class Scmp implements Cmp {
    public int cmp(Object o1, Object o2)
    {
        String s1 = (String) o1;
        String s2 = (String) o2;
        return s1.compareTo(s2);
    }
}
```

ただし、このメカニズムでソートできるのは Object から派生した型だけだ。int や double のような基本型には使用できない。int ではなく Integer をソートしているのはそのためだ。

こうしたコンポーネントが揃ったら、C の quicksort 関数を Java で書き直して、引数として渡された Cmp オブジェクトから比較関数が呼び出されるようにすればいい。最大の変更点は、Java だと配列を指すポインタが使えないので、left と right というインデックスを利用していることだ。

```
// Quicksort.sort: v[left]...v[right] をクイックソート
static void sort(Object[] v, int left, int right, Cmp cmp)
{
    int i, last;

    if (left >= right) // 何もしない
        return;
    swap(v, left, rand(left,right));  // ピボット要素を
    last = left;                       // v[left] へ
    for (i = left+1; i <= right; i++) // 分割
        if (cmp.cmp(v[i], v[left]) < 0)
            swap(v, ++last, i);
    swap(v, left, last);               // ピボット要素を復元
    sort(v, left, last-1, cmp);        // 再帰的にソート
    sort(v, last+1, right, cmp);       // 各部をソート
}
```

Quicksort.sort は cmp を使ってオブジェクトペアを比較し、ここでも swap を呼び出してそれらを入れ換える。

```
// Quicksort.swap: v[i] と v[j] を交換
static void swap(Object[] v, int i, int j)
{
    Object temp;

    temp = v[i];
    v[i] = v[j];
    v[j] = temp;
}
```

乱数の発生は、left から right までの範囲のランダムな整数を生成する関数によって実行する。

```
static Random rgen = new Random();

// Quicksort.rand: [left,right] の範囲のランダムな整数を返す
static int rand(int left, int right)
{
    return left + Math.abs(rgen.nextInt())%(right-left+1);
}
```

Math.abs を使って絶対値を計算しているのは、Java の乱数ジェネレータが正の数だけでなく負の数も返してくるためだ。

関数sort、swap、randとジェネレータオブジェクトrgenは、どれもクラスQuick-sortのメンバだ。

さて、String配列をソートするのにQuicksort.sortを呼び出すには次のように書くことになる。

```
String[] sarr = new String[n];

// sarrのn個の要素を埋めてから...

Quicksort.sort(sarr, 0, sarr.length-1, new Scmp());
```

このコードは、文字列比較オブジェクトをその場で生成してsortを呼び出している。

問題2-2　我々のJava版クイックソートでは、項目が元の型（Integerなど）からObjectにキャストされ、それがまた元の型にキャストされるため、かなりの回数の型変換が実行される。ソートの対象を特定の型に限定したバージョンのQuicksort.sortを作ってみて、型変換によって性能がどの程度低下するかを評価せよ。

2.5 O記法

これまで我々はある特定のアルゴリズムによって処理される作業の量を、入力に含まれる要素数nによって表してきた。ソートされていないデータの探索にかかる時間はnに比例するし、ソート済みのデータに二分探索を使用した場合の時間は$\log n$に比例する。そしてソート時間はn^2ないし$n\log n$に比例すると考えられる。

だが、こうしたことをもっと厳密に、しかもCPU速度やコンパイラ（とプログラマ）の品質などといった枝葉の部分を捨象して表現する手段が必要だ。アルゴリズムの実行時間と領域の必要量を、プログラミング言語やコンパイラ、マシンアーキテクチャ、プロセッサ速度、システム負荷その他の複雑なファクタから切り離して比較したいからだ。

そのために「O記法（O-notation）」という標準記法が存在する。これの基本パラメータは具体的な問題のサイズを表すnであり、**計算量**（complexity）つまり実行時間はnの関数として表現される。「二分探索はO（$\log n$）である、すなわち項目数nの配列を探索するのに$\log n$オーダーのステップが必要になる」というように、“O”は**オーダー**（order）を表す。O（$f(n)$）という表記は、nが十分に大きければ、たとえばO（n^2）あるいはO（$n\log n$）のように、実行時間は最大でf（n）

に比例するという意味になる。この種の漸近的評価法は理論的分析には重要で、アルゴリズムをおおまかに比較する上で非常に重宝するが、現実には枝葉の部分に左右されることもある。たとえば n の値が小さい場合なら、オーバーヘッドの少ない $O(n^2)$ のアルゴリズムがオーバーヘッドの大きな $O(n\log n)$ のアルゴリズムよりも高速に動作することもあるだろう。しかし n が十分に大きい場合には、上昇曲線の緩いアルゴリズムのほうが必然的に速くなる。

また、**最悪のケース**と**期待される**動作も区別しなければならない。「期待される」を明確に表すのは難しい。与えられる入力として、どんな種類の入力を想定するかによって左右されるからだ。最悪のケースに関しては通常は正確に予測できるが、それに惑わされることもある。クイックソートの最悪実行時間は $O(n^2)$ だが、期待される時間は $O(n\log n)$ になる。ピボット要素を毎回慎重に選べば、2 次式の動作つまり $O(n^2)$ の動作をする可能性をほぼゼロにまで減らせる。現実には、まともな実装のクイックソートは通常は $O(n\log n)$ の時間で動作する。

もっとも重要なケースを次に挙げておこう。

記法	名称	例
$O(1)$	定数	配列インデックス
$O(\log n)$	対数	二分探索
$O(n)$	1 次	文字列比較
$O(n\log n)$	$n\log n$	クイックソート
$O(n^2)$	2 次	単純なソート手法
$O(n^3)$	3 次	行列乗算
$O(2^n)$	指数	集合分割問題

配列中の項目へのアクセスは、定数時間つまり $O(1)$ の作業になる。二分探索のように段階ごとに入力の半数を取り除いていくアルゴリズムは、一般に $O(\log n)$ の時間がかかる。文字数 n の文字列 2 個を strcmp で比較する作業は $O(n)$ になる。伝統的な行列乗算アルゴリズムには $O(n^3)$ が必要になる。出力の個々の要素は n 個のペアを乗算して加算した結果であり、個々の行列には n^2 個の要素が存在するからだ。

指数時間アルゴリズムになってしまうのは、たいていはすべての可能性を評価する結果だ。たとえば要素数 n 個の集合には 2^n 個の部分集合が存在するので、すべての部分集合を調べなければならないアルゴリズムは、指数的つまり $O(2^n)$ になる。指数的アルゴリズムは n が非常に小さい場合でない限り、通常はあまりに高くつく。その問題に項目が1個追加されるだけで実行時間が倍になるからだ。ところが残念ながら、有名な「巡回セールスマン問題」のように、指数的アルゴリズムしか発見されていない問題も数多く存在する。そうしたケースでは、最良の答えの近似値を見つけるアルゴリズムで代用されることが多い。

問題 2-3　クイックソートの実装が最悪のふるまいを見せるような入力シーケンスは何か。自分のライブラリルーチンの動作が遅くなるシーケンスをいくつか見つけてみよう。そしてこのプロセスを自動化して、膨大な回数の実験を簡単に指定して実行できるようにせよ。

問題 2-4　n 個の整数からなる配列をできる限り低速にソートするアルゴリズムを設計して実装せよ。フェアプレイの精神を忘れないように。つまり、処理を進行させていずれは終了するアルゴリズムでなければならず、時間稼ぎのループのようなインチキを働く実装であってはならない。そのアルゴリズムの計算量を n の関数として表現せよ。

2.6 配列の伸張

これまでのセクションに登場した配列は静的で、サイズも内容もコンパイル時に確定していた。よけいな単語や HTML 文字のテーブルを実行時に変更する必要があったとしたら、データ構造としてハッシュテーブルを使ったほうがふさわしかっただろう。n 個の要素を一度に1個ずつ挿入してソート済みの配列を伸張させていくのは $O(n^2)$ の作業であり、n が大きいときには避けるべき処理だ。

ただ、個数は可変だが、要素数の少ない物事を管理したいケースはよくある。そういう場合には依然として配列が最善の選択肢となり得る。その際に、配列は割り当てコストを最小限に抑えるためにチャンク単位でサイズ変更する必要があるし、物事をすっきりさせるために配列を配列の管理に必要な情報とひとまとめにする必要がある。その辺は C++や Java なら標準ライブラリのクラスを使えばいいだろうし、C でも `struct` を使えば同様の結果を実現できる。

次のコードは、`Nameval` の項目からなる伸張可能な配列を定義している。新しい項目は配列の末尾に追加され、配列は必要に応じて伸張してそのための領域を作る。あらゆる要素には添字によって一定時間でアクセスできる。この点は Java や C++ のベクタクラスに似ている。

```
typedef struct Nameval Nameval;
struct Nameval {
    char *name;
    int value;
};

struct NVtab {
    int nval;           /* 値の現在の個数 */
    int max;            /* 割り当て済みの値の個数 */
    Nameval *nameval; /* 名前-値ペアの配列 */
} nvtab;

enum { NVINIT = 1, NVGROW = 2 };

/* addname: 新しい名前と値を nvtab に追加 */
int addname(Nameval newname)
{
    Nameval *nvp;

    if (nvtab.nameval == NULL) { /* 一番最初 */
        nvtab.nameval =
            (Nameval *) malloc(NVINIT * sizeof(Nameval));
        if (nvtab.nameval == NULL)
            return -1;
        nvtab.max = NVINIT;
        nvtab.nval = 0;
    } else if (nvtab.nval >= nvtab.max) { /* 伸張 */
        nvp = (Nameval *) realloc(nvtab.nameval,
                (NVGROW*nvtab.max) * sizeof(Nameval));
        if (nvp == NULL)
            return -1;
        nvtab.max *= NVGROW;
        nvtab.nameval = nvp;
    }
    nvtab.nameval[nvtab.nval] = newname;
    return nvtab.nval++;
}
```

関数addnameは追加したばかりの項目のインデックスを返し、何らかのエラーが発生したときには-1を返す。

reallocの呼び出しによって配列が新しいサイズに伸張するが、その際に既存の要素は保存され、配列を指すポインタか、十分なメモリがなければNULLが返される。reallocを呼び出すたびに要素1個分ずつしか配列を伸張させないと、性能が$O(n^2)$になってしまう。しかし上のコードのようにreallocを実行するたびにサイズを2倍にすることで、個々の要素のコピーに必要なコストの期待値が一定に保たれる。配列が割り当て直される際にアドレスが変化する可能性があるので、プログラムのほかの部分で配列の要素を参照するときにはポインタではなく添字を使わなければならない。上記のコードが次のようになっていない点に注目。

```
?       nvtab.nameval = (Nameval *) realloc(nvtab.nameval,
?               (NVGROW*nvtab.max) * sizeof(Nameval));
```

この形だと、万が一再割り当てが失敗したら元の配列が失われてしまう。

この例では、実行開始時の配列のサイズに非常に小さな初期値（NVINIT = 1）を使っている。これによってプログラムはすぐに配列を伸張させ始めるので、プログラムのこの部分は確実に実行される。このコードを実際の製品に組み込む段階になったらこの初期値を増やせばいいが、小さな初期値のままでもコストは無視できる程度だ。

reallocの戻り値は、Cによってvoid*が自動的に昇格させられるので、必ずしも目的の型にキャストしなくてもかまわない。だがC++だとそうはいかない。キャストは必須だ。キャストしたほうが安全（わかりやすいし素直）なのか、キャストしないほうが安全（キャストによって本来の間違いが隠されてしまう）なのかについては意見が分かれている。我々がキャストするほうを選んだのは、このプログラムがCとC++の両方に通用するようにするためだ。その代償としてCコンパイラによるエラーチェックは甘くなるが、その点はCとC++の2種類のコンパイラでよぶんにチェックされることで補われる。

一方、名前を削除する作業はこれほど素直にはいかない。配列に残った隙き間をどう扱うかを判断しなければならないからだ。要素の順序がどうでもよければ、最後の要素を隙き間に入れ換えるのが一番簡単だろう。ところが順序を維持したいときには、隙き間以降の要素の位置を1個ずつずらさなければならない。

```
/* delname: 最初にマッチする nameval を nvtab から除去 */
int delname(char *name)
{
    int i;

    for (i = 0; i < nvtab.nval; i++)
        if (strcmp(nvtab.nameval[i].name, name) == 0) {
            memmove(nvtab.nameval+i, nvtab.nameval+i+1,
                (nvtab.nval-(i+1)) * sizeof(Nameval));
            nvtab.nval--;
            return 1;
        }
    return 0;
}
```

memmoveの呼び出しによって要素の位置が1個ずつ前に移動し、配列が圧縮される。memmoveは標準ライブラリルーチンで、任意のサイズのメモリブロックをコピーするのに使われる。

ANSI C標準にはmemcpy関数とmemmove関数が定義されている。前者は高速だが、コピー元とコピー先が重なっているとメモリが上書きされてしまう。後者は遅いが、どんな場合でも正しく動く。正しさと速度を天秤にかける負担をプログラマに要求するのは間違っており、本来は1種類の関数しか存在すべきでない。最初から1種類しか存在しないと思って、いつでもmemmoveを使うようにすること。

memmoveの呼び出しを次のループで代用する手もある。

```
int j;
for (j = i; j < nvtab.nval-1; j++)
    nvtab.nameval[j] = nvtab.nameval[j+1];
```

我々がmemmoveを使うほうがいいと思う理由は、要素を間違った順序でコピーしてしまうというありがちなミスを防止できるからだ。削除ではなく挿入を実行する場合なら、上記のループは昇順ではなく降順にしないと要素が上書きされてしまう。memmoveを呼び出せば、そんなことをいちいち考えずに済むようになる。

配列要素を移動させるやり方以外に、削除された要素を未使用としてマークする方法もある。その場合、新しい項目を追加したいときにはまず未使用スロットを検索してみて、それがまったく存在しなかったときに初めてベクタを伸張させることになる。この例で言えば、要素を未使用としてマークするには、名前のフィールドをNULLにセットすればいいだろう。

配列はデータをまとめるもっとも単純な手段だ。効率的で便利なインデックスつき配列がほとんどの言語に用意されていたり、文字列が文字の配列として表現されるようになっているのは決して偶然ではない。配列は簡単に使えるし、どの項目にも $O(1)$ でアクセスできるし、二分探索やクイックソートと相性がいいし、領域のオーバーヘッドもほとんどない。固定サイズのデータ集合や要素数が少ないとわかっているデータ集合の場合には、配列にかなうものはない。とくに前者の場合には、コンパイル時にデータ集合を作成するのも可能だ。しかし配列の値の集合が変化する場合には管理作業が高くつくことがあるので、要素数が予測できなかったり膨大になる可能性があったりするようなケースでは、おそらく別のデータ構造を使ったほうがいいだろう。

問題 2-5　先ほどの例の `delname` は、削除によって解放されたメモリを `realloc` によって返却していない。わざわざ返却する意味があるだろうか。返却すべきかどうかをどんな根拠で判断したらいいだろうか。

問題 2-6　項目を削除するのに削除済みの項目を未使用とマークするやり方を使う場合に、`addname` と `delname` に必要な変更を施せ。自分が施した変更から、プログラムのほかの部分がどの程度分離されているかに留意せよ。

2.7 リスト

リストは、一般的なプログラムで配列に次いで非常によく使われるデータ構造だ。多くの言語にはリスト型が内蔵されているし、Lisp のようにリストベースの言語もあるが、C だとリストはプログラマが自分で作らなければならない。C++と Java ではライブラリによって実装されているが、それでもリストの使い方や使うべき場面を知っている必要がある。このセクションでは C を使ってリストを説明するが、ここでの話はもっと幅広い内容を含んでいる。

個々の項目がデータと次の項目へのポインタを含んでいる項目の集合を、**単一リンクリスト**（singly-linked list）という。リストのヘッドは最初の項目を指すポインタで、リストの最後はヌルポインタでマークされる。次に示すのは要素が4個のリストを表した図だ。

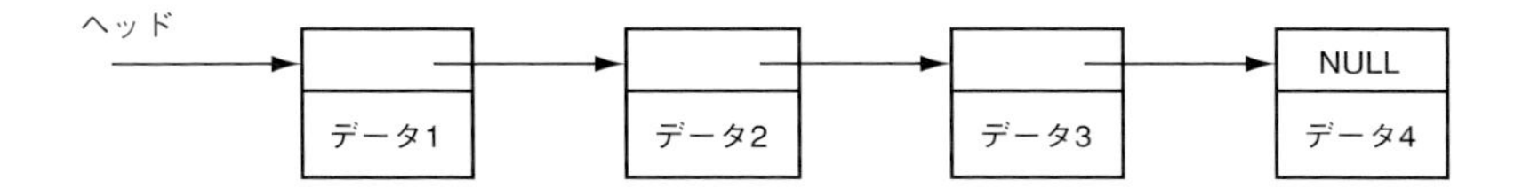

配列とリストには重要な違いがいくつかある。第1に、配列は決まったサイズになるが、リストのサイズは、リストの中身を記憶するのに必要なサイズに、項目ごとにポインタを記憶するためのオーバーヘッドを加算したサイズに常に等しくなる。第2に、リストはほんの少しポインタを交換すれば順序を変更できる。これは配列に必要なブロック移動より安価な作業だ。そして最後に、リストの場合には、項目を挿入したり削除したりしてもほかの項目は移動されない。そのため、要素を指すポインタを何か別のデータ構造に入れておけば、リストに変更が施されてもポインタが無効になったりすることはない。

こうした違いからわかるように、項目の集合が頻繁に変化する場合、とりわけ事前に項目数がわからない場合には、それを記憶する手段としてふさわしいのはリストだ。これに対して配列は、どちらかと言うと静的なデータを得意としている。

基本的なリスト操作としては、先頭または末尾への新たな項目の追加、特定の項目の探索、特定の項目の前か後への新たな項目の追加、そして項目の削除がある。リストの単純な性質のおかげで、必要に応じてこれ以外の処理も簡単に追加できる。

Cでリストを使う場合には、明示的な`List`型を定義するのではなく、本書のHTMLの例で出てきた`Nameval`のような要素の型をベースにして、次の要素にリンクするポインタを追加するのが普通だ。

```
typedef struct Nameval Nameval;
struct Nameval {
    char *name;
    int value;
    Nameval *next; /* リスト中の次の要素 */
};
```

コンパイル時に空でないリストを初期化するのは困難なので、リストは配列と違って動的に構築される。それにはまず項目を作成する手段が必要だ。もっとも素直なアプローチは適当な関数を使って項目を割り当てるやり方で、ここではその関数を`newitem`という名前にしよう。

```
/* newitem: 名前と値から新しい項目を生成 */
Nameval *newitem(char *name, int value)
{
    Nameval *newp;

    newp = (Nameval *) emalloc(sizeof(Nameval));
    newp->name = name;
    newp->value = value;
    newp->next = NULL;
    return newp;
}
```

emallocはこれ以降本書のあちこちに登場する。このルーチンはmallocを呼び出し、割り当てに失敗したらエラーを報告してそのままプログラムを終了する。コードは4章で紹介するが、とりあえずはemallocを、決して失敗を返さないメモリ割り当てルーチンだと思っていればいい。

リストを組み立てるもっとも単純でもっとも高速な方法は、個々の新しい項目を先頭に追加していくやり方だ。

```
/* addfront: listpの先頭にnewpを追加 */
Nameval *addfront(Nameval *listp, Nameval *newp)
{
    newp->next = listp;
    return newp;
}
```

リストが修正される際には、addfrontが呼ばれるケースのように先頭の要素が入れ替わる場合がある。リストを更新する関数は新しい先頭要素のポインタを返さなければならない。リストを記憶する変数にはこのポインタが格納される必要があるからだ。関数addfrontやこのグループのその他の関数はすべて、最初の要素のポインタを関数値として返す。典型的な使い方は次の通り。

```
nvlist = addfront(nvlist, newitem("smiley", 0x263A));
```

このような設計方法は既存のリストが空（ヌル）でも機能するし、式の中で関数を組み合わせるのも簡単になる。こちらのほうが、リストのヘッドを保持するポインタのポインタを渡すやり方よりも自然に思える。

一方、リストの末尾に項目を追加する作業は、リストをたどって末尾を見つけなければならないのでO（n）の手順となる。

```
/* addend: listpの末尾にnewpを追加 */
Nameval *addend(Nameval *listp, Nameval *newp)
{
    Nameval *p;
    if (listp == NULL)
        return newp;
    for (p = listp; p->next != NULL; p = p->next)
        ;
    p->next = newp;
    return listp;
}
```

addendをO（1）の処理にしたければ、リストの末尾を指すポインタを別個に管理すればいい。そのアプローチの難点は、末尾ポインタを管理する手間はともかくとしても、リストが単一のポインタ変数で表現されなくなってしまうことだ。そのためここでは最初の単純なスタイルを堅持することにする。

特定の名前を持つ項目を見つけるには、次のようにnextポインタをたどっていけばいい。

```
/* lookup: listp中で名前を逐次探索 */
Nameval *lookup(Nameval *listp, char *name)
{
    for ( ; listp != NULL; listp = listp->next)
        if (strcmp(name, listp->name) == 0)
            return listp;
    return NULL;      /* マッチなし */
}
```

これにはO（n）時間がかかり、この限界を改善する汎用的な手段は存在しない。リストがソートされていたとしても、ある特定の要素に到達するためにはリストを順番にたどっていかなければならないからだ。リストには二分探索は使えない。

リストの要素を表示したければリストをたどって個々の要素を表示する関数を書けばいいし、リストの長さを計算するにはリストをたどってカウンタをインクリメントする関数を書けばいい。ほかの作業も同様だ。しかしこれに代わる方法として、リストをたどって個々のリスト要素に対して関数を呼び出す単一の関数applyを書くやり方もある。applyに引数を渡して、applyが別の関数を呼び出すたびにその引数が渡されるようにすれば柔軟性が向上する。そのためapplyの引数は、リスト、リストの個々の要素に適用される関数、その関数に渡す引数の3つになる。

```
/* apply: listpの個々の要素にfnを実行 */
void apply(Nameval *listp,
        void (*fn)(Nameval*, void*), void *arg)
{
    for ( ; listp != NULL; listp = listp->next)
        (*fn)(listp, arg); /* 関数を呼び出す */
}
```

applyの2番目の引数は、引数を2個とりvoidを返す関数のポインタだ。次の標準的だが見た目の悪い構文は、

```
void (*fn)(Nameval*, void*)
```

値voidの関数を指すポインタとしてfnを宣言している。これは要するにvoidを返す関数のアドレスを含んだ変数だ。この関数は、リスト要素Nameval*と、関数の引数を指す汎用ポインタvoid*の2個の引数をとる。

applyを使ってたとえばリストの要素を表示するには、書式文字列を引数にとる小さな関数を書けばいいだろう。

```
/* printnv: argの書式にしたがって名前と値を表示 */
void printnv(Nameval *p, void *arg)
{
    char *fmt;
    fmt = (char *) arg;
    printf(fmt, p->name, p->value);
}
```

この関数は次のように呼び出すことになる。

```
apply(nvlist, printnv, "%s: %x\n");
```

また、要素数を知るために、インクリメントされる整数のポインタを引数としてとる関数を次のように定義する。

```
/* inccounter: カウンタ*argをインクリメント */
void inccounter(Nameval *p, void *arg)
{
    int *ip;

    /* pは使われない */
    ip = (int *) arg;
    (*ip)++;
}
```

この関数は次のように呼び出す。

```
int n;

n = 0;
apply(nvlist, inccounter, &n);
printf("%d elements in nvlist\n", n);
```

だが、このやり方がすべてのリスト操作にふさわしいとは限らない。たとえばリストを破棄する場合には、もっと慎重な配慮が必要だ。

```
/* freeall: listpのすべての要素を解放 */
void freeall(Nameval *listp)
{
    Nameval *next;

    for ( ; listp != NULL; listp = next) {
        next = listp->next;
        /* 名前は別の場所で解放されると仮定 */
        free(listp);
    }
}
```

解放してしまったメモリは利用できないので、listpで指される要素を解放する前に、listp->nextをローカル変数（ここではnext）に保存しておかなければならない。次のような普通のループを書くと、listp->nextの値がfreeによって無効にされてしまい、コードが破綻するはめになる。

```
?   for ( ; listp != NULL; listp = listp->next)
?       free(listp);
```

freeallがlistp->nameを解放していない点に注目。ここでは、個々のNamevalのnameフィールドがどこか別の場所で解放されるか、そもそもまったく割り当てられていないと想定している。項目の割り当てと解放の一貫性を維持するには、newitemとfreeallの間に取り決めが存在しなければならない。メモリが確実に解放されるようにすることと、解放されてはならないものが解放されないようにすることは、単純には両立しないのだ。この辺を間違えるとすぐにバグが発生する。ほかの言語（Javaなど）なら、この問題はガベージコレクションによって自動的に処理される。リソース管理の話は4章で改めて取り上げよう。

さて、リストから1個の要素を取り除くには、追加する場合よりも手間がかかる。

```
/* delitem: listpから最初の"name"を除去 */
Nameval *delitem(Nameval *listp, char *name)
{
    Nameval *p, *prev;

    prev = NULL;
    for (p = listp; p != NULL; p = p->next) {
        if (strcmp(name, p->name) == 0) {
            if (prev == NULL)
                listp = p->next;
            else
                prev->next = p->next;
            free(p);
            return listp;
        }
        prev = p;
    }
    eprintf("delitem: %s not in list", name);
    return NULL;      /* ここには到達し得ない */
}
```

freeall同様、delitemもnameフィールドは解放しない。

関数eprintfはエラーメッセージを表示してプログラムを終了するが、これはお世辞にも気のきいたやり方とは言えない。エラーから美しく復旧するのはなかなか難しく、もっと長い解説が必要になるので、この話題については4章に譲ろう。eprintfの実装もそこで紹介する。

こうした基本的なリスト構造とリスト操作を使えば、通常のプログラムで書く必要があるような、リストを応用すべき場面の大多数に対応できる。しかしリストのバリエーションはこれ以外にも数多く存在する。たとえばC++ Standard Template Libraryなどの一部のライブラリでサポートされている2重リンクリスト（doubly-linked list）では、個々の要素に自分の後続要素（successor）と先行要素（predecessor）を指す2個のポインタが存在する。オーバーヘッドは増えるものの、2重リンクリストなら最後の要素を見つけたり、現在の要素を削除したりするのがO（1）の処理で済む。一部には、対象のデータから独立させた形でリストポインタを割り当てる実装もある。これだと多少使いづらくなるものの、項目が同時に複数のリストに出現できるようになる。

リストは途中の項目を挿入したり削除したりするケースにふさわしいだけでなく、サイズがまちまちで順番もばらばらなデータの管理にも適している。とくにそれが言えるのは、スタックのように、アクセスがたいてい後入れ先出し（LIFO）で発生するケースだ。複数のスタックが互いに別個に伸張したり縮退したりするような場合には、配列よりもリストのほうがメモリ使用効率が高くなる。また、文章中の連続した単語のように、情報が未知の**アプリオリな**サイズのチェインとして固有の順序で並んでいる場合にも良好に動作する。しかし、頻繁な更新とランダムアクセスを両立させなければならない場合には、ツリーやハッシュテーブルのような比較的線形性の弱いデータ構造を使ったほうがいいかもしれない。

問題 2-7 コピー、マージ、分割、特定の項目の前または後への挿入など、本文で紹介しなかったリスト操作を実装せよ。2通りの挿入操作は難しさの点でどう違うだろうか。読者は我々の書いたルーチンをどの程度利用でき、どの程度自分で書かなければならないだろうか。

問題 2-8 リストを逆順にする `reverse` の再帰バージョンと繰り返しバージョンを記述せよ。新しいリスト項目を生成するのではなく、既存の項目を再利用する手法を使うこと。

問題 2-9 Cの汎用 `List` 型を記述せよ。データを指す `void*` を個々のリスト項目に持たせるのが一番簡単。これと同じC++用の型をテンプレートを定義して実装し、Java 用の型を `Object` 型のリストを保持するクラスを定義して実装せよ。この作業をする場合の各言語の長所と短所は何か。

問題 2-10 自分の書いたリストルーチンの正しさを検証する一連のテストを考案し実装せよ。テストの戦略については6章で取り上げる。

2.8 ツリー

ツリーは階層的データ構造であり、それぞれの項目が値を持ち、ゼロ個以上のほかの項目を指し、ほかの1個だけの項目によって指されるような項目の集合を記憶する。唯一の例外はツリーの**ルート**で、ルートを指す項目は存在しない。

ツリーには、文章やプログラムの構文規則を導き出す解析木（parse tree）や人の関係を表す家系図（family tree）など、複雑なデータ構造を反映するいろいろなタイプのツリーがある。ここでは、それぞれのノードに2つのリンクがある二分探索木（binary search tree）の原理を取り上げよう。これは一番簡単に実装できるし、そのわりにはツリーの基本的な性質を明らかにできるからだ。二分探索木の1つのノードは、値と、自分の子を指す2つのポインタ `left` と `right` を持つ。そのノードの子が2個未満だと、子ポインタがヌルになる可能性もある。二分探索木の場合には、ノードに存在する値によってツリーが決定される。ある特定のノードの左側にあるすべての子はそれより低い値を持ち、右側にあるすべての子は高い値を持つからだ。このような特性があるために、二分探索のバリエーションを実行すればツリー中で特定の値を高速に見つけたり、その値が存在しないことを判断したりできるようになる。

Nameval のツリーバージョンは単純明快だ。

```
typedef struct Nameval Nameval;
struct Nameval {
    char *name;
    int value;
    Nameval *left;  /* より小さい */
    Nameval *right; /* より大きい */
};
```

より小さいと**より大きい**のコメントは、このリンクの性質を表している。つまり左の子にはこれより小さな値が、右の子には大きな値が記憶されるという意味だ。

具体例を挙げよう。次の図は、Nameval の二分探索木として記憶された文字名テーブルの一部で、名前の ASCII 文字値順にソートされている。

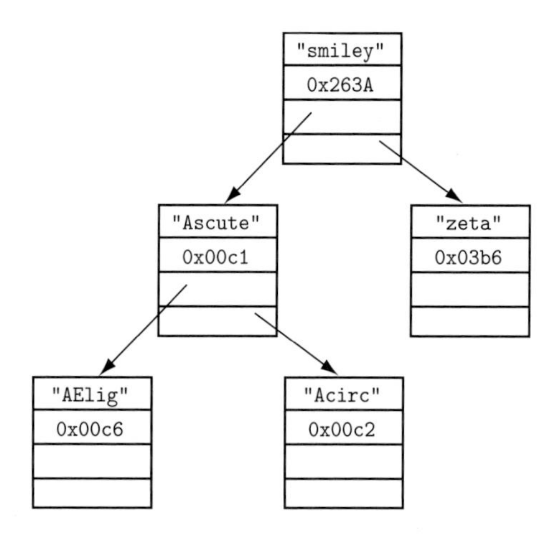

ツリーの個々のノードには別の要素を指すポインタが複数存在するので、リストや配列だと $O(n)$ の時間がかかる多くの処理が、ツリーなら $O(\log n)$ の時間で済むようになる。個々のノードに複数のポインタがあるため、項目を見つける際に調べなければならないノード数が減り、その結果処理の計算時間量が減少する。

二分探索木（これ以降この節では単に「ツリー」と表記）を作成するには、左右のどちらか適切なほうの枝をたどりながらツリーを再帰的に降りていき、新しいノードをリンクするのにふさわしい場所を見つける必要がある。この新しいノードは、名前と値と2個のヌルポインタによってきちんと初期化されたNameval型のオブジェクトでなければならない。新しいノードは**リーフ**（leaf：葉）として追加される。これはつまり、まだ子が1個もないという意味だ。

```
/* insert: treepにnewpを挿入し、treepを返す */
Nameval *insert(Nameval *treep, Nameval *newp)
{
    int cmp;

    if (treep == NULL)
        return newp;
    cmp = strcmp(newp->name, treep->name);
    if (cmp == 0)
        weprintf("insert: duplicate entry %s ignored",
            newp->name);
    else if (cmp < 0)
        treep->left = insert(treep->left, newp);
    else
        treep->right = insert(treep->right, newp);
    return treep;
}
```

重複するエントリについてはまだ一言も触れていなかった。このバージョンのinsertは、ツリー中に重複する項目（cmp == 0）を挿入しようとすると文句を言うようになっている。前掲のリスト挿入ルーチンが文句を言わなかったのは、重複する項目を検出しようとするとリストを検索する必要があり、挿入作業がO（1）ではなくO（n）になってしまうからだ。しかしツリーの場合には、重複テストを実行するのに基本的には一切コストがかからないし、重複する項目が存在するとデータ構造の特性があまり明確でなくなってしまう。ただ、アプリケーションによっては重複を許す必要があるかもしれないし、完全に無視したほうがいい場合もあるだろう。

weprintfルーチンはeprintfのバリエーションで、warningという単語に続けてエラーメッセージを表示するが、eprintfと違ってプログラムを終了させない。

ルートからリーフまでの個々の経路がほぼ同じ長さのツリーを、**バランス木**（balanced tree）という。バランス木のメリットは、ツリーで項目を検索する作業がO（log$n$）の処理で済む点にある。二分探索の場合にはステップごとに候補の数が半減していくからだ。

項目が到着するたびにツリーに挿入していると、ツリーがバランスしなくなる可能性がある。現実にはひどくアンバランスになることもある。たとえばすでにソートされた形で要素が到着したりしたら、コードは常にツリーの一方の枝を降りていくことになる。すると事実上 right のリンクを直線的に降りていくリストになってしまい、リストに内在するありとあらゆる性能上の問題が生じる。しかし要素がランダムな順序で到着するならそんなことはまず起こらないので、ツリーは多少なりともバランスする結果になる。

バランスすると保証されたツリーを実現するのは大変だ。それが多くの種類のツリーが存在するひとつの理由でもある。本書の趣旨から外れるのでこの問題はとりあえず考えないことにして、ツリーが十分にバランスする程度にデータがランダムに到着すると仮定しよう。

lookup のコードは insert に似ている。

```
/* lookup: ツリー treep で名前をルックアップ */
Nameval *lookup(Nameval *treep, char *name)
{
    int cmp;

    if (treep == NULL)
        return NULL;
    cmp = strcmp(name, treep->name);
    if (cmp == 0)
        return treep;
    else if (cmp < 0)
        return lookup(treep->left, name);
    else
        return lookup(treep->right, name);
}
```

lookup と insert のコードには、注目してほしい点が2つほどある。第1に、どちらもこの章の冒頭で紹介した二分探索アルゴリズムにそっくりに見える。それは決して偶然の一致ではない。対数的な性能を生み出す元になる分割統治という発想が二分探索と共通しているからだ。

第2に、どちらのルーチンも再帰的な動作をする。これらを繰り返しアルゴリズムとして書き直せば、今よりさらに二分探索に似てくるだろう。事実、再帰バージョンにエレガントな変換を施せば、lookup の繰り返しバージョンを作成できる。それまでに項目が見つからなかった場合の lookup の最後の動作は、自分自身の呼び出しの結果を返すことだ。これは**末端再帰**（tail recursion）と呼ばれる事態だ。引数を調整してルーチンの先頭に戻るようにすれば、それを繰り返しに変換できる。一番ダイレクトなやり方は **goto** 文を使うことだが、while ループを使ったほうが美しい。

```
/* nrlookup: ツリー treep で名前を非再帰的にルックアップ */
Nameval *nrlookup(Nameval *treep, char *name)
{
    int cmp;

    while (treep != NULL) {
        cmp = strcmp(name, treep->name);
        if (cmp == 0)
            return treep;
        else if (cmp < 0)
            treep = treep->left;
        else
            treep = treep->right;
    }
    return NULL;
}
```

さて、いったんツリーをたどれるようになったら、当然それ以外の一般的な処理を実行することになる。リスト管理のところで出てきたテクニックを一部利用して、たとえばそれぞれのノードで関数を呼び出す汎用ツリー走査ルーチンを書くのも可能だ。ただし今回の場合には、判断を下さなければならないことがある。この項目に対する作業をいつ実行し、ツリーのほかの部分をいつ処理すればいいのだろうか。その答えはツリーが何を表現しているかによって違ってくる。二分探索木のようにデータを順番に記憶しているツリーであれば、左に行ってから右に行くことになる。しかし家系図のようにツリーの構造に何らかの固有のデータ順が反映されていることもあり、その場合のリーフを訪れる順序は、そのツリーが表現する関係に依存する。

左部分木に行ってから右部分木に行くまでのちょうど中間の時点で処理を実行するやり方を、**間順走査**（in-order traversal）という。

```
/* applyinorder: treep に対して fn を間順実行 */
void applyinorder(Nameval *treep,
        void (*fn)(Nameval*, void*), void *arg)
{
    if (treep == NULL)
        return;
    applyinorder(treep->left, fn, arg);
    (*fn)(treep, arg);
    applyinorder(treep->right, fn, arg);
}
```

この処理順が使われるのは、ノードをソートされた順序で処理する必要がある場合だ。たとえば全部のノードを順序よく表示するなら、次のようにすればいい。

```
applyinorder(treep, printnv, "%s: %x\n");
```

このことから逆に、理にかなったソート方法が思いつく。項目をツリーに入れておき、適正なサイズの配列を割り当てたら、間順走査を使って項目を配列に順序よく入れていけばいいのだ。

後順走査（post-order traversal）は、子を訪れてから現在のノードに対する処理を実行することを言う。

```
/* applypostorder: treep に対して fn を後順実行 */
void applypostorder(Nameval *treep,
        void (*fn)(Nameval*, void*), void *arg)
{
    if (treep == NULL)
        return;
    applypostorder(treep->left, fn, arg);
    applypostorder(treep->right, fn, arg);
    (*fn)(treep, arg);
}
```

後順走査は、ノードに対する処理がその下にある部分木に依存するケースで使われる。その例としては、ツリーの高さの計算（2個の部分木それぞれの高さのうち大きいほうをとり、それに1を加算する）やグラフィックス描画パッケージでの木のレイアウト（ページ上にそれぞれの部分木の領域を割り当て、それらを組み合わせてこのノード用の領域とする）、記憶領域の合計の計算などがある。

3番目の選択肢は**前順走査**（pre-order traversal）だが、めったに使われないのでここでは割愛する。

現実に二分探索木が使われる場面はそれほどないが、枝分かれの非常に多いB木は2次記憶上で情報を管理する手法として使われている。日常的なプログラミングでよく使われるツリーの一例としては、文や式の構造を表現するツリーがある。

```
mid = (low + high) / 2;
```

たとえばこの文は、下の図の**解析木**（parse tree）によって表現できる。このツリーを評価するには、後順走査を実行し個々のノードで適切な処理をすればいい。

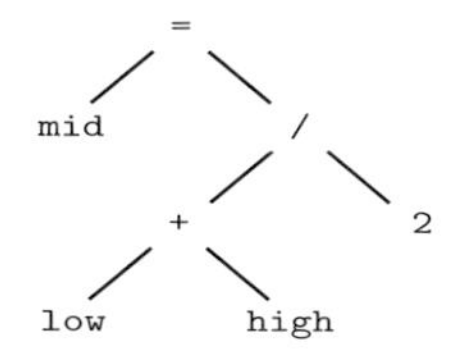

解析木については9章でもっと詳しく取り上げよう。

問題 2-11　lookup と nrlookup の性能を比較せよ。繰り返しに比べて再帰はどの程度高くつくだろうか。

問題 2-12　間順走査を使ってソートルーチンを作成せよ。その計算量はどの程度になるだろうか。性能の悪化はどのような条件によって引き起こされるだろうか。本書のクイックソートやライブラリのバージョンと比べた場合の性能はどうか。

問題 2-13　ツリールーチンの正しさを検証する一連のテストを考案し実装せよ。

2.9 ハッシュテーブル

ハッシュテーブルは計算機科学の偉大な発明のひとつだ。ハッシュテーブルは配列とリストと多少の数学的処理を組み合わせて、効率よく動的データを記憶し取得できるデータ構造を作り出す。これの典型的な応用例に、動的な文字列（**キー**）集合の個々のメンバに何らかの値（**データ**）を関連づける**シンボルテーブル**がある。読者が愛用しているコンパイラでも、プログラムの個々の変数に関する情報を管理するのにまず間違いなくハッシュテーブルが使われている。ハッシュテーブルは Web ブラウザでも最近訪問したページを覚えておくのに使われている可能性が高いし、おそらくは Internet 接続でも最近使用したドメイン名とその IP アドレスをキャッシュするのに利用されている。

ハッシュテーブルの発想は、キーを**ハッシュ関数**に渡して、そこそこの大きさの整数範囲に均等に分布した**ハッシュ値**を生成することにある。このハッシュ値は、情報が記憶されているテーブルのインデックスとして使われる。Java にはハッシュテーブルの標準インターフェイスが用意されているが、C と C++の場合には次の図のように、個々のハッシュ値（「バケット」）にそのハッシュを共有する項目のリストを関連づけるのが通常のスタイルだ。

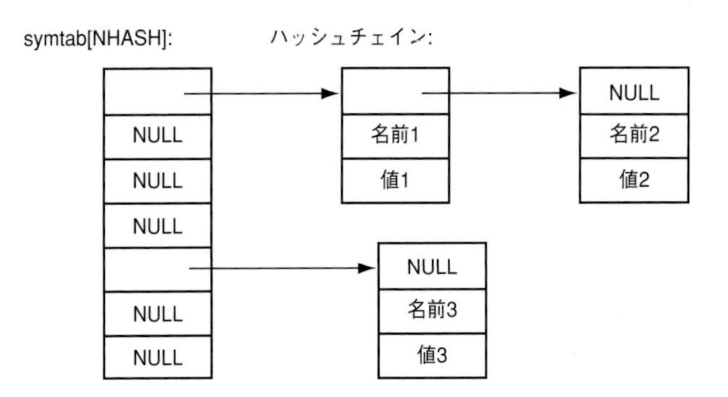

実際のプログラミングでは、ハッシュ関数をあらかじめ定義しておき、たいていはコンパイル時に適当なサイズの配列を割り当てることになる。この配列のそれぞれの要素には、1個のハッシュ値を共有する項目同士を**チェインする**リストが入る。要するに、項目数 n 個のハッシュテーブルは、平均の長さが（n／配列サイズ）のリストの配列だと言える。良好なハッシュ関数を選び、リストがあまりに長くなったりしない場合であれば、項目の取得は O（1）の処理になる。

ハッシュテーブルはリストの配列なので、要素の型はリストの場合と同じだ。

```
typedef struct Nameval Nameval;
struct Nameval {
    char *name;
    int value;
    Nameval *next;      /* チェイン中の次 */
};

Nameval *symtab[NHASH]; /* シンボルテーブル */
```

個々のハッシュチェインの管理には、セクション2.7で説明したリストのテクニックが使える。良好なハッシュ関数さえあれば航海はスムーズで、ハッシュバケットを選んで、リストをたどりながら完全に一致するものを探せばいい。次に紹介するのは、ハッシュテーブルのルックアップ／挿入ルーチンのコードだ。その項目が見つからず、`create` フラグがセットされている場合には、`lookup` はその項目をテーブルに追加する。この場合も呼び出し側で安全なコピーを作っていると想定し、名前のコピーは作成していない。

```
/* lookup: symtab中で名前を検索し、オプションによって項目を生成 */
Nameval* lookup(char *name, int create, int value)
{
    int h;
    Nameval *sym;

    h = hash(name);
    for (sym = symtab[h]; sym != NULL; sym = sym->next)
        if (strcmp(name, sym->name) == 0)
            return sym;
    if (create) {
        sym = (Nameval *) emalloc(sizeof(Nameval));
        sym->name = name; /* どこか別の場所で割り当てられていると仮定 */
        sym->value = value;
        sym->next = symtab[h];
        symtab[h] = sym;
    }
    return sym;
}
```

ルックアップとオプションの挿入作業を組み合わせるのは普通のやり方であり、こうしないと二度手間になり、次のように記述しなければならなくなって、ハッシュが2回計算されることになってしまう。

```
if (lookup("name") == NULL)
    additem(newitem("name", value));
```

配列はどの程度のサイズにすべきだろうか。一般論として言えば、個々のハッシュチェインに含まれる要素がせいぜい2〜3個になる程度に配列を大きくとり、ルックアップ作業が$O(1)$になるようにすればいい。たとえばコンパイラなら配列サイズは2,000〜3,000程度になるだろう。巨大なソースファイルは2,000〜3,000行程度だし、コード1行について約1個を上回る数の新しい識別子が出現するとは思えないからだ。

さて次に、ハッシュ関数hashによって何を計算するのかを決めなければならない。この関数は決定性でなければならず、高速で、配列全体にデータを一様に分布させる必要がある。文字列の場合のもっとも一般的なハッシングアルゴリズムのひとつは、文字列の個々のバイトをそれまでのハッシュの倍数に加算してハッシュ値を作り出すやり方だ。この乗算によって、それまでの値に基づいて新しいバイトのデータが分散させられる。ループが終わった時点で得られる結果は、入力バイトが完全にミックスされた値になると考えられる。経験的に、ASCII文字列用のハッシュ関数の乗数には31と37が適していることがわかっている。

```
/* hash: 文字列のハッシュ値を計算 */
unsigned int hash(char *str)
{
    unsigned int h;
    unsigned char *p;

    h = 0;
    for (p = (unsigned char *) str; *p != '\0'; p++)
        h = MULTIPLIER * h + *p;
    return h % NHASH;
}
```

この計算に無符号文字を使っているのは、CやC++ではcharが符号つきかどうかが規定されていないし、ハッシュ値は正の値にしておきたいからだ。

このハッシュ関数は、計算結果を配列サイズで除算した剰余を返す。ハッシュ関数によってキーの値が一様に分布するのであれば、配列の厳密なサイズはそれほど問題にならない。しかしこのハッシュ関数が確実に信頼できるとは言いがたいし、最良の関数であっても入力セットによっては問題が生じる可能性がある。そこで多少よぶんに信頼性を稼ぐために、配列のサイズを素数にして、配列のサイズつまりハッシュの乗数と予想されるデータ値との間に共通因数が生じないようにするのが賢いやり方だ。

多種多彩な文字列についてほかの関数より明らかに優れたハッシュ関数を作るのは難しいが、まずい動作をする関数は簡単に作れる。初期のJavaには、文字列が長い場合に効率的に動作する文字列用のハッシュ関数があった。このハッシュ関数は、16文字を超える文字列の全体を、先頭から一定の間隔で8文字か9文字ずつしか調べない方法で時間を節約していた。このハッシュ関数は比較的高速だったものの、不幸にしていくら性能がよくてもそれを帳消しにしてしまうほどひどい統計的性質を備えていた。文字列の一部をスキップすることで、ほかの文字列と唯一区別できる部分を見落としてしまうのだ。たとえばファイル名は、同一の長いプレフィクス（ディレクトリ名）で始まり、最後の数文字しか違っていない場合がある（.javaと.classなど）。URLもたいていhttp://www.で始まり.htmlで終わっているので、中間部にしか違いがないケースが多い。このハッシュ関数は名前の固定部分だけを調べてしまうことがよくあり、その結果ハッシュチェインが長くなって検索速度の低下を招いていたのだ。この問題は、先ほど紹介したような、文字列のすべての文字を調べるハッシュ（ただし乗数は37）に交換することで解決された。

ある入力セット（たとえば短い変数名）に適したハッシュ関数でも、入力セット（URL など）によっては性能が落ちることもあるので、有望なハッシュ関数ができあがったら、代表的なさまざまな種類の入力を使ってテストしてみる必要がある。短い文字列がうまくハッシュされるだろうか。長い文字列ではどうか。違いの少ない同じ長さの文字列の場合はどうだろうか。

ハッシュできるのは何も文字列に限った話ではない。物理シミュレーションで分子の 3 次元座標をハッシュすれば、3 次元配列（O（$xsize \times ysize \times zsize$））ではなく線形テーブル（$O$（分子数））にメモリ量を抑制できるだろう。

ハッシングの注目すべき応用例に、Gerald Holtzmann が作った、プロトコルと並列システムの分析用プログラム Supertrace がある。Supertrace は、分析対象のシステムがとり得る個々の状態に関するすべての情報を取得し、その情報をハッシュしてメモリ中の 1 ビットのアドレスを生成するようになっている。そのビットがオンだったらその状態が以前に発生しており、オンでなければまだ発生していないことになる。Supertrace はメガバイト単位のハッシュテーブルを使用するが、個々のバケットに記憶するのは 1 ビットにすぎない。チェインは一切存在せず、同一の値にハッシュされて 2 つの状態が**衝突**してもプログラムにはわからない。Supertrace は、衝突が発生する可能性が低いという事実に依存しているからだ（Supertrace は厳密さよりも確率重視なので、衝突の可能性がゼロである必要はない）。そのためハッシュ関数は細心の注意を払っており、**巡回冗長検査**（cyclic redundancy check）を利用して周到にミックスされたデータを生成している。

ハッシュテーブルはシンボルテーブル用の手法として優れている。任意の要素に対して O（1）のアクセスが期待できるからだ。しかし制約もいくつかある。ハッシュ関数の出来が悪かったりテーブルサイズが小さすぎたりすると、リストが長くなる可能性があるのだ。リストはソートされていないので、これによって動作が O（n）になってしまう。ただ、たしかにソートされた順序で要素に直接アクセスできるわけではないが、要素を数えて配列を割り当て、そこに要素のポインタを入れてソートするのは簡単だろう。こういった制約はあるものの、正しく使えばルックアップや挿入や削除が一定時間で済む点は、ほかのテクニックには見られないハッシュテーブルの無類の特性だ。

問題 2-14 先ほど紹介した我々のハッシュ関数は、文字列用の優れた汎用ハッシュだ。それでも特異なデータによってまずい動作をする可能性はある。我々のハッシュ関数の性能を低下させるようなデータ集合を作成せよ。問題のある `NHASH` の値集合を見つけるほうが簡単だろうか。

問題 2-15　ソートされていない順序で並んでいるハッシュテーブル中の連続した要素にアクセスする関数を記述せよ。

問題 2-16　`lookup`を変更して、平均リスト長がxを超えた場合に配列が自動的にyの係数によって伸張し、ハッシュテーブルが作り直されるようにせよ。

問題 2-17　2次元座標を記憶するハッシュ関数を設計せよ。たとえば整数座標から浮動小数点座標へ、あるいはデカルト座標から極座標へ、または2次元からもっと高い次元に座標のタイプを変更した場合に、読者の関数はそれにどの程度楽に対応できるだろうか。

2.10 まとめ

アルゴリズムの選択にはいくつかの段階がある。まず、使えそうなアルゴリズムとデータ構造を吟味すること。そしてプログラムでどの程度の量のデータを処理する見込みなのかを考える。自分の問題に使用されるデータがそれほど多くなければ、単純なテクニックを選択しよう。ただしデータが増大する可能性があるなら、膨大な入力に対処できるようにスケールアップできない設計手法は除外すること。次に、可能ならライブラリや言語の機能を利用する。それが無理なら、短く単純でわかりやすい実装を書くなり拝借するなりしてみよう。とりあえずここまでの段階で頑張ってみること。もっと高度なテクニックにグレードアップするのは、時間を計測してみてあまりに遅いことが判明するまで思いとどまったほうがいい。

データ構造には膨大な種類があり、特殊な状況で優れた性能を得るのに欠かせないデータ構造も一部にあるが、大半のプログラムはほぼ配列とリストとツリーとハッシュテーブルを基本に作られている。こうしたデータ構造はそれぞれプリミティブな処理をサポートしており、それには通常、新しい要素の作成、要素の検索、どこかの位置への要素の追加、要素の削除、すべての要素に対する何らかの処理の実行などが含まれる。

それぞれの処理には期待される計算時間があり、たいていはそれによってこのデータ型（や実装）がある特定のケースにどの程度適しているかが決まる。配列は任意の要素に対して一定の時間でアクセスできるが、美しく伸縮できない。リストは挿入や削除にはうまく対応できるが、要素にランダムアクセスするには$O(n)$の時間がかかる。その点ツリーとハッシュテーブルはほどよい折衷案として利用でき、バランスの基準が保たれる限り、特定の項目に対して高速にアクセスできるし簡単に伸張できる。

特定分野の問題に利用されるもっと高度なデータ構造もあるが、ここで紹介した基本的なデータ構造だけでも大多数のソフトウェアを開発するには十分だろう。

2.11 参考文献

Bob Sedgewickの*Algorithms*シリーズ(Addison-Wesley社刊)は、各種の便利なアルゴリズムに関するわかりやすい説明を読みたい場合に最適な本だ。『*Algorithms in C++*』*1の第3版(1998年)には、ハッシュ関数とテーブルサイズの優れた解説が載っている。Don Knuthの『*The Art of Computer Programming*』*2(Addison-Wesley社刊)は数多くのアルゴリズムを厳密に分析する上で最高の文献であり、第3巻(第2版、1998年)ではソーティングと探索が取り上げられている。

Supertraceは、Gerard Holzmannの『*Design and Validation of Computer Protocols*』*3(Prentice-Hall社刊、1991年)で解説されている。

Jon BentleyとDoug McIlroyは"Engineering a sort function"(『*Software - Practice and Experience*』, 23, 1, pp. 1249-1265, 1993年)で、高速で堅牢なクイックソートの開発について解説している。

---

*1 (邦訳)『アルゴリズムC++』Sedgewick Robert著、野下浩平[ほか]共訳、近代科学社、1994

*2 (邦訳)『The Art of Computer Programming Volume 1 Fundamental Algorithms Third Edition 日本語版』、『The Art of Computer Programming Volume 2 Seminumerical Algorithms Third Edition 日本語版』、『The Art of Computer Programming Volume 3 Sorting and Searching Second Edition 日本語版』2015(いずれもD. E. Knuth著、有澤 誠/和田英一監訳、アスキードワンゴ)

*3 (邦訳)『コンピュータプロトコルの設計法』Gerard J.Holzmann著、水野忠則ほか訳、カットシステム、1994

The Practice of Programming — CHAPTER 3

第3章　設計と実装

私にフローチャートを見せてテーブルを隠しておいたなら、私はずっとごまかされ続けるだろう。しかしテーブルを見せてくれればたいていはフローチャートなどいらない。一目瞭然だからだ。

Frederick P. Brooks, Jr., *The Mythical Man Month*

Brooksの古典的名著の一節が示すように、データ構造の設計はプログラム開発の中心をなす決断と言える。データ構造のレイアウトが済んでしまえばアルゴリズムはすんなり決まることが多いし、コーディング作業そのものは比較的簡単だ。

これはあまりに物事を単純化した見解かもしれないが、決して間違っているわけではない。前の章では大半のプログラムで素材として利用できる基本データ構造について紹介したが、この章ではそうしたデータ構造を組み合わせて、実際にそこそこのサイズのプログラムを設計し実装してみる。そして問題がデータ構造にどのように影響を与えるのかを示し、データ構造を綿密に設計してしまえばその後のコードがどれほど単純明快になるかを示そう。

この立場からすると、プログラミング言語の選択は全体的な設計にとってそれほど重要なことではない。そこでまずプログラムを抽象的な形で設計し、それから実際にC、Java、C++、Awk、Perlを使って記述することにしよう。実装を比較してみれば言語の便利さや不便さがわかるし、どういう点で言語の違いが重要でないかもわかるはずだ。たしかにプログラムの設計に言語の色がつくことはあるだろうが、通常は設計が言語に左右されることはない。

我々が選んだ問題そのものはあまり一般的とは言えないが、基本的な形態は多くのプログラムと共通している。つまり、何らかのデータがやってきて何らかのデータが出ていき、ちょっとした工夫に依存した処理を実行するのだ。

具体的に言うと、ここではある程度まともな英文をランダムに生成するプログラムを作ることにする。ランダムな文字やランダムな単語を出力しても、ナンセンスな結果しか得られない。たとえば文字（と単語を区切る空白）をランダムに選択するプログラムだと、次のような出力が生成される。

```
xptmxgn xusaja afqnzgxl lhidlwcd rjdjuvpydrlwnjy
```

だが、これではあまり説得力がない。英文での出現頻度にしたがって文字に重みをつければ次のようになるが、それでも格段に進歩したとは言えない。

```
idtefoae tcs trder jcii ofdslnqetacp t ola
```

辞書からランダムに選んだ単語を並べてみても、あまり意味の通った英文にはならない。

```
polydactyl equatorial splashily jowl verandah circumscribe
```

これより優れた結果を得るには、フレーズ全体の出現頻度というような、もっと文章構造を意識した統計モデルが必要だ。しかしそうした統計はどうすれば手に入るのだろうか。

どこかから英文を大量に持ってきてそれをつぶさに調べる手もあるが、もっと簡単で楽しめるアプローチが存在する。その基本的な考え方は、現存する任意のテキストを利用して**そのテキストで使われている**言葉の統計モデルを作れば、それに基づいて元のテキストと同様の統計値を示すランダムなテキストを生成できる、ということだ。

3.1 マルコフ連鎖アルゴリズム

この種の処理を実現するエレガントな手法が**マルコフ連鎖アルゴリズム**というテクニックだ。このアルゴリズムは入力を互いにオーバーラップするフレーズのシーケンスとみなし、個々のフレーズを、複数語からなる**プレフィクス**（接頭語句）と、プレフィクスに続く1語の**サフィックス**（接尾語）という2つの部分に分割する。マルコフ連鎖アルゴリズムは、（我々の場合には）オリジナルのテキストの統計に基づいてプレフィクスの後ろにくるサフィックスをランダムに選び、それによって出力フレーズを生成する。それには3語からなるフレーズで十分なので、2語のプレフィクスによってサフィックスが選択されるようにすればいい。

　w_1とw_2にテキスト中の最初の2語を代入
　w_1とw_2を表示
　ループ:
　　テキスト中に登場するプレフィクスw_1 w_2のサフィックスのひとつ
　　w_3をランダムに選択
　　w_3を表示
　　w_1とw_2をw_2とw_3に入れ換える
　　ループを繰り返す

例として、この章の冒頭の引用句の原文を少し書き直して文を作り、それに基づいてランダムなテキストを生成したいとしよう。

```
Show your flowcharts and conceal your tables and I will be
mystified. Show your tables and your flowcharts will be
obvious. (end)
```

この場合の入力単語とそれに続く単語のペアの例を示す。

入力プレフィクス	**それに続くサフィックス**
`Show your`	`flowcharts tables`
`your flowcharts`	`and will`
`flowcharts and`	`conceil`
`flowcharts will`	`be`
`your tables`	`and and`
`will be`	`mystified. obvious.`
`be mystified.`	`Show`
`be obvious.`	*(end)*

マルコフ連鎖アルゴリズムによってこのテキストを処理する場合には、まず `Show your` を表示して、次に `flowcharts` か `tables` のどちらかをランダムに選ぶことになる。前者を選んだ場合は現在のプレフィクスが `your flowcharts` になるので、次の語は `and` か `will` になる。`tables` を選んだときの次の語は `and` になる。十分な出力が生成されるか、サフィックスとしてエンドマーカが登場するまでこの作業が続く。

ここで開発するプログラムでは、英文テキストを読み込み、マルコフ連鎖アルゴリズムを利用して新しいテキストを固定長フレーズの出現頻度に基づいて生成する。プレフィクスの単語数（我々の例では2）がプログラムのパラメータとなる。プレフィクスを短くするほど話の筋の通らない文章になり、長くするほど入力テキストがそのまま再現される傾向が強くなる。英文の場合には、2つの単語に基づいて3語目を選択するのがほどよい折衷案だ。これによって入力の味わいが再現され、独自の気まぐれな風味が加わる感じになる。

さて、単語とはなんだろうか。当たり前の答えは「英文字のシーケンス」だが、単語にくっついた句読記号は残して、“`words`” と “`words.`” が別の単語になるようにしたほうが望ましい。こうすると引用符やかっこが対応しなくなるという問題も発生するが、単語の選択が句読記号と（間接的には）文法の影響を受けるようになるため、生成される文章の質が向上する。そこでここでは、前後に空白があるものをすべて「単語」と定義することにしよう。つまり、入力言語に制約を設けず、句読記号が単語にくっついたままにするのだ。大半のプログラミング言語には空白で区切られた単語を分割する機能があるので、実装作業もこれによって楽になる。

手法の性質上、出力されるすべての単語とすべての2語フレーズとすべての3語フレーズは入力中に出現するものでなければならないが、4語以上のフレーズも数多く合成される必要がある。たとえばこの章で開発するプログラムにErnest Hemingwayの『*The Sun Also Rises*（日はまた昇る）』の7章に出てくる文章を与えると、次のような文が生成される。

As I started up the undershirt onto his chest black, and big stomach muscles bulging under the light. "You see them?" Below the line where his ribs stopped were two raised white welts. "See on the forehead." "Oh, Brett, I love you." "Let's not talk. Talking's all bilge. I'm going away tomorrow." "Tomorrow?" "Yes. Didn't I say so? I am." "Let's have a drink, then."

この場合は幸運にも句読記号が正しく出力されている（そうなるとは限らない）。

3.2 データ構造の選択

どのくらいの量の入力をプログラムで処理することになるだろうか。プログラムはどれだけ高速に走らなければならないだろうか。我々のプログラムの場合には、本を丸ごと1冊読み込ませるといったことも当然あるだろうから、入力サイズがn = 100,000語かそれ以上になる覚悟をしておかなければならないし、プログラムは分単位ではなく秒単位の速度で動作する必要がある。入力テキストが100,000語だとnが非常に大きくなるので、プログラムを高速に動かしたければ、あまりに単純素朴なアルゴリズムを採用するわけにはいかない。

マルコフアルゴリズムは入力をすべて調べてからでないと出力を生成できないので、何らかの形で入力全体を記憶しておかなければならない。入力全体を1個の長大な文字列に読み込む方法もあるだろうが、入力を単語単位に分割しなければならないことは最初からわかっているので、単語を指すポインタの配列として入力を保存しておけば出力の生成作業が単純になる。個々の単語を出力するときには、入力テキストを走査して、出力したばかりのプレフィクスに続くサフィックスの候補を調べ、どれかをランダムに選択すればいいのだ。しかし、それだと1語出力するたびに100,000語の入力をすべて走査しなければならないことになる。たとえば1,000

語出力するためには億単位の回数の文字列比較が実行されることになるので、あまり高速とは言えなくなる。

もうひとつ考えられる手法は、ユニークな入力単語だけを記憶し、その単語の入力中の出現位置を示すリストを管理することによって後続の単語をもっと高速に見つけられるようにすることだ。2章で紹介したような形のハッシュテーブルを使うのも可能だが、あのバージョンはマルコフアルゴリズムの必要条件（ある特定のプレフィクスのサフィックス全部を高速に見つけなければならない）に直接合致しているとは言えない。

そこで、プレフィクスとそれに対応するサフィックスをもっとうまく表現するデータ構造が必要になる。このプログラムは2つのパスを実行する。入力パスではフレーズを表現するデータ構造を作成し、出力パスではそのデータ構造を利用してランダムな出力を生成する。どちらのパスでも、特定のプレフィクスを（高速に）ルックアップする必要がある。入力パスの場合にはそのプレフィクスに対応するサフィックスを更新しなければならないし、出力パスではサフィックスの候補からアットランダムに選択しなければならないからだ。このことから、プレフィクスをキーとし、そのプレフィクスに対応するサフィックス集合を値とするハッシュテーブルが必要になってくる。

解説の都合上ここでは2語からなるプレフィクスを使うので、個々の出力単語は前の2語に依存することになる。プレフィクスの単語数によって設計は左右されないし、プログラムはどんな長さのプレフィクスにも対処できる必要があるが、数値を固定すれば説明が具体的になる。プレフィクスとすべてのサフィックス候補の集合を**状態**と呼ぶ。これはマルコフアルゴリズムの標準的な用語だ。

あるプレフィクスが与えられたら、それに続くすべてのサフィックスを記憶して、あとでアクセスできるようにする必要がある。サフィックスはソートされずに一度に1語ずつ追加される。サフィックスが何個存在するかは予測できないので、リストや動的な配列のように簡単に効率よく伸張できるデータ構造が必要だ。出力を生成するときには、特定のプレフィクスに対応するサフィックス集合からアットランダムに1個のサフィックスを選択できなければならない。項目は一切削除されない。

1つのフレーズが何度も出現する場合はどうなるだろうか。たとえば 'might appear once' は1回しか出現しないのに、'might appear twice' は2回出現するといったケースがそれに当たる。これを表現するには、'might appear' のサフィックスリストに 'twice' を2回入れるか、1回だけ入れて、それに対応するカウンタを2にセットすればいい。ためしにカウンタありの場合となしの場合を実装してみたところ、なしのほうが簡単だった。サフィックスを追加する際にそれがすでに存在するかどうかをチェックする必要がないし、実際の実験でも、実行時間の差は無視できる程度でしかなかった。

ここまでの話をまとめておこう。それぞれの状態はプレフィクスとサフィックスのリストで構成される。この情報は、プレフィクスをキーとするハッシュテーブルに記憶される。個々のプレフィクスは固定サイズの単語集合であり、あるサフィックスが特定のプレフィクスについて複数回出現する場合には、それが出現するたびに別々にリストに入れられる。

次に決定しなければならないのは単語それ自体をどう表現するかだが、一番簡単なのは単語を別々の文字列に記憶するやり方だ。だが、ほとんどの文章には何度も出現する単語が数多く含まれている。そのため単語を1語単位で入れておく2つ目のハッシュテーブルを用意して、個々の単語テキストが1回だけしか記憶されないようにすれば、おそらく記憶領域の節約になるだろう。また、こうすればプレフィクスのハッシングも高速になる。ユニークな文字列がユニークなアドレスを持つので、個々の文字ではなくポインタを比較すれば済むようになるからだ。しかしこのような設計は読者の宿題にして、ここではとりあえず文字列を別々に記憶することにする。

3.3 Cによるデータ構造の作成

まずはCの実装から見ていこう。最初の手順は定数を定義することだ。

```
enum {
    NPREF = 2,      /* プレフィクスの語数 */
    NHASH = 4093,   /* 状態ハッシュテーブル配列のサイズ */
    MAXGEN = 10000 /* 生成される単語数の上限 */
};
```

この宣言では、プレフィクスの語数(NPREF)、ハッシュテーブル配列のサイズ(NHASH)、生成する単語数の上限（MAXGEN）を定義している。NPREFを実行時の変数ではなくコンパイル時の定数にすれば、記憶管理が単純になる。配列のサイズにかなり大きな値をセットしているのは、本1冊丸ごとのような巨大な入力ドキュメントをプログラムに与えるつもりだからだ。NHASH = 4093にしてあるので、入力に10,000通りのプレフィクス（単語ペア）が含まれる場合でも、プレフィクスは平均2〜3個程度の非常に短いチェインになる。このサイズを大きくすればするほど期待チェイン長は短くなり、その結果ルックアップが高速になる。このプログラムは実際にはお遊びなので性能はあまり重要ではないが、配列が小さすぎると、我々が想定している入力をそれなりの時間で処理するのが不可能になる。逆にこれを大きくしすぎるとメモリに収まらなくなってしまう。

プレフィクスは単語の配列として格納すればいい。ハッシュテーブルの要素はデータ型 State として表現され、個々のプレフィクスには Suffix リストが対応する。

```
typedef struct State State;
typedef struct Suffix Suffix;

struct State { /* プレフィクス+サフィックスリスト */
    char *pref[NPREF]; /* プレフィクスの単語 */
    Suffix *suf;       /* サフィックスリスト */
    State *next;       /* ハッシュテーブル中の次の要素 */
};

struct Suffix { /* サフィックスリスト */
    char *word;    /* suffix */
    Suffix *next; /* サフィックスリスト中の次の要素 */
};

State *statetab[NHASH]; /* 状態のハッシュテーブル */
```

このデータ構造を図示すると次のようになる。

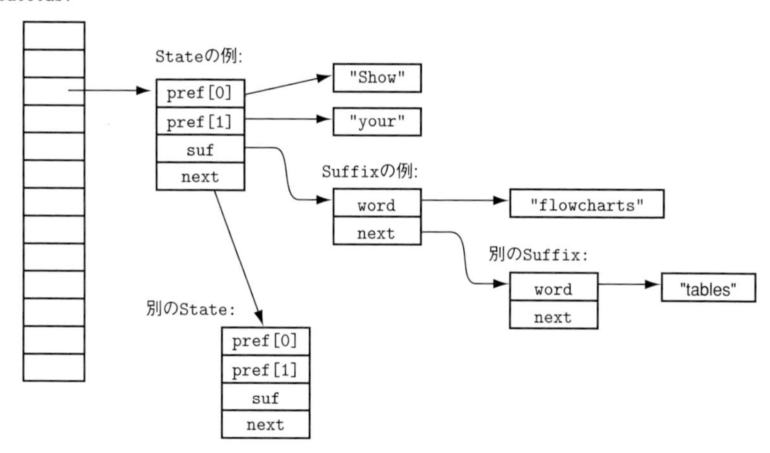

プレフィクス用のハッシュ関数が必要になるが、この場合のプレフィクスは文字列の配列だ。だから 2 章の文字列ハッシュ関数をちょっと手直しすれば、配列中の文字列をループでたどって文字列をハッシュする関数が書ける。

```
/* hash: NPREF 個の文字列からなる配列のハッシュ値を計算 */
unsigned int hash(char *s[NPREF])
{
    unsigned int h;
    unsigned char *p;
    int i;

    h = 0;
    for (i = 0; i < NPREF; i++)
        for (p = (unsigned char *) s[i]; *p != '\0'; p++)
            h = MULTIPLIER * h + *p;
    return h % NHASH;
}
```

ルックアップルーチンにも同じような修正を施せば、ハッシュテーブルの実装が完成する。

```
/* lookup: プレフィクスを検索。指定されればそれを生成 */
/* 見つかるか生成したらポインタを、そうでなければ NULL を返す */
/* 生成作業は strdup しないので、あとで文字列が変化してはならない */
State* lookup(char *prefix[NPREF], int create)
{
    int i, h;
    State *sp;

    h = hash(prefix);
    for (sp = statetab[h]; sp != NULL; sp = sp->next) {
        for (i = 0; i < NPREF; i++)
            if (strcmp(prefix[i], sp->pref[i]) != 0)
                break;
        if (i == NPREF) /* 見つかった */
            return sp;
    }
    if (create) {
        sp = (State *) emalloc(sizeof(State));
        for (i = 0; i < NPREF; i++)
            sp->pref[i] = prefix[i];
        sp->suf = NULL;
        sp->next = statetab[h];
        statetab[h] = sp;
    }
    return sp;
}
```

lookupで新しい状態を生成する際に、入力文字列のコピーを作っていない点に注目。sp->pref[]にポインタを入れているだけだ。だからlookupを呼び出すルーチンは、このデータがあとで上書きされないようにしなければならない。たとえば文字列がI/Oバッファ中に存在するのであれば、lookupが呼び出される前にコピーが実行されていなければならない。そうしないとハッシュテーブルが指しているデータが、それ以降の入力によって上書きされてしまうからだ。インターフェイスを介して共有されるリソースを誰に管理させたらいいかを判断しなければならないケースは多い。この話題については次の章で詳しく説明しよう。

次に、ファイルが読まれる際にハッシュテーブルを構築する必要がある。

```
/* build: 入力を読み、プレフィクステーブルを作成 */
void build(char *prefix[NPREF], FILE *f)
{
    char buf[100], fmt[10];

    /* 書式文字列を作成。ただの%sだとbufがオーバーフローする可能性がある */
    sprintf(fmt, "%%%ds", sizeof(buf)-1);
    while (fscanf(f, fmt, buf) != EOF)
        add(prefix, estrdup(buf));
}
```

sprintfの一風変わった呼び出しは、本来ならこの作業に使うのに最適なfscanfにまつわる腹立たしい問題を回避するために使われている。書式文字列%sを指定してfscanfを呼び出すと、次の空白で区切られた単語がファイルからバッファに読み込まれる。ところが、その際読み込まれるサイズに上限がないのだ。単語が長いと入力バッファがオーバーフローしてしまい、悲惨な事態が発生する。バッファが100バイト長なら（普通のテキストに出現すると予想される単語のサイズよりはるかに大きい）、%99sという書式を使えば（末尾の'\0'用に1バイトとっておく）、99バイト読んでやめるようにfscanfに指示できる。これによって長い単語が複数の部品に分解されてしまうのは残念だが、安全性のほうが大事だ。次のように宣言する手もあるが、

```
?   enum { BUFSIZE = 100 };
?   char fmt[] = "%99s"; /* BUFSIZE-1 */
```

こうすると1つの恣意的な決定（バッファのサイズ）に定数が2個必要になり、両者の関係を維持する必要が出てくる。sprintfによって書式文字列を動的に生成すれば、この問題は一発で解決する。上記のアプローチをとったのはそのためだ。

buildは、直前に入力されたNPREF個の単語が入っているprefix配列とFILEポインタを引数としてとり、prefixと入力単語のコピーをaddに渡す。addはその新しいエントリをハッシュテーブルに追加し、プレフィクスの位置を先に進める。

```
/* add: 単語をサフィックスリストに追加し、プレフィクスを更新 */
void add(char *prefix[NPREF], char *suffix)
{
    State *sp;

    sp = lookup(prefix, 1); /* 見つからなければ生成 */
    addsuffix(sp, suffix);
    /* プレフィクス中の単語を前にずらす */
    memmove(prefix, prefix+1, (NPREF-1)*sizeof(prefix[0]));
    prefix[NPREF-1] = suffix;
}
```

memmoveの呼び出しは、配列から削除する作業に使われる慣用句だ。この場合は、プレフィクスの要素1から要素NREF-1までを0からNREF-2までの位置にずらし、それによって最初の接頭語を削除して末尾に新しい接頭語用の領域を空けている。

新しいサフィックスを追加するルーチンaddsuffixは次の通り。

```
/* addsuffix: 状態に追加。あとでサフィックスが変化してはならない */
void addsuffix(State *sp, char *suffix)
{
    Suffix *suf;

    suf = (Suffix *) emalloc(sizeof(Suffix));
    suf->word = suffix;
    suf->next = sp->suf;
    sp->suf = suf;
}
```

このように、状態を更新する作業は2つの関数に分かれている。addではサフィックスをプレフィクスに追加する一般的なサービスを実行し、addsuffixでは単語をサフィックスリストに追加するという実装固有の作業を実行している。addルーチンはbuildに使用されるが、addsuffixはaddで内部使用されるにすぎない。addsuffixはひょっとすると変更されるかもしれない実装上のディテールであり、たとえ1か所でしか呼び出されなくても別の関数として独立させたほうがいいと思う。

3.4 出力の生成

データ構造ができあがったら、次は出力を生成する番だ。基本的な発想は先ほど紹介した通りで、あるプレフィクスが与えられたら、それのサフィックスのどれかをアットランダムに選択して表示し、プレフィクスを前進させる。これは処理の定常的な状態だが、このアルゴリズムをどう開始しどう終了するかについても考えておかなければならない。開始のほうは、一番最初のプレフィクスを覚えておいて、そこから処理を始めれば簡単だ。終了も簡単だが、アルゴリズムを終了させる目印となる単語が必要になる。そのためには、通常のすべての入力のあとに、どんな入力にも出現しないとわかっている「単語」を終端子として追加すればいい。

```
build(prefix, stdin);
add(prefix, NONWORD);
```

NONWORDは、通常の入力には絶対に出てこない値にする必要がある。入力単語は空白で区切られるので、改行文字のような空白で構成される「単語」を使えばいいだろう。

```
char NONWORD[] = "\n"; /* 実際の単語としては絶対出現しない */
```

心配事はもうひとつある。アルゴリズムを開始するのに十分な入力が存在しなかったらどうなるだろうか。この種の問題には2種類のアプローチが存在する。十分な入力がなければその時点で終了してしまうやり方と、常に十分な入力が存在するようにお膳立てをして、いちいちチェックしないやり方がそれだ。このプログラムの場合は、後者のアプローチのほうが都合がいい。

プレフィクスを人為的に作って出力生成作業を初期化すれば、常に十分な量の入力がプログラムに利用できるようになる。そのためループの下準備として、プレフィクス配列がすべてNONWORDの単語になるように初期化するといいだろう。このやり方をすれば、入力ファイル中の最初の単語がダミーのプレフィクスの最初の**サフィックス**となるので、出力生成ループでサフィックスだけを表示すれば済むようになり、非常に好都合だ。

収拾がつかないほど出力が長くなるケースでは、ある程度の個数の単語が出力されるか、サフィックスとしてNONWORDが登場するか、そのどちらかが最初に発生した時点でアルゴリズムを終了すればいい。

データの末尾にNONWORDを2〜3個追加しておくと、プログラムのメイン処理ループが格段にシンプルになる。これは**番人**（sentinel）値を追加して境界をマークするテクニックの一例だ。

たいていの場合には、データの不規則性や例外や特殊ケースに対処するように心がけなければならない。これによって次第に正しいコードを書くのが大変になってくるので、制御フローをなるべく単純で標準的な形にしておくことが肝心だ。

generate関数には、我々が最初に説明した通りのアルゴリズムが使われている。この関数によって1行に1語ずつ出力が生成される。ワードプロセッサを使えばそれをもっと長い行にまとめられるし、9章で紹介するfmtというシンプルなフォーマッタもその作業に利用できる。

先頭と末尾にNONWORD文字列を使うことで、generateは処理をきちんと開始し終了する。

```
/* generate: 1行に1語ずつ出力を生成 */
void generate(int nwords)
{
    State *sp;
    Suffix *suf;
    char *prefix[NPREF], *w;
    int i, nmatch;

    for (i = 0; i < NPREF; i++) /* 初期プレフィクスをリセット */
        prefix[i] = NONWORD;

    for (i = 0; i < nwords; i++) {
        sp = lookup(prefix, 0);
        nmatch = 0;
        for (suf = sp->suf; suf != NULL; suf = suf->next)
            if (rand() % ++nmatch == 0) /* 確率 = 1/nmatch */
                w = suf->word;
        if (strcmp(w, NONWORD) == 0)
            break;
        printf("%s\n", w);
        memmove(prefix, prefix+1, (NPREF-1)*sizeof(prefix[0]));
        prefix[NPREF-1] = w;
    }
}
```

項目が何個存在するかわからない時点でランダムに1個の項目を選択するアルゴリズムに注目しよう。nmatchはリストが走査される際にマッチの数をカウントする変数だ。次の式はnmatchをインクリメントし、1/nmatchの確率で真となる。

```
rand() % ++nmatch == 0
```

だから、最初にマッチした項目は1の確率で選択され、それが1/2の確率で2番目の項目に置き換えられ、生き残った項目は 1/3 の確率で 3 番目の項目に置き換えられるといった具合になる。任意の時点で、それまでに登場した k 個の項目は、どれも $1/k$ の確率で選択されていることになる。

関数の冒頭で prefix に初期値をセットしており、これによってこの値が確実にハッシュテーブルに記憶される。最初に見つかる Suffix 値は入力ドキュメントの先頭にある単語となる。先頭の単語は初期プレフィクスに続くユニークな単語だからだ。それ以降はランダムなサフィックスが選択される。ループ中では、lookup を呼び出して現在の prefix のハッシュテーブルエントリを見つけて、ランダムなサフィックスを選択して表示し、プレフィクスを先に進める。

選択したサフィックスが NONWORD だったら入力の終わりに対応する状態を選択したということになるので、そこで処理が完了する。サフィックスが NONWORD でなければそれを表示し、memmove を呼び出してプレフィクスの最初の単語を捨て、サフィックスをプレフィクスの最後の単語に格上げしてループする。

さて、あとはこうした作業を main ルーチンにまとめればいいだけだ。main では、標準入力を読んで、最大で指定された数の単語を生成する。

```
/* markov main: マルコフ連鎖によるランダムテキスト生成プログラム */
int main(void)
{
    int i, nwords = MAXGEN;
    char *prefix[NPREF];          /* 現在の入力プレフィクス */

    for (i = 0; i < NPREF; i++) /* 初期プレフィクスをセットアップ */
        prefix[i] = NONWORD;
    build(prefix, stdin);
    add(prefix, NONWORD);
    generate(nwords);
    return 0;
}
```

これで我々の C による実装は完成だ。この章の最後のほうでいろいろな言語で書いたプログラムを比較してみるが、C の大きな強みは実装をプログラマが完全に制御でき、C で書いたプログラムがたいてい高速に動作することにある。反面、その代償として C プログラマはより多くの作業を強いられ、メモリを割り当てたり再利用したりハッシュテーブルやリンクリストを作るなどといった作業を自分でやらなければならない。C はカミソリのように切れ味鋭いツールであり、エレガントで効率のよいプログラムを作成できる一方で、むごたらしい悲惨な事態を招いてしまうこともある。

問題 3-1　未知の長さのリストからランダムな項目を選択するアルゴリズムは乱数ジェネレータの性能に依存する。テストを設計して実行し、この手法が実際にどの程度うまく機能するかを調査せよ。

問題 3-2　個々の入力単語を2つ目のハッシュテーブルに入れるようにすれば、テキストが1回しか格納されないためにメモリ領域の節約になるはずだ。何種類かのテキストを調べて、どの程度節約されるか推測せよ。そういう構造にすれば、プレフィクスのハッシュチェイン中にある文字列ではなくポインタを比較できるようになり、動作が高速になると思われる。そのバージョンを実装し、速度とメモリ消費量の変化を測定せよ。

問題 3-3　データの先頭と末尾に`NONWORD`の番人を置く文を削除し、番人なしで正しく処理を開始し終了するように`generate`を修正せよ。0〜4個の単語を含む入力に対しても、確実に正しい出力が生成されるようにすること。その実装を番人を利用する実装と比較せよ。

3.5 Java

マルコフ連鎖アルゴリズムの2つ目の実装はJavaによる実装だ。Javaのようなオブジェクト指向の言語を使う場合は、プログラムのコンポーネント同士のインターフェイスにとくに留意する必要がある。コンポーネントは、メソッドと呼ばれる関連した関数をともなうオブジェクトないしクラスと呼ばれる独立したデータ項目にカプセル化される。

JavaのライブラリはCよりも充実しており、たとえば既存のオブジェクトをさまざまな形でまとめる**コンテナクラス**が含まれている。コンテナクラスの一例が`Vector`で、このクラスは任意の`Object`型を記憶できる動的に伸張可能な配列を提供する。また、`Hashtable`というクラスもあり、これを利用すれば別の型のオブジェクトをキーとして使って何らかの型の値を格納したり取得したりできるようになる。

我々のアプリケーションの場合、プレフィクスとサフィックスを入れておくための自然な選択肢は文字列の`Vector`だろう。そして`Hashtable`を使って、キーとしてプレフィクスベクタを格納し、値としてサフィックスベクタを格納すればいい。この種のデータ構成は、プレフィクスからサフィックスへの**マップ**という用語で表現される。Javaの場合には、プレフィクスとサフィックスが`Hashtable`によって暗黙に結合（マップ）されるので、明示的に`State`型を用意する必要は一切ない。Cバージョンではプレフィクスとサフィックスの両方を入れておく`State`構造体を用意し、プレフィクスをハッシュして State 全体を復元するようになっていたが、Java での設計方法はそれとは異なっている。

Hashtable には、キーと値のペアを格納するための put メソッドと、キーに対応する値を取得する get メソッドがある。

```
Hashtable h = new Hashtable();
h.put(key, value);
Sometype v = (Sometype) h.get(key);
```

我々の実装には 3 種類のクラスが使われる。最初のクラス Prefix にはプレフィクスの単語を入れる。

```
class Prefix {
    public Vector pref; // 入力中の NPREF 個の連続した単語
    ...
```

2 番目のクラス Chain は入力を読み、ハッシュテーブルを構築し、出力を生成する。クラス変数は次の通り。

```
class Chain {
    static final int NPREF = 2; // プレフィクスのサイズ
    static final String NONWORD = "\n";
                    // 絶対に出現しない「単語」
    Hashtable statetab = new Hashtable();
                    // キー = Prefix、値 = サフィックス Vector
    Prefix prefix = new Prefix(NPREF, NONWORD);
                    // 初期プレフィクス
    Random rand = new Random();
    ...
```

3 番目のクラスはパブリックインターフェイスで、main を含み、Chain のインスタンスを生成する。

```
class Markov {
    static final int MAXGEN = 10000; // 生成される単語の最大数
    public static void main(String[] args) throws IOException
    {
        Chain chain = new Chain();
        int nwords = MAXGEN;
        chain.build(System.in);
        chain.generate(nwords);
    }
}
```

クラス Chain のインスタンスが生成されると、それがハッシュテーブルを生成し、

NPREF 個の NONWORD からなる初期プレフィクスを用意する。build 関数はライブラリ関数 StreamTokenizer を使って入力を解析し、それを空白文字で区切られた単語に分解する。ループの前にある 3 つの呼び出しによって、このトークン生成関数が我々の「単語」の定義にかなった状態にセットされる。

```
// Chain build: 入力ストリームから State テーブルを作成
void build(InputStream in) throws IOException
{
    StreamTokenizer st = new StreamTokenizer(in);

    st.resetSyntax();                          // デフォルトのルールを除去
    st.wordChars(0, Character.MAX_VALUE); // すべての文字を有効にする
    st.whitespaceChars(0, ' ');               // ただし空白までの文字は例外
    while (st.nextToken() != st.TT_EOF)
        add(st.sval);
    add(NONWORD);
}
```

add 関数は、現在のプレフィクスに対応したサフィックスのベクタをハッシュテーブルから取り出す。存在しなければ（ベクタがヌル）、add は新しいベクタと新しいプレフィクスを作ってハッシュテーブルに入れる。どちらのケースでも、この関数は新しい単語をサフィックスベクタに追加し、最初の単語を捨てて新しい単語を末尾に追加することでプレフィクスを先に進める。

```
// Chain add: サフィックスリストに単語を追加し、プレフィクスを更新
void add(String word)
{
    Vector suf = (Vector) statetab.get(prefix);
    if (suf == null) {
        suf = new Vector();
        statetab.put(new Prefix(prefix), suf);
    }
    suf.addElement(word);
    prefix.pref.removeElementAt(0);
    prefix.pref.addElement(word);
}
```

suf がヌルだと、prefix そのものではなく新しい Prefix がハッシュテーブルに格納される点に注意。これは Hashtable クラスが項目を参照によって記憶するようになっているためで、コピーを作っておかないとテーブル中のデータを上書きしてしまう可能性があるからだ。この点は、C プログラムで対処しなければならなかった問題と同じだ。

出力生成関数はCバージョンと似ているが、リストをループでたどらなくても直接ランダムなベクタ要素をインデックス指定できるので、ほんの少しコンパクトになっている。

```
// Chain generate: 出力単語を生成
void generate(int nwords)
{
    prefix = new Prefix(NPREF, NONWORD);
    for (int i = 0; i < nwords; i++) {
        Vector s = (Vector) statetab.get(prefix);
        int r = Math.abs(rand.nextInt()) % s.size();
        String suf = (String) s.elementAt(r);
        if (suf.equals(NONWORD))
            break;
        System.out.println(suf);
        prefix.pref.removeElementAt(0);
        prefix.pref.addElement(suf);
    }
}
```

Prefixの2種類のコンストラクタは、与えられたデータに基づいて新しいインスタンスを生成する。1個目は既存のPrefixをコピーするコンストラクタで、2個目は文字列のn個のコピーからプレフィクスを生成する。後者は、初期化の際にNONWORDのコピーをNPREF個作るのに使っている。

```
// Prefixコンストラクタ: 既存のプレフィクスをコピー
Prefix(Prefix p)
{
    pref = (Vector) p.pref.clone();
}

// Prefixコンストラクタ: strのコピーをn個生成
Prefix(int n, String str)
{
    pref = new Vector();
    for (int i = 0; i < n; i++)
        pref.addElement(str);
}
```

PrefixにはhashCodeとequalsという2種類のメソッドもある。これらはテーブルのインデックスづけと検索を実行する際に、Hashtableの実装によって暗黙に呼び出される。Prefixをサフィックスのように単なるVectorとしてではなくまともなクラスとして定義せざるを得なかったのは、Hashtableに使われるこうした2

個のメソッドを用意するのに明示的なクラスが必要だからだ。

hashCode メソッドは、そのベクタの要素の hashCode を組み合わせて1個のハッシュ値を計算する。

```
static final int MULTIPLIER = 31; // hashCode()用

// Prefix hashCode: プレフィクスの全単語からハッシュを生成
public int hashCode()
{
    int h = 0;

    for (int i = 0; i < pref.size(); i++)
        h = MULTIPLIER * h + pref.elementAt(i).hashCode();
    return h;
}
```

equals は、2個のプレフィクスに含まれる語句を要素ごとに比較する。

```
// Prefix equals: 2個のプレフィクスを比較して語句が同じかどうか調べる
public boolean equals(Object o)
{
    Prefix p = (Prefix) o;

    for (int i = 0; i < pref.size(); i++)
        if (!pref.elementAt(i).equals(p.pref.elementAt(i)))
            return false;
    return true;
}
```

Java プログラムはCプログラムに比べて格段に小さいだけでなく、細かい点まで面倒を見てくれる。その明快な例が Vector と Hashtable だ。ベクタは必要に応じて伸張するし、もう参照されていないメモリを再利用する作業はガベージコレクションによって実行されるので、一般論として言えば Java の記憶管理は簡単だ。しかし Hashtable クラスを使うためには依然として hashCode 関数と equals 関数を書く必要があるので、Java がすべての細かい点にわたって面倒を見てくれるわけではない。

CとJava による基本データ構造の表現方法や処理方法を比較すると、Java バージョンのほうが機能がよく分離されていることがわかる。たとえば、Java なら Vector の代わりに配列を使うことにしたとしても簡単に対処できる。一方Cバージョンの場合には、全員がほかの全員のしていることを知っている。つまりハッシュテーブルはさまざまな場所で管理されている配列を処理するし、lookup は構造体 State と

Suffixのレイアウトがわかっているし、誰もがプレフィクス配列のサイズを知っている。

```
% java Markov <jr_chemistry.txt | fmt
Wash the blackboard. Watch it dry. The water goes
into the air. When water goes into the air it
evaporates. Tie a damp cloth to one end of a solid or
liquid. Look around. What are the solid things?
Chemical changes take place when something burns. If
the burning material has liquids, they are stable and
the sponge rise. It looked like dough, but it is
burning. Break up the lump of sugar into small pieces
and put them together again in the bottom of a liquid.
```

問題 3-4 Javaバージョンのmarkovプログラムを書き直して、Stateクラスでプレフィクスにvectorではなく配列を使用するようにせよ。

3.6 C++

我々の3番目の実装はC++での実装だ。C++はほぼCの上位セットになっているので、便利な記法がいくつか追加されたCのように使えるし、我々のmarkovのオリジナルCバージョンは正しいC++プログラムでもある。しかしもっと適切なC++の使い方は、先ほどJavaで少しやってみたように、プログラム中でオブジェクトのクラスを定義することだろう。そうすれば実装上のディテールを隠せるようになる。ここではそれをさらに進めて、STL（Standard Template Library：標準テンプレートライブラリ）を使ってみることにしよう。STLには、我々に必要な作業の多くを実行してくれるメカニズムが内蔵されているからだ。このSTLは、言語定義の一部としてC++のISO標準に含まれている。

STLは、ベクタやリストや集合などのコンテナのほか、検索、ソート、挿入、削除といった作業の基本的なアルゴリズムファミリを提供している。C++のテンプレート機能によってどのSTLアルゴリズムも、ユーザー定義型と整数などの組み込み型の両方を含むさまざまなコンテナに利用できるようになっている。コンテナは、特定のデータ型としてインスタンス生成されるC++テンプレートとして表現される。たとえばvectorコンテナを使えば、vector<int>やvector<string>のような特定の型を作れる。このようなデータ型に対しては、ソーティング用の標準アルゴリズムを始めとするあらゆるvector処理を実行できる。

vector コンテナに関しては Java にもそれに似た Vector があるが、STL にはそれに加えて deque コンテナというのも用意されている。deque（「デック」と読む）は、我々のプレフィクスの処理にぴったりの両頭キューだ。これに NPREFS 個の要素を入れておけば、最初の要素のポップも末尾への新しい要素の追加も O（1）時間で済むようになる。しかし STL の両頭キューはプッシュとポップをキューの両端で実行できたりするので、我々の処理からすると必要以上に汎用的だが、性能上の理由から当然これは選択肢のひとつになる。

STL には、その名もずばり map というコンテナもある。このコンテナはバランス木をベースにしており、キーと値のペアを記憶して、任意のキーに対応する値を O（$\log n$）で抽出できる。マップは O（1）のハッシュテーブルほど効率的ではないかもしれないが、それでも万が一マップを利用したい場合にコードを自分で書かなくて済むのはありがたい（一部の標準的でない C++ライブラリには、もっと高性能な hash コンテナや hash_map コンテナが付属する場合もある）。

また、ここでは組み込みの比較関数も利用し、それによってプレフィクス中の個々の文字列を使った文字列比較を実行する。

こうした部品が揃えば、コードの組み立て作業はスムーズだ。宣言を次に示す。

```
typedef deque<string> Prefix;
map<Prefix, vector<string> > statetab; // プレフィクス -> サフィックス
```

STL には両頭キューのテンプレートが存在する。deque<string>という記法によって、文字列を要素とする両頭キューに特化される。この型はプログラム中に何度も登場するので、typedef を使ってそれに Prefix という名前をつけている。一方、プレフィクスとサフィックスを記憶するマップ型は 1 回しか出てこないので、わざわざ別個の名前はつけていない。上記の map の宣言は、プレフィクスから文字列のベクタにマップする変数 statetab を宣言している。この点は C や Java よりも便利だ。ハッシュ関数や equals メソッドを自分で用意する必要がないからだ。

下に示すメインルーチンはプレフィクスを初期化し、入力を（C++の iostream ライブラリでは cin と呼ばれる標準入力から）読み、末尾データを追加し、出力を生成する。この辺は今までのバージョンとまったく同じだ。

```
// markov main: マルコフ連鎖によるランダムテキスト生成プログラム
int main(void)
{
    int nwords = MAXGEN;
    Prefix prefix;                  // 現在の入力プレフィクス

    for (int i = 0; i < NPREF; i++) // 初期プレフィクスをセットアップ
        add(prefix, NONWORD);
    build(prefix, cin);
    add(prefix, NONWORD);
    generate(nwords);
    return 0;
}
```

関数 build は、iostream ライブラリを利用して入力を一度に 1 語ずつ読み込む。

```
// build: 入力単語を読み、状態テーブルを作成
void build(Prefix& prefix, istream& in)
{
    string buf;

    while (in >> buf)
        add(prefix, buf);
}
```

文字列 buf は、任意の長さの入力単語を処理するために必要に応じて伸張する。

add 関数には、STL を使った場合のメリットがいろいろ現れている。

```
// add: 単語をサフィックスリストに追加し、プレフィクスを更新
void add(Prefix& prefix, const string& s)
{
    if (prefix.size() == NPREF) {
        statetab[prefix].push_back(s);
        prefix.pop_front();
    }
    prefix.push_back(s);
}
```

一見シンプルなこうした文の背後では膨大な作業が実行される。map コンテナは、添字指定（[ ] 演算子）がルックアップ作業として動作するようにオーバーロードする。だから statetab[prefix] という式は prefix をキーとするルックアップを statetab で実行し、希望のエントリに対する参照を返す。そのベクタがまだ存在しなければ生成される。vector と deque のメンバ関数 push_back は、そのベクタつまり両頭キューの終端に新しい文字列をプッシュし、push_front は両頭キューの最

初の要素をポップする。

出力生成作業はこれまでのバージョンと似ている。

```
// generate: 1行に1語ずつ出力を生成
void generate(int nwords)
{
    Prefix prefix;
    int i;

    for (i = 0; i < NPREF; i++) // 初期プレフィクスをリセット
        add(prefix, NONWORD);

    for (i = 0; i < nwords; i++) {
        vector<string>& suf = statetab[prefix];
        const string& w = suf[rand() % suf.size()];
        if (w == NONWORD)
            break;
        cout << w << "\n";
        prefix.pop_front();     // 先に進める
        prefix.push_back(w);
    }
}
```

全体として、このバージョンはとりわけ明快でエレガントに思える。コードはコンパクトだし、データ構造ははっきり見えるし、アルゴリズムは透徹している。ところが悲しいことに、それには代償がいる。このバージョンは一番遅いわけではないにせよ、オリジナルのCバージョンに比べると圧倒的に遅いのだ。性能の計測結果についてはあとできちんと紹介しよう。

問題 3-5　STLのとくに素晴らしい長所は、別のデータ構造を実験してみるのが簡単なことだ。マルコフのC++バージョンを手直しして、いろいろなデータ構造を使ってプレフィクスとサフィックスリストと状態テーブルを表現せよ。データ構造によって性能にどのような違いが現れるだろうか。

問題 3-6　クラスとstringデータ型だけを使い、それ以外の高度なライブラリ機能は一切利用せずにC++バージョンを記述せよ。それをSTLバージョンとスタイルと速度の両面で比較してみよ。

3.7 Awk と Perl

締めくくりとして、我々はこのプログラムを人気のある 2 種類のスクリプト言語 Awk と Perl でも書いてみた。この 2 つの言語には、このアプリケーションに必要な連想配列と文字列処理機能が存在する。

連想配列はハッシュテーブルの便利なパッケージ手段となる。これは見た目には配列にそっくりだが、任意の文字列や数字、あるいはそれらをカンマで区切ったリストを添字として使える。これはあるデータ型から別の型への一種のマップだ。Awk の場合の配列はすべて連想配列だが、Perl には整数の添字を使う通常のインデックス配列と連想配列の両方がある。後者は「ハッシュ」と呼ばれており、名前からこれがどう実装されているのかがわかる。

Awk と Perl の実装は、長さ 2 のプレフィクス専用になっている。

```
#  markov.awk: 2語プレフィクス用のマルコフ連鎖アルゴリズム
BEGIN { MAXGEN = 10000; NONWORD = "\n"; w1 = w2 = NONWORD }
{   for (i = 1; i <= NF; i++) {   #  すべての単語を読む
        statetab[w1,w2,++nsuffix[w1,w2]] = $i
        w1 = w2
        w2 = $i
    }
}
END {
    statetab[w1,w2,++nsuffix[w1,w2]] = NONWORD #  末尾データを追加
    w1 = w2 = NONWORD
    for (i = 0; i < MAXGEN; i++) {   #  出力生成
        r = int(rand()*nsuffix[w1,w2]) + 1  #  nsuffix >= 1
        p = statetab[w1,w2,r]
        if (p == NONWORD)
            exit
        print p
        w1 = w2   #  チェインを進める
        w2 = p
    }
}
```

Awk は「パターン-アクション」型の言語で、入力が一度に 1 行ずつ読み込まれ、それぞれの行がパターンと照合され、マッチするたびに対応するアクションが実行される。`BEGIN` と `END` という 2 種類の特殊なパターンがあり、これらはそれぞれ入力の 1 行目の前と最終行の後にマッチする。

一方、アクションに該当するのは中かっこでくくられた文のブロックだ。マルコフの Awk バージョンでは、`BEGIN` ブロック中でプレフィクスとその他 2 個の変数が

初期化されている。

次のブロックにはパターンが指定されていないので、デフォルトですべての入力行について 1 回ずつこれが実行される。それぞれの入力行は、Awk によって自動的に$1 から$NF までのフィールド（空白で区切られた単語）に分割され、フィールド数が変数$NF に入る。次の文はプレフィクスからサフィックスへのマップを作る。

```
statetab[w1,w2,++nsuffix[w1,w2]] = $i
```

nsuffix はサフィックスの数を記憶する配列で、要素 nsuffix[w1,w2] はそのプレフィクスに関連するサフィックスの数を記憶する。サフィックス自体は、statetab[w1,w2,1]、statetab[w1,w2,2] といった配列要素に記憶される。

END ブロックが実行される段階では、入力の読み込みはすべて完了している。この時点で、それぞれのプレフィクスについてサフィックス数を含んだ nsuffix の要素が 1 個と、サフィックスを含んだ statetab の要素がその数だけ存在している。

Perl バージョンもこれと同様だが、サフィックスを管理するのに第 3 の添字ではなく無名配列が使われているほか、プレフィクスを更新するのに多重代入が使われている。Perl では特殊な文字によって変数の型を示すようになっており、$はスカラ型を、@はインデックス配列をそれぞれ表し、配列のインデックスを指定するには角かっこ [] が、ハッシュのインデックスを指定するには中かっこ{}が使われる。

```
#  markov.pl: 2 語プレフィクス用のマルコフ連鎖アルゴリズム
$MAXGEN = 10000;
$NONWORD = "\n";
$w1 = $w2 = $NONWORD;    #  初期状態
while (<>) {             #  1 行ずつ入力を読む
    foreach (split) {
        push(@{$statetab{$w1}{$w2}}, $_);
        ($w1, $w2) = ($w2, $_);   #  多重代入
    }
}
push(@{$statetab{$w1}{$w2}}, $NONWORD); #  末尾データを追加
$w1 = $w2 = $NONWORD;
for ($i = 0; $i < $MAXGEN; $i++) {
    $suf = $statetab{$w1}{$w2};  #  配列の参照
    $r = int(rand @$suf);        #  @$suf は要素数
    exit if (($t = $suf->[$r]) eq $NONWORD);
    print "$t\n";
    ($w1, $w2) = ($w2, $t);      #  チェインを進める
}
```

これまでのプログラム同様、マップは変数 statetab を使って記憶される。このプログラムの核心は次の行だ。

```
push(@{$statetab{$w1}{$w2}}, $_);
```

この行は新しいサフィックスを、statetab{$w1}{$w2}に格納される（無名）配列の末尾にプッシュする。出力生成フェーズの$statetab{$w1}{$w2}はサフィックスの配列に対する参照で、$suf->[$r] は r 番目のサフィックスを指す。

Perl のプログラムも Awk のプログラムも今までの 3 つのプログラムに比べれば短いが、きっかり 2 語でないプレフィクスを処理できるように書き直すのは大変だ。C++ STL による実装の核心部分（add 関数と generate 関数）も長さはこれらと同じくらいだし、明快さの点では上回ると思う。それでもスクリプト言語はたいていプログラミングの実験やプロトタイプの作成といった用途には最適だし、実行時間をそれほど重視する必要がない場合には製品開発にも利用できる。

問題 3-7 どんな長さのプレフィクスも処理できるように Awk バージョンと Perl バージョンを手直しせよ。実際にテストしてみて、この変更による性能への影響を測定せよ。

3.8 性 能

これで比較対象となる数種類の実装が揃った。プログラムの計時に使ったテキストは欽定英訳聖書の詩篇で、これには 42,685 語が含まれる（単語は 5,238 種類、プレフィクスは 22,482 個）。このテキストには、1 個のサフィックスリストの要素が 400 個以上になるほど頻繁に出現するフレーズ（“Blessed is the ...”）が含まれているし、数十個単位のサフィックスを含むチェインが 200〜300 個存在するので、上等のテストデータと言える。

Blessed is the man of the net. Turn thee unto me, and raise me up, that I may tell all my fears. They looked unto him, he heard. My praise shall be blessed. Wealth and riches shall be saved. Thou hast dealt well with thy hid treasure: they are cast into a standing water, the flint into a standing water, and dry ground into watersprings.

下記の表の時間は 10,000 語の出力を生成するのにかかった秒数で、テストには Irix 6.4 が動作する 250MHz MIPS R10000 マシンと、Windows NT が動作する 128M バイトのメモリを搭載した 400MHz Pentium II マシンを使用した。実行時間はほぼ完全に入力サイズによって決まると言ってよく、それに比べれば出力の生成は非常に高速に実行される。ソースコードの行数単位で示したおおよそのプログラムサイズも表に入れておいた。

	250MHz R10000	400MHz Pentium II	ソースコードの行数
C	0.36秒	0.30秒	150
Java	4.9	9.2	105
C++/STL/deque	2.6	11.2	70
C++/STL/list	1.7	1.5	70
Awk	2.2	2.1	20
Perl	1.8	1.0	18

CとC++バージョンは最適化コンパイラでコンパイルされ、Javaはジャストインタイムコンパイラを有効にした状態で実行した。Irixで3種類のコンパイラを使って計測したCとC++の実行結果が最高速だった。Sun SPARCマシンやDEC Alphaマシンでも同様の結果が得られた。Cバージョンのプログラムは他を大きく引き離して最高速だ。その次にPerlが続く。ただし上の表の時間は、あくまでも我々が特定の何種類かのコンパイラとライブラリを使って計測した結果にすぎないので、読者の環境では大幅に違った結果になる可能性がある。

Windows上のSTL `deque`バージョンには明らかに何か問題がある。実験してみたところ、中心的なデータ構造（マップ）に時間がかかっているならともかく、プレフィクスを表現する両頭キューに入る要素はどんな場合でもせいぜい2個にすぎないのに、実行時間の大半が両頭キューに費やされていることが判明した。そこで両頭キューからリスト（STLでは2重リンクリスト）に変更してみたところ、実行時間が劇的に改善された。これに対して、マップから（標準的でない）`hash`コンテナに切り替えても、Irixでは差が出なかった（我々のWindowsマシンではハッシュは利用できない）。このような変更は、2か所で`deque`という単語を`list`に変えたり`map`を`hash`に変えたりしてコンパイルし直すだけで済んでしまう。この点は、STLの設計の基本的な健全性を立証している。結論として言えるのは、STLはC++の新しいコンポーネントなので、現状ではまだ完成度の低い実装が存在するということだ。だから性能はSTLの実装や個々のデータ構造によって左右され、一概には予測できない。これと同じことは、実装がやはり急速なペースで変化し続けている Java についても言える。

ところで、ランダムな出力を大量に生成するのが目的のプログラムをテストしようとすると、なかなか面白い難問が持ち上がる。そもそもプログラムがまともに動いているかどうかをどうやって確認すればいいのだろうか。どうしたらプログラムが常にまともに動作するとわかるのだろうか。テストについては6章で取り上げるので、これに関するヒントや我々がマルコフプログラムをテストした方法もそこで紹介しよう。

3.9 教訓

マルコフプログラムの歴史は長い。最初のバージョンは Don P. Mitchell によって書かれ、それが Bruce Ellis の手で改変されて、1980年代を通してユーモラスな脱解釈主義的活動に利用されていた。その後しばらく忘れられていたが、我々は大学の授業でこれをプログラムの設計の実例として使うことを思いついた。ただ、ほこりをかぶった元のプログラムを引っ張り出してくるのではなく、我々は開発中に持ち上がるさまざまな問題を思い出すためにそれを C でゼロから書き起こすことにした。次いでそれ以外の数種類の言語で書き直したが、その際に同一の基本的なアイデアを表現するのに個々の言語特有の慣用句を利用するようにした。授業が終わってからも、我々は明瞭性と体裁を向上させるためにプログラムを何度も手直しした。

しかし基本的な設計は最初からずっと変わっていない。一番初期のバージョンでも、個々の単語を表現するのに2つ目のハッシュテーブルを使っている点を除けば、この章で紹介したのと同じアプローチをとっている。仮にこのプログラムをもう一度書き直すことになっても、おそらく大幅に変更するようなことはないと思う。プログラムの設計はそのデータのレイアウトに根ざしている。データ構造によって細かい点まですべて決まってしまうわけではないにせよ、解の全体像を形成するのはデータ構造なのだ。

リストと伸張可能な配列のように、データ構造の選択によってほとんど違いが生じない場合もある。また、実装の一般性の度合いは実装によってまちまちだ。Perl と Awk のコードを変更してプレフィクスを1語や3語にするのは簡単だろうが、語数をパラメータ化するのは厄介だ。その辺はオブジェクト指向言語が適していて、C++や Java の実装をほんの少し変更すれば、たとえばプログラム（空白に意味がある）や音符のような英文以外のオブジェクトに合ったデータ構造を作れるし、さらにはマウスクリックやメニュー選択のようなテスト手順生成用のデータ構造も作れるはずだ。

データ構造がほとんど同じであっても、もちろんプログラムの全体的な外見やソースコードのサイズや性能などに大きなばらつきが出る。非常に荒っぽい言い方をするなら、高級言語は低級言語よりも低速なプログラムをもたらす。だが、品質を度外視して一般論を言っても仕方がない。C++ STL、あるいはスクリプト言語の連想配列や文字列操作機能のような大きな材料を使えば、コードがよりコンパクトになるし開発期間も短縮できる。これらは代償なしに得られるわけではないが、それによって犠牲にされる性能も、マルコフのように実行にほんの数秒しかかからないプログラムの場合にはたいした問題ではない。

しかしそれほど明快に割り切れない点もある。システムで提供されるコードの量があまりに膨大で、舞台裏で起こっていることがもう誰にもわからなくなり、プログラマが自分で制御も判断もできなくなる側面をどう評価したらいいだろうか。STLバージョンがこのケースに該当する。これの性能は予測できないし、それに対処する簡単な手段もない。我々が使用した完成度の低い実装のひとつは、プログラムを実行できるようにするのに修正を施す必要があった。ほとんどの人は、この手の問題をつきとめて修正するのに必要なリソースもエネルギーも持ち合わせていないはずだ。

この辺の不安はソフトウェアの世界に徐々に大きく蔓延しつつある。ライブラリやインターフェイスやツールが複雑化するにしたがって、次第に理解しづらく手に負えなくなっていく。すべてがきちんと動くなら充実したプログラミング環境は生産性に大いに貢献するが、それに問題があった場合に頼れるものはほとんどない。それどころか性能や微妙なロジックの誤りに問題が存在する場合には、何かがおかしいことにも気づかない可能性がある。

このプログラムの設計と実装からは、もっと大きなプログラムにあてはまる教訓をいくつか引き出せる。その1つ目は、シンプルなアルゴリズムとデータ構造を選択することの重要性だ。想定される問題のサイズに見合った時間で作業が完了する、一番単純なアルゴリズムとデータ構造を選ぶこと。ほかの人がそれをすでに書いていて、ライブラリに入れてくれているならもっとありがたい。我々のC++の実装はその恩恵をこうむっている。

我々もBrooksのアドバイス同様に、使えるかもしれないアルゴリズムを念頭に置きながら、データ構造を詳細に設計することから始めるのがベストだと考える。データ構造が決まってしまえば、コードはそれについてくるからだ。

ただ、プログラムをすべて完全に設計し終えてから作成するのは難しい。そのため現実のプログラムの作成作業には反復と実験がともなう。実際の作成作業では、それまであいまいにしてきた判断を明確にせざるを得なくなる。ここで紹介した我々のプログラムもまさにそうで、細かい部分は何度も変更されている。単純なものから出発してそれを経験にしたがって進化させていく方法にできる限りしたがうこと。マルコフ連鎖アルゴリズムの自分用のバージョンを遊びで書くのが目的だったとしたら、まず間違いなく我々はAwkかPerlで書いて（それもここに掲載したコードほど磨きをかけずに）、そのままにしておいたと思う。

しかし製品のコードにはプロトタイプよりはるかに多くの労力がかかる。この章で紹介したコード（磨きがかけられ徹底的にテストされている）を**製品コード**とみなして言えば、製品としてのクォリティを実現するためには、自分で使うプログラムとは次元の違う多大な労力が必要になる。

問題 3-8　我々は今までにScheme、Tcl、Prolog、Python、Generic Java、ML、Haskellなど、実にさまざまな言語で書かれたマルコフプログラムを目にしてきた。どのバージョンにも固有の難問と有利な点が存在する。このプログラムを自分の好きな言語で実装し、その全体的な特徴と性能を比較してみよ。

3.10 参考文献

標準テンプレートライブラリについては、Matthew　Austernの『*Generic Programming and the STL*』[*1]（Addison-Wesley社刊、1998年）をはじめとしてさまざまな解説書が出ている。C++それ自体のリファレンスの決定版は、Bjarne Stroustrupの『*The C++ Programming Language*』[*2]（第3版、Addison-Wesley社刊、1997年）だ。Javaに関してはKen　ArnoldとJames　Goslingによる『*The Java Programming Language, 2nd Edition*』[*3]（Addison-Wesley社刊、1998年）を挙げておこう。Perlの最良の解説書としてはLarry　Wall、Tom Christiansen、Randal Schwartzの『*Programming Perl, 2nd Edition*』[*4]（O'Reilly社刊、1996年）がある。

大半のプログラムに使われる基本データ構造の種類がほんのわずかしかないのと同じように、実際に使用される設計構造の種類もほんの少ししかないという発想か

---

*1　(邦訳)『Generic Programming-STLによる汎用プログラミング 』Matthew H.Austern著、柏原正三訳 、アスキー、2000

*2　(邦訳)『プログラミング言語C++ 第4版』Bjarne Stroustrup著、柴田望洋訳、SBクリエイティブ、2015

*3　(邦訳)『プログラミング言語Java 第4版』Ken Arnold、David Holmes、James Gosling著、柴田芳樹訳、東京電機大学出版局、2014

*4　(邦訳)『プログラミングPerl 第3版 VOLUME1・VOLUME2』 Larry Wall、Tom Christiansen、Jon Orwant共著、近藤嘉雪訳、オライリー・ジャパン、2002

ら、**設計パターン**という概念が生まれた。ごくおおざっぱに言えば、これは1章で説明したコードの慣用句を設計作業に置き換えた考え方だ。これの標準リファレンスとして、Erich Gamma、Richard Helm、Ralph Johnson、John Vlissidesによる『*Design Patterns: Elements of Reusable Object-Oriented Software*』*5がある（Addison-Wesley社刊、1995年）。

当初`shaney`と呼ばれていた`markov`プログラムのやんちゃな冒険物語は、「*Scientific American*」誌1989年6月号のコラム「Computing Recreations」で紹介された。この記事はA. K. Dewdneyの『*The Magic Machine*』（W. H. Freeman社刊、1990年）に再録されている。

---

*5　（邦訳）『オブジェクト指向における再利用のためのデザインパターン』Erich Gammaほか著、本位田真一、吉田和樹監訳、ソフトバンク、改訂版、1999

The Practice of Programming　CHAPTER 4

第4章　インターフェイス

壁を築く前に私はよく自問した。
何を壁の内に閉じ込め何を外に閉め出そうとしているのか、
自分が誰を傷つけようとしているのか、と。
どこかに壁を愛さないものがいる。
壁を倒したがっているものが。

Robert Frost, *Mending Wall*

設計の真髄は、競合する目標や制約をバランスさせることにある。小規模な自立したシステムを書いているときにもトレードオフを迫られることは何度もあるだろうが、個々の選択によって生じる影響はそのシステムの中にとどまるし、そのプログラマにしか及ばない。しかし他人に使われるコードの場合には、自分の判断がもっと広範な影響を及ぼす。

設計において解決すべき代表的な課題を挙げておこう。

- **インターフェイス**：どんなサービスやアクセスを提供しようとするのか。インターフェイスというのは要するに提供者と顧客の間の契約だ。使いやすく、収拾がつかなくならない程度に十分な機能を装備した、画一的で便利なサービスを提供することが望ましい
- **情報の隠蔽**：どんな情報を可視にし、何をプライベートにするのか。インターフェイスはコンポーネントに対する単純明快なアクセスを提供する一方で、ユーザーに影響を及ぼさずに変更できるようにするために、実装の詳細は隠しておかなければならない
- **リソース管理**：メモリその他の有限なリソースを誰が管理するのか。この場合、記憶の割り当てと解放、共有される情報のコピーの管理が主として問題になる
- **エラー処理**：誰がエラーを検出し、誰がそれを報告するのか、そしてその手段は何か。エラーが検出されたときに、どのような復旧措置を講じるべきか

2章ではシステムを作成するための個々の部品（データ構造）を解説し、3章ではそれを組み合わせて小さなプログラムを作る方法を紹介した。そこで今度は、開発者が同一人物とは限らないコンポーネント同士のインターフェイスに目を向けよう。この章ではインターフェイスの設計について明らかにするために、よくある作業に使われる関数とデータ構造を収めたライブラリを開発する。その過程で設計上の原則をいくつか紹介するつもりだ。通常は膨大な数の判断を下す必要があるが、そのほとんどは無意識に近い形で下される。そのためこうした原則を意識していないと行き当たりばったりのインターフェイスができあがることが多く、プログラマたちを日々悩ませ苦しめる結果になる。

4.1 カンマ区切り値

カンマ区切り値（CSV：comma-separated value）という用語は、広く普及しているテーブルデータの自然な表現方法のことだ。テーブルの各行は1行のテキストで、個々の行のフィールドはカンマで区切られる。たとえば前章の最後の表をCSV形式で表現すると、先頭部分は次のようになる。

```
,"250MHz","400MHz","ソースコードの"
,"R10000","Pentium II","行数"
C,0.36秒,0.30秒,150
Java,4.9,9.2,105
```

この形式のデータはスプレッドシートなどのプログラムで読み書きされる。これが株式相場などのサービスを提供するWebページにも登場するのは、決して偶然の一致ではない。人気のある株式相場Webページは次のようなテーブルを表示する。

シンボル	取引値		前日比		出来高
LU	2:19PM	86-1/4	+4-1/16	+4.94%	5,804,800
T	2:19PM	60-11/16	-1-3/16	-1.92%	2,468,000
MSFT	2:24PM	106-9/16	+1-3/8	+1.31%	11,474,900

スプレッドシート形式をダウンロード

Webブラウザと対話しながら数値を引き出すのは便利だが、時間もかかる。いちいちブラウザを起動して立ち上がるのを待ち、次々に表示される広告を眺め、銘柄を入力し、待って待って待ってからまた広告の集中砲火を浴びた末、ようやく数字がほんのいくつか出てくる。その数値をさらに処理したいときにはまたもや対話が必要になる。「スプレッドシート形式をダウンロード」のリンクを選択すると、ほぼ同じ情報が次のようなCSV形式の行データとして収められたファイルが得られる(ページに収まるように編集してある)。

```
"LU",86.25,"11/4/1998","2:19PM",+4.0625,
        83.9375,86.875,83.625,5804800
"T",60.6875,"11/4/1998","2:19PM",-1.1875,
        62.375,62.625,60.4375,2468000
"MSFT",106.5625,"11/4/1998","2:24PM",+1.375,
        105.8125,107.3125,105.5625,11474900
```

このプロセスに欠けているせいでますます重要に思えることは、マシンに仕事をさせるという原則だ。ブラウザを使えばリモートサーバ上のデータにアクセスできるようにはなるものの、対話を強制されずにそのデータを取り出せたほうが便利だろう。こうしたボタンの押下操作の裏にあるのは、単なるテキストによる手順にすぎない。ブラウザが何らかのHTMLを読み、ユーザーが何らかのテキストを入力すると、ブラウザがそれをサーバに送信して、送り返されてきた何らかのHTMLを読むだけなのだ。適当なツールと言語があれば、この情報を自動的に取り出すのは簡単だ。次に示すのはTclという言語で書いたプログラムで、株価サービスWebサイトにアクセスして、2〜3行のヘッダに続いて上記の形式のCSVデータを取得する。

```
#  getquotes.tcl: Lucent、AT&T、Microsoftの株価を取得
set so [socket quote.yahoo.com 80]    ;#  サーバに接続
set q "/d/quotes.csv?s=LU+T+MSFT&f=sl1d1t1c1ohgv"
puts $so "GET $q HTTP/1.0\r\n\r\n"    ;#  要求を送信
flush $so
puts [read $so]                       ;#  応答を読んで表示
```

銘柄シンボルのあとの `f=...` という暗号めいたシーケンスは、`printf` の最初の引数と似たような、取得する値を指定する未公開制御文字列だ。いろいろ実験してみた結果、`s` が銘柄シンボル、`l1` が最新の株価、`c1` が前日比を表していることがわかった。しかしここで重要なのは、いつか変更されるかもしれないそうした細かい点ではなく、自動化できる可能性があることだ。つまり、人間が一切介入することなしに希望の情報を取得して自分に必要な形式に変換するということで、この作業はマシンに実行させればいい。

getquotes の実行には1秒もかからないのが普通なので、ブラウザで対話するよりはるかに短くて済む。データが手に入ったら、我々はそれをさらに処理したいと思っている。CSV のようなデータ形式がもっとも威力を発揮するのは、相互にデータ形式を変換してくれる便利なライブラリが存在し、それをたとえば数値変換のような補助的な処理と組み合わせて使ったような場合だ。ところが我々の知る限り公開されたCSV 処理ライブラリは存在しないようなので、自分たちでそれを書くことにする。

以下のいくつかのセクションでは、CSV データを読んでそれを内部表現に変換するライブラリを3バージョン作成する。その際に、ほかのソフトウェアと協調しなければならないソフトウェアを設計する場合に持ち上がる問題について触れよう。たとえば、CSV には標準の定義が存在しないようなので、厳密な仕様に基づいて実装するのが不可能になる。これはインターフェイスを設計する場合によく見られる状況だ。

4.2 プロトタイプライブラリ

ライブラリやインターフェイスを一発で正しく設計できる可能性は低い。Fred Brooks がかつて言ったように「捨てるつもりでいること。どうせ捨てることになるのだから」。Brooks が言ったのは大規模なシステムについてだが、この考え方は実用的なソフトウェアすべてに通用する。実際にプログラムを作成して使ってみるまでは、正しく設計するのに必要な課題を十分に認識できないのが普通だ。

我々はこの精神に基づいて、捨てるためのライブラリ、つまり**プロトタイプ**を作成することによってCSV 用のライブラリを開発するアプローチをとる。最初のバージョンでは、徹底的にチューンアップされたライブラリの開発にともなう難関の大半を度外視するが、曲がりなりにも利用でき、我々がこの問題にいくらかなじめる程度にまでは完成度を高めるつもりだ。

我々が最初に着手するのは関数 csvgetline で、この関数はファイルからバッファに1行分のCSV データを読み込み、クォートを取り除き、フィールド数を返す。長年にわたって我々は、これと似たようなコードを自分たちの知っているありとあらゆる言語で書いてきたので、この仕事にはもうすっかりなじんでいる。次に示すのはC によるプロトタイプバージョンだが、これは単なるプロトタイプなので、疑わしいコードのマークをつけてある。

```
?     char buf[200];       /* 入力行バッファ */
?     char *field[20];     /* フィールド */
?
?     /* csvgetline: 行を読んで解析し、フィールド数を返す */
?     /* サンプル入力: "LU",86.25,"11/4/1998","2:19PM",+4.0625 */
?     int csvgetline(FILE *fin)
?     {
?         int nfield;
?         char *p, *q;
?
?         if (fgets(buf, sizeof(buf), fin) == NULL)
?             return -1;
?         nfield = 0;
?         for (q = buf; (p=strtok(q, ",\n\r")) != NULL; q = NULL)
?             field[nfield++] = unquote(p);
?         return nfield;
?     }
```

関数の上のコメントには、このプログラムが受けつける入力形式の実例が書いてある。面倒な入力を解析するプログラムの場合には、こういうコメントを入れておくと役に立つ。

CSV 形式はかなり複雑で、手軽に scanf で解析するのは無理なので、ここでは C の標準ライブラリ関数 strtok を使っている。strtok(p,s) を呼び出すたびに、s に含まれない文字で構成される p 中の最初のトークンのポインタが返される。その際 strtok はトークンの末尾を表現するために、元の文字列中にある次の文字をヌルバイトで上書きする。最初に呼び出すときには strtok の最初の引数に走査対象の文字列を指定するが、それ以降の呼び出しでは NULL を指定して、直前の呼び出しで中断した位置から走査を再開するように指示している。このインターフェイスはお粗末だ。strtok は次回呼び出されるまで秘密の場所に変数をしまっておくようになっているため、一度に 1 つの呼び出しシーケンスしか実行できない。その途中でそれとは無関係な strtok の呼び出しが実行されると、互いに干渉し合うことになってしまうのだ。

関数 unquote は、上記のサンプル入力に登場するデータの前後のクォートを除去する。ただ、この関数はネストされたクォートに対応していないので、プロトタイプには十分だが汎用性はない。

```
?	/* unquote: 前後のクォートを除去 */
?	char *unquote(char *p)
?	{
?	    if (p[0] == '"') {
?	        if (p[strlen(p)-1] == '"')
?	            p[strlen(p)-1] = '\0';
?	        p++;
?	    }
?	    return p;
?	}
```

簡単なテストプログラムを用意すればcsvgetlineの動作を確認しやすくなる。

```
?	/* csvtest main: csvgetline関数をテスト */
?	int main(void)
?	{
?	    int i, nf;
?
?	    while ((nf = csvgetline(stdin)) != -1)
?	        for (i = 0; i < nf; i++)
?	            printf("field[%d] = `%s'\n", i, field[i]);
?	    return 0;
?	}
```

printfでフィールドの前後をシングルクォートでくくることで、フィールドの内容の範囲が明確になり、間違った空白処理をするバグを見つけやすくなる。

あとはこれをgetquotes.tclで生成された出力に実行してみればいい。

```
% getquotes.tcl | csvtest
...
field[0] = `LU'
field[1] = `86.375'
field[2] = `11/5/1998'
field[3] = `1:01PM'
field[4] = `-0.125'
field[5] = `86'
field[6] = `86.375'
field[7] = `85.0625'
field[8] = `2888600'
field[0] = `T'
field[1] = `61.0625'
...
```

(HTTPヘッダの行は編集して取り除いてある)

これで、先ほど紹介したような種類のデータに使えると思われるプロトタイプができあがった。しかし、他人に使ってもらおうとする場合はとくにそうだが、念のため別のデータでも試してみたほうがいいだろう。そこで我々は株価をダウンロードできる別の Web サイトを見つけて、同様の情報が収められたファイルを手に入れた。ただし形式が異なっており、レコードのセパレータが改行ではなく復帰（\r）で、ファイルの終わりには一番最後の復帰が入っていない。その内容は次の通りだが、ページに収まるように編集して整形してある。

```
"Ticker","Price","Change","Open","Prev Close","Day High",
    "Day Low","52 Week High","52 Week Low","Dividend",
    "Yield","Volume","Average Volume","P/E"
"LU",86.313,-0.188,86.000,86.500,86.438,85.063,108.50,
    36.18,0.16,0.1,2946700,9675000,N/A
"T",61.125,0.938,60.375,60.188,61.125,60.000,68.50,
    46.50,1.32,2.1,3061000,4777000,17.0
"MSFT",107.000,1.500,105.313,105.500,107.188,105.250,
    119.62,59.00,N/A,N/A,7977300,16965000,51.0
```

この入力を与えると、我々のプロトタイプはみじめに失敗した。

我々は1種類のデータソースに基づいて自分たちのプロトタイプを設計し、当初は同一のソースから入手したデータだけを使ってテストしていた。だから別のソースからのデータと最初に遭遇した瞬間にとてつもない欠陥が露呈したとしても、決して驚くには当たらない。入力行が長かったり、フィールド数が多かったり、セパレータがなかったり予想外の位置にあったりといったことは、すべてトラブルの原因になる。この脆弱なプロトタイプでも、自分用に使ったり、アプローチを実現できる可能性を示したりするのには使えるかもしれないが、それ以上ではない。そろそろこの辺で設計を考え直して、また別の実装にトライしてみる必要があるだろう。

プロトタイプを作る際に、我々は暗黙にも明示的にも膨大な決断を下している。以下に我々が下した決定をいくつか紹介するが、これらは必ずしも汎用ライブラリに最適な決定とは言えない。どの項目からも、もっと慎重な配慮が必要な問題点が提起されている。

- このプロトタイプは長い入力行や大量のフィールドに対応していない。エラーの場合に意味のある値を返すどころかオーバーフローのチェックすらしていないので、間違った答えを出したりクラッシュしたりする
- 改行で終了する行で入力が構成されると想定している

- フィールドはカンマで区切られ、前後のクォートは除去される。クォートやカンマがフィールドに埋め込まれているようなケースには一切対処していない
- 入力行は保存されず、フィールドを作成するプロセスによって上書きされる
- データは一切次の入力行まで保存されない。何かを覚えておく必要がある場合には、コピーを実行しなければならない
- フィールドのアクセスにはグローバル変数`field`配列が使われ、それが`csvgetline`とそれを呼び出す関数に共有される。フィールドの内容やポインタに対するアクセスを制御するものはまったく存在しない。最後のフィールドを超えるアクセスを防止する措置も施されていない
- グローバル変数を使うことで、マルチスレッド環境はもちろん、2つの呼び出しシーケンスが入り交じって実行されるようなケースにもふさわしくない設計となっている
- ファイルは呼び出し側で明示的にオープンしクローズしなければならない。`csvgetline`はオープンファイルからしか読まない
- 入力と分解作業が固くリンクしている。そのため、アプリケーションにそのサービスが必要かどうかにかかわらず、呼び出すたびに行が読まれてフィールドに分解されることになる
- 行のフィールド数が戻り値となる。この値を計算するためには、個々の行が分解されなければならない。エンドオブファイルによって生じるエラーを識別する手段も存在しない
- このような属性のどれかを、コードを書き直さずに変更する手段は存在しない

このリストは長いが決してこれで全部ではなく、考え得る設計上のトレードオフの一部を示しているにすぎない。個々の決断がコード全体に編み込まれている。既知のソースから1種類の固定の形式を解析するといったような、お手軽な作業に使うコードならそれでもいいだろう。しかし形式が変更されたり、クォートでくくられた文字列の中にカンマが出現したり、サーバが長い行や大量のフィールドを生成するような場合はどうすればいいだろうか。

この「ライブラリ」は小さいし、どうせプロトタイプでしかないので、これに対処するのは簡単なように思えるかもしれない。しかし、このコードが数か月ないし数年間放置された後、月日とともに仕様の変化するもっと大きなプログラムの一部に組み込まれた場合を想像してみよう。`csvgetline`はそれにうまく順応できるだろうか。そのプログラムがほかの人に使われる場合には、元の設計で下した性急な決断のせいで、何年も経ってからトラブルが表面化するはめになる。このシナリオは、数多くのお粗末なインターフェイスがたどった物語の典型だ。悲しい事実だが、一

時しのぎのつもりで書かれた汚いコードが、幅広く使われるソフトウェアに紛れ込んでしまう例は多い。当然そのコードは汚いままだし、「一時」にしてはやけに長く生き残ってしまう結果になるのだ。

4.3 他人の使うライブラリ

プロトタイプから学んだことに基づいて、今度は一般の使用に耐えるライブラリを作ろう。そのためのもっとも明白な必要条件は、csvgetline の堅牢性を高めて、行が長かったりフィールドがたくさんあったりするケースに対応できるようにすることだ。フィールドの解析作業ももっと慎重に実行するようにしなければならない。

他人が使えるインターフェイスを作るためには、この章の冒頭に挙げた課題（インターフェイス、情報の隠蔽、リソース管理、エラー処理）について考慮しなければならない。これらの相互作用によって設計は大きく左右される。こうした課題は相互に関連し合っているので、我々は境界線をそれほど厳密に引いているわけではない。

インターフェイス。我々は次の 3 種類の基本操作を定義することに決めた。

```
char *csvgetline(FILE *)：新しい CSV 行を読む
char *csvfield(int n)：現在行の n 番目のフィールドを返す
int csvnfield(void)：現在行にあるフィールドの数を返す
```

csvgetline はどんな関数値を返せばいいだろうか。役に立つ情報をなるべくたくさん返すのが望ましく、たとえばプロトタイプがそうだったように、フィールドの数を返すというやり方が考えられる。だがそうすると、フィールドが使われない場合でもフィールドの数を計算しなければならなくなる。また、入力行の長さを返すという方法も考えられる。この値は末尾の改行を保存するかどうかによって変わってくる。我々は何種類かの方法を試してみた末に、csvgetline では元の入力行を指すポインタを返し、ファイルの末尾に到達したときには NULL を返すことにした。

csvgetline で返される行の末尾の改行は取り除くことにした。必要なら簡単に元に戻せるからだ。

フィールドの定義はなかなか複雑だ。我々は、自分たちが実際にスプレッドシートその他のプログラムでお目にかかるフィールドと定義を一致させるように努めた。フィールドはゼロ個以上の文字のシーケンスである。フィールド同士はカンマで区切られる。先頭と末尾にある空白は保存される。フィールドはダブルクォート文字でくくられることがあり、その場合はフィールドにカンマが含まれていてもかまわない。ダブルクォートでくくられたフィールドにダブルクォート文字が含まれることがあり、その場合のダブルクォートは2重のダブルクォートで表現される。だから"x""y"というCSVフィールドは、x"yという文字列を定義する結果になる。フィールドは空の場合がある。""と表記されたフィールドは空であり、連続するカンマで表記されたフィールドと等しい。

フィールドにはゼロから始まる番号が振られる。csvfield(-1) あるいは csvfield (100000) といった呼び出しが実行されて、存在しないフィールドが要求された場合はどうしたらいいだろうか。1つには""（空文字列）を返すやり方が考えられる。この文字列なら表示も比較も可能なので、不特定の数のフィールドを処理するプログラムを書く場合に、存在しないフィールドに対処するための特別な処理は不要になる。しかしこのやり方では、空のフィールドと存在しないフィールドが一切区別できない。2つ目の方法は、エラーメッセージを表示するか、強制終了してしまうやり方だ。理由は後述するが、この方法は望ましくない。我々は結局、存在しない文字列に使われるCの慣習的な値 NULL を返すことにした。

情報の隠蔽。このライブラリは入力行の長さにもフィールド数にも一切制約を設けない。それを実現するためには、呼び出し側でメモリを提供するか、それとも呼び出された側（ライブラリ）でメモリを割り当てなければならない。ライブラリ関数 fgets の場合には、呼び出し側が配列と最大サイズを渡すようになっている。そのバッファより長い行は複数の部分に分割される。しかしこの動作はCSVインターフェイスには十分と言えないので、我々のライブラリでは、メモリがもっと必要だとわかったら自分でメモリを割り当てることにする。

そのため、メモリ管理についてわかっているのは csvgetline だけになる。外部からは、この関数によるメモリ管理方法については何もわからない。このような分離をもっともうまく実現する手段となるのが関数インターフェイスだ。csvgetline はそれがどんなに巨大だろうと次の行を読み込み、csvfield(n) は現在行の n 番目のフィールドのバイト列を指すポインタを返し、csvnfield は現在行のフィールド数を返す。

行が長くなったりフィールド数が増えたりするにつれて、我々はメモリを伸張させなければならない。そのための手法のディテールは csv 関数の中に隠されている。プログラムのそれ以外の部分はこれの仕組みをまったく知らず、ライブラリで使われているのが伸張する小さな配列なのか、巨大な配列なのか、それとも何かまったく違ったデータ構造なのかといったことには一切関知しない。メモリが解放されても、その事実がこのインターフェイスによって公開されることもない。

ユーザーがcsvgetlineしか呼び出さないのであれば、フィールドに分割する作業は一切不要になる。フィールドの分割を勤勉（eager）に（行が読み込まれたら即座に）実行するか、怠惰（lazy）に（フィールドまたはフィールド数が必要な場合のみ）実行するか、非常に怠惰（very lazy）に（要求されたフィールドのみ）実行するかという点も、ユーザーからは実装上のディテールとして隠蔽される。

リソース管理。共有される情報の責任者を誰にするかを決めなければならない。csvgetlineはオリジナルのデータを返すのか、それともコピーを作成するのか。我々はcsvgetlineの戻り値として、オリジナルの入力を指すポインタを返すことにした。オリジナルの入力は次の行が読まれるときに上書きされる。フィールドは入力行のコピーの中に作成され、csvfieldはそのコピー内のフィールドを指すポインタを返す。このやり方の場合、特定の行やフィールドを保存したり変更したりする必要があるときにはユーザーは別のコピーを作らなければならず、不要になった時点でその記憶領域を解放するのはユーザーの責任になる。

入力ファイルのオープンとクローズは誰が実行するのだろうか。入力ファイルをオープンするのが誰であれ、対応するクローズ作業もオープンした本人が実行しなければならない。ペアとなる作業は同一のレベルないし同じ場所で実行されるべきだからだ。ここではcsvgetlineがすでにオープンされたファイルのFILEポインタを使って呼び出され、処理が完了した時点で呼び出し側がそのファイルをクローズすると想定しよう。

ライブラリとそれを呼び出すルーチンの境界をまたがってリソースが共有されたり渡されたりする場合には、リソースの管理は難しい仕事になり、さまざまな設計上の選択肢のひとつひとつにはメリットがあっても、それらが互いに両立しない場合がよくある。責任の分担に絡んだ間違いや誤解のせいでバグが発生することも多い。

エラー処理。csvgetlineはNULLを返すので、エンドオブファイルとたとえばメモリ不足などのエラーを区別するうまい手段がない。同様に、存在しないフィールドにアクセスしてもエラーはまったく発生しない。ferrorにならって、最後のエラーを報告する関数csvgeterrorをインターフェイスに追加する手もあるが、我々は簡潔性を優先して、このバージョンではそれを割愛する。

原則として、ライブラリルーチンはエラー発生時に単純に死んではならない。呼び出し側が適切な処置を講じられるように、エラーステータスを返す必要がある。また、メッセージが邪魔になるような環境で動作する可能性があるので、メッセージを表示したりダイアログボックスをポップアップしたりしてもいけない。エラー処理は単独で取り上げるに値する話題なので、この章でのちほど改めて説明しよう。

仕様。これまでに下した判断は、csvgetlineが提供するサービスとその使われ方を指定する仕様としてまとめておく必要がある。大規模なプロジェクトだと、仕様策定担当者と実装担当者はたいてい別人だし、ことによると別々の組織に属している場合もあるので、実装より先に仕様が決定される。しかし現実には双方の作業が並行して進行し、仕様とコードが一緒に進化していくケースも多い。それどころか、実装が完成したあとで初めて「仕様」が書かれ、コードのおおまかな作業内容がそこに解説される場合もある。

一番いいのは仕様を早めに書いておいて、作成中の実装から得た情報に基づいてそれを改訂していくやり方だ。正確で念入りに仕様が書かれているほど、完成後のプログラムがまともに動く可能性が高まる。自分用のプログラムを書くときでも、それなりに詳細な仕様を用意しておくことが肝心だ。そうすれば別のやり方を考えるきっかけになるし、下した判断を記録しておけるようになる。

ここでの仕様には、以下のように関数プロトタイプと、動作と責任と想定する条件に関する詳しい規定を記述しておく。

フィールドはカンマで区切られる
フィールドはダブルクォート文字で"..."のようにくくられることがある
クォートでくくられたフィールドは、カンマを包含できるが改行は不可
クォートでくくられたフィールドは、" "で表されるダブルクォート文字 " を包含できる
フィールドは空の場合があり、" "と空文字列はどちらも空のフィールドを表す
先頭と末尾の空白は保存される

```
char *csvgetline(FILE *f);
    オープン入力ファイル f から1行読む
        入力行は\r か\n か\r\n か EOF で終了すると想定
    末尾文字を取り除いた行へのポインタを返す、EOF 発生時は NULL を返す
    行は任意の長さであり、メモリの上限を超過したら NULL を返す
    行は読み出し専用記憶領域として扱われなければならない
        内容を保存または変更するには呼び出し側がコピーを作成しなければならない
```

`char *csvfield(int n);`

- フィールドには0から始まる番号が振られる
- csvgetlineで読まれた最新の行からn番目のフィールドを返す
  - n < 0または最終フィールドを超える場合はNULLを返す
- フィールドはカンマで区切られる
- フィールドは"..."でくくられることがあるが、このクォートは取り除かれる
  - "..."中では、" "は " に置き換えられ、カンマはセパレータとして扱われない
- クォートでくくられていないフィールドでは、クォートは通常の文字
- 任意長のフィールドが任意の数だけ存在する可能性がある
  - メモリの上限を超過したらNULLを返す
- フィールドは読み出し専用記憶領域として扱われなければならない
  - 内容を保存または変更するには呼び出し側がコピーを作成しなければならない
- csvgetlineが呼ばれる前に呼び出された場合の動作は未定義

`int csvnfield(void);`

- csvgetlineで読まれた最新の行のフィールド数を返す
- csvgetlineが呼ばれる前に呼び出された場合の動作は未定義

この仕様には依然として未解決の問題が残っている。たとえばcsvfieldとcsvnfieldは、csvgetlineがEOFに遭遇したあとで呼び出された場合はどんな値を返すべきだろうか。形式のおかしいフィールドはどのように扱うべきだろうか。このような難問をすべて解決するのは小さなシステムであっても難しいし、大規模なシステムだときわめて困難になるが、トライしてみることが肝心だ。自分の見落としや手抜かりは、実装作業を進めていくうちに初めて発見できるケースも多い。

このセクションのこれ以降の部分では、この仕様にマッチするcsvgetlineの新しい実装を紹介する。ライブラリは2つのファイルに分かれている。1つはインターフェイスのパブリックな部分を表す関数宣言を含んだヘッダファイルcsv.hで、もう1つはコードを含んだ実装ファイルcsv.cだ。ユーザーはcsv.hを自分のソースコードにインクルードして、自分のコンパイルされたコードとコンパイル済みのcsv.cをリンクする。ソースが見える必要はまったくない。

ヘッダファイルは次の通りだ。

```
/* csv.h: csv ライブラリのインターフェイス */

extern char *csvgetline(FILE *f); /* 次の入力行を読む */
extern char *csvfield(int n);     /* フィールド n を返す */
extern int csvnfield(void);       /* フィールド数を返す */
```

テキストを記憶する内部変数と split のような内部関数は、それが含まれるファイル内でのみ可視になるように static と宣言される。これはCプログラムで情報を隠蔽する一番単純なやり方だ。

```
enum { NOMEM = -2 };              /* メモリ不足のシグナル */

static char *line = NULL;         /* 入力文字 */
static char *sline = NULL;        /* split で使われる行のコピー */
static int maxline = 0;           /* line[] と sline[] のサイズ */
static char **field = NULL;       /* フィールドポインタ */
static int maxfield = 0;          /* field[] のサイズ */
static int nfield = 0;            /* field[] 中のフィールド数 */

static char fieldsep[] = ","; /* フィールドセパレータ文字 */
```

変数も静的に初期化される。こうした初期値は、配列を作成するのか伸張させるのかを判断するテストに使われる。

こうした宣言は単純なデータ構造を表現している。line 配列には入力行が入る。sline 配列は、line 中の文字をコピーし個々のフィールドの末尾をヌル文字で区切ることによって生成される。field 配列は sline 中のエントリを指す。次に示すのは、ab,"cd","e""f",,"g,h"という入力行が処理されたあとのこうした3種類の配列の状態を表した図だ。

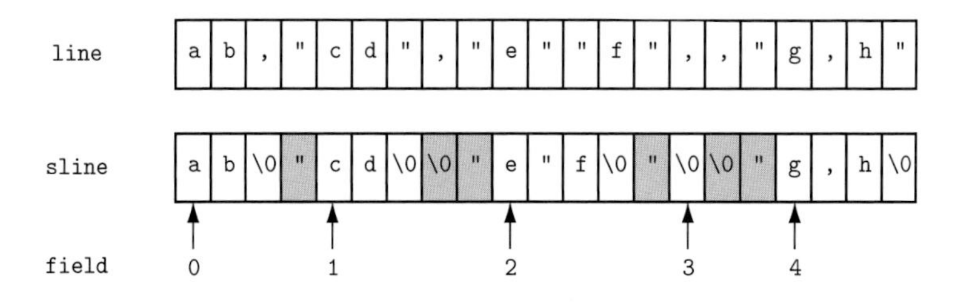

関数 csvgetline のコード自体は次の通り。

```
/* csvgetline: 1 行取得し、必要に応じて伸張 */
/* サンプル入力: "LU",86.25,"11/4/1998","2:19PM",+4.0625 */
char *csvgetline(FILE *fin)
{
    int i, c;
    char *newl, *news;

    if (line == NULL) {          /* 最初の呼び出し時に割り当て */
        maxline = maxfield = 1;
        line = (char *) malloc(maxline);
        sline = (char *) malloc(maxline);
        field = (char **) malloc(maxfield*sizeof(field[0]));
        if (line == NULL || sline == NULL || field == NULL) {
            reset();
            return NULL;         /* メモリ不足 */
        }
    }
    for (i=0; (c=getc(fin))!=EOF && !endofline(fin,c); i++) {
        if (i >= maxline-1) {    /* 行を伸張 */
            maxline *= 2;        /* 現在のサイズを倍に */
            newl = (char *) realloc(line, maxline);
            news = (char *) realloc(sline, maxline);
            if (newl == NULL || news == NULL) {
                reset();
                return NULL;     /* メモリ不足 */
            }
            line = newl;
            sline = news;
        }
        line[i] = c;
    }
    line[i] = '\0';
    if (split() == NOMEM) {
        reset();
        return NULL;              /* メモリ不足 */
    }
    return (c == EOF && i == 0) ? NULL : line;
}
```

入力行は line に蓄積される。line は必要に応じて realloc の呼び出しによって伸張されるが、セクション 2.6 の場合と同じようにサイズは 2 倍ずつ増えていく。sline 配列も line と同じサイズに保たれる。csvgetline は split を呼び出して、独立した配列 field 中にフィールドポインタを生成する。この配列も必要に応じて伸張される。

我々の慣習にしたがって、上記のコードでも当初は配列を非常に小さなサイズにしておき、それをオンデマンドで伸張させているので、配列伸張コードは確実に実行される。割り当てが失敗したら、以下に示す reset を呼んでグローバルを最初の状態に戻しているので、それ以降の csvgetline の呼び出しが成功するようになる。

```
/* reset: 変数を最初の値に戻す */
static void reset(void)
{
    free(line); /* free(NULL) は ANSI C で容認されている */
    free(sline);
    free(field);
    line = NULL;
    sline = NULL;
    field = NULL;
    maxline = maxfield = nfield = 0;
}
```

endofline 関数は、復帰、改行、その両者、さらには EOF のどれによって入力行が終了しているかわからない問題に対処している。

```
/* endofline: \r, \n, \r\n, EOF をチェックして捨てる */
static int endofline(FILE *fin, int c)
{
    int eol;
    eol = (c=='\r' || c=='\n');
    if (c == '\r') {
        c = getc(fin);
        if (c != '\n' && c != EOF)
            ungetc(c, fin); /* 読みすぎたので c を戻す */
    }
    return eol;
}
```

これを関数として独立させたのは、標準入力関数だと現実の入力に存在する多種多様なひねくれた形式に対応できないからだ。

我々のプロトタイプでは strtok が使われ、セパレータ文字（通常はカンマ）を検索して次のトークンを見つけていたが、それだとクォート中のカンマを処理するのは不可能だった。そのため split の実装にかなり手を加えなければならないが、インターフェイスは変更する必要はない。次の入力行を考えてみよう。

```
"",,""
,"",
,,
```

どの行にも3個の空のフィールドが含まれている。これらをはじめとする例外的な入力をsplitに正しく解析させようとすると、splitの実装はかなり複雑になる。これは、特殊ケースと境界条件の処理がプログラムのかなりの部分を占めるようになる場合の実例だ。

```
/* split: 行をフィールド単位に分割 */
static int split(void)
{
    char *p, **newf;
    char *sepp; /* 一時セパレータ文字を指すポインタ */
    int sepc;   /* 一時セパレータ文字 */

    nfield = 0;
    if (line[0] == '\0')
        return 0;
    strcpy(sline, line);
    p = sline;

    do {
        if (nfield >= maxfield) {
            maxfield *= 2;          /* 現在のサイズを倍に */
            newf = (char **) realloc(field,
                        maxfield * sizeof(field[0]));
            if (newf == NULL)
                return NOMEM;
            field = newf;
        }
        if (*p == '"')
            sepp = advquoted(++p);  /* 最初のクォートをスキップ */
        else
            sepp = p + strcspn(p, fieldsep);
        sepc = sepp[0];
        sepp[0] = '\0';             /* フィールドを終了させる */
        field[nfield++] = p;
        p = sepp + 1;
    } while (sepc == ',');

    return nfield;
}
```

ループ中では必要に応じてフィールドポインタの配列を伸張させ、ほかの2種類の関数のどちらかを呼び出して次のフィールドを見つけて処理する。フィールドの先頭にクォートがある場合には、advquotedがフィールドを見つけてそのフィールドを終了するセパレータのポインタを返す。それ以外の場合には、ライブラリ関数strcspn(p,s)を使って次のカンマを見つけている。この関数は、文字列sに指定された任意の文字が次に出現する位置を文字列p中で探し、スキップした文字数を返す。

フィールド中のクォートは連続した2個のクォートで表現されるため、advquotedはそれを1個に圧縮するとともに、そのフィールドをくくっているクォートを削除する。ただし、仕様にマッチしない"abc"defのようなまぎらわしい入力に対処するために、少々複雑度が増す。このようなケースでは、2番目のクォートから次のセパレータが出現するまでのすべての文字を、このフィールドの一部として追加することにした。Microsoft Excelも同様のアルゴリズムを使っているようだ。

```
/* advquoted: クォートでくくられたフィールド：次のセパレータのポインタを返す */
static char *advquoted(char *p)
{
    int i, j;

    for (i = j = 0; p[j] != '\0'; i++, j++) {
        if (p[j] == '"' && p[++j] != '"') {
            /* 次のセパレータか\0までコピー */
            int k = strcspn(p+j, fieldsep);
            memmove(p+i, p+j, k);
            i += k;
            j += k;
            break;
        }
        p[i] = p[j];
    }
    p[i] = '\0';
    return p + j;
}
```

入力行はすでに分割されているので、csvfieldとcsvnfieldの実装は非常に簡単だ。

```
/* csvfield: n番目のフィールドのポインタを返す */
char *csvfield(int n)
{
    if (n < 0 || n >= nfield)
        return NULL;
    return field[n];
}

/* csvnfield: フィールド数を返す */
int csvnfield(void)
{
    return nfield;
}
```

あとは、このバージョンのライブラリを試すテストドライバを修整すればいい。プロトタイプと違って新しいバージョンでは入力行のコピーが保持されるので、フィールドを表示する前に元の入力行を表示できるようになる。

```
/* csvtest main: CSVライブラリのテスト */
int main(void)
{
    int i;
    char *line;

    while ((line = csvgetline(stdin)) != NULL) {
        printf("line = '%s'\n", line);
        for (i = 0; i < csvnfield(); i++)
            printf("field[%d] = '%s'\n", i, csvfield(i));
    }
    return 0;
}
```

これで我々のCバージョンは完成だ。このバージョンは任意の大きさの入力を処理し、ひねくれたデータにも賢く対処する。その代償として、コードは最初のプロトタイプの4倍以上の長さに脹れ上がり、込み入ったコードも一部に必要になった。このようなサイズと複雑度の増大は、プロトタイプから製品に移行する際に普通に見られる現象だ。

問題 4-1 フィールド分割作業の手抜き度（laziness）には何種類かのレベルがある。たとえば、全部のフィールドを一気にただし何らかのフィールドが要求された場合にのみ分割する、要求されたフィールドのみ分割する、要求されたフィールドまでを分割する、などのやり方があり得る。考えられる方法を列挙してそれぞれの難点と利点を挙げ、実際に記述して速度を比較してみよ。

問題 4-2 セパレータを（a）任意の文字集合に変更できる機能、（b）フィールドごとに別々のセパレータに変更できる機能、（c）正規表現（9章を参照）に変更できる機能をそれぞれ追加せよ。どのようなインターフェイスにすればいいだろうか。

問題 4-3 我々は1回限りのスイッチ（最初にポインタがNULLだったら初期化を実行）を実現する手段として、Cの静的初期化機能を使うやり方を選んだ。これ以外にも、ユーザーが初期化関数を明示的に呼び出さなければならないようにして、推奨される配列の初期サイズを関数中に埋め込んでおく手もある。両者の長所を組み合わせたバージョンを実装せよ。その実装では`reset`はどんな役割を果たすだろうか。

問題 4-4 CSV形式のデータを作成するライブラリを設計し実装せよ。ごく単純なバージョンなら、文字列の配列を受け取って、それにクォートとカンマをつけて出力するという感じになるだろうし、もっと高度なバージョンを作るのであれば`printf`に似た書式文字列を使うなどのやり方が考えられる。記法のヒントは9章にいくつか出ている。

4.4 C++による実装

このセクションではCSVライブラリのC++バージョンを記述し、それによってCバージョンで残された制約をいくつか解消することにしよう。そのためには仕様に変更を加える必要があるが、中でも一番重大な変更は、関数中でCの文字配列ではなくC++文字列を使用することだ。C++文字列を使うことによってメモリがライブラリ関数によって管理されるようになるので、記憶管理にまつわる問題の一部が自動的に解消する。とくにフィールドルーチンは先ほどのバージョンよりも設計が柔軟で、呼び出し側で変更可能な文字列を返すようになっている。

クラス`Csv`は他人にさらす顔を定義する一方で、実装の変数と関数をたくみに隠蔽する。クラスオブジェクトにはインスタンスのすべての状態が含まれるので、`Csv`変数のインスタンスを複数生成できる。個々のインスタンスは互いに独立しているので、同時に複数のCSV入力ストリームが機能できるようになる。

```
class Csv { // カンマで区切られた値を読んで解析する
    // サンプル入力: "LU",86.25,"11/4/1998","2:19PM",+4.0625

  public:
    Csv(istream& fin = cin, string sep = ",") :
        fin(fin), fieldsep(sep) {}

    int getline(string&);
    string getfield(int n);
    int getnfield() const { return nfield; }

  private:
    istream& fin;           // 入力ファイルポインタ
    string line;            //  入力行
    vector<string> field;   //  フィールド文字列
    int nfield;             //  フィールド数
    string fieldsep;        //  セパレータ文字

    int split();
    int endofline(char);
    int advplain(const string& line, string& fld, int);
    int advquoted(const string& line, string& fld, int);
};
```

コンストラクタのデフォルトパラメータは、デフォルトのCsvオブジェクトが標準入力ストリームから読み込んで、通常のファイルセパレータを使用するように定義されている。どちらのパラメータも明示的な値に置き換え可能だ。

文字列を管理するのに、このクラスはCスタイルの文字列ではなくC++標準のstringクラスとvectorクラスを使っている。stringには存在しない状態というのがなく、「空」は長さがゼロという意味にすぎないし、NULLに相当するものも存在しないので、それをエンドオブファイルの目印に使うのは不可能だ。そのためCsv::getlineは入力行を参照によって引数を介して返し、関数の値そのものを使ってエンドオブファイルとエラーを報告するようになっている。

```
// getline: 1行取得し、必要に応じて伸張
int Csv::getline(string& str)
{
    char c;
    for (line = ""; fin.get(c) && !endofline(c); )
        line += c;
    split();
    str = line;
    return !fin.eof();
}
```

+=演算子は文字を文字列に追加する演算子としてオーバーロードされている。

endoflineにはちょっとした変更が必要だ。多種多様な入力に対処できる標準入力ルーチンは存在しないので、C++バージョンでも入力を一度に1文字ずつ読まなければならない。

```
// endofline: \r, \n, \r\n, EOFをチェックして捨てる
int Csv::endofline(char c)
{
    int eol;

    eol = (c=='\r' || c=='\n');
    if (c == '\r') {
        fin.get(c);
        if (!fin.eof() && c != '\n')
            fin.putback(c); // 読みすぎ
    }
    return eol;
}
```

新しいバージョンのsplitは次の通り。

```
// split: 行をフィールド単位に分割
int Csv::split()
{
    string fld;
    int i, j;

    nfield = 0;
    if (line.length() == 0)
        return 0;
    i = 0;

    do {
        if (i < line.length() && line[i] == '"')
            j = advquoted(line, fld, ++i); // クォートをスキップ
        else
            j = advplain(line, fld, i);
        if (nfield >= field.size())
            field.push_back(fld);
        else
            field[nfield] = fld;
        nfield++;
        i = j + 1;
    } while (j < line.length());

    return nfield;
}
```

C++文字列にはstrcspnが使えないので、splitとadvquotedの両方を変更しなければならない。下に示す新しいバージョンのadvquotedは、次に出現するセパレータ文字を見つけるのに標準C++関数find_first_ofを使っている。s.find_first_of(fieldsep,j)の呼び出しは、文字列s中の位置jかそれ以降の部分で、fieldsepに指定された任意の文字が最初に出現する位置を探す。見つからなかった場合は文字列の末尾を超えるインデックスが返されるので、インデックスが範囲に収まるように戻さなければならない。そして内側のforループによって、fldに蓄積中のフィールドに文字をセパレータに達するまで追加する。

```
// advquoted: クォートでくくられたフィールド：次のセパレータのインデックスを返す
int Csv::advquoted(const string& s, string& fld, int i)
{
    int j;

    fld = "";
    for (j = i; j < s.length(); j++) {
        if (s[j] == '"' && s[++j] != '"') {
            int k = s.find_first_of(fieldsep, j);
            if (k > s.length()) // セパレータが見つからなかった
                k = s.length();
            for (k -= j; k-- > 0; )
                fld += s[j++];
            break;
        }
        fld += s[j];
    }
    return j;
}
```

関数 find_first_of は、クォートでくくられていない普通のフィールドを処理する新しい関数 advplain にも使われている。この変更が必要だったのも、やはり strcspn その他の C 文字列関数が C++文字列に使えないためだ。両者はまったく別のデータ型だからだ。

```
// advplain: クォートでくくられていないフィールド：次のセパレータのインデックスを返す
int Csv::advplain(const string& s, string& fld, int i)
{
    int j;

    j = s.find_first_of(fieldsep, i); // セパレータを探す
    if (j > s.length())               // 見つからなかった
        j = s.length();
    fld = string(s, i, j-i);
    return j;
}
```

C バージョンと同じように Csv::getfield の実装は簡単だ。また Csv::getnfield のほうは非常に短いので、クラス定義中で実装されている。

```
// getfield: n番目のフィールドを返す
string Csv::getfield(int n)
{
    if (n < 0 || n >= nfield)
        return "";
    else
        return field[n];
}
```

我々のテストプログラムは、先ほど紹介したルーチンをそのまま書き直したものにすぎない。

```
// Csvtest main: Csvクラスのテスト
int main(void)
{
    string line;
    Csv csv;

    while (csv.getline(line) != 0) {
        cout << "line = `" << line <<"'\n";
        for (int i = 0; i < csv.getnfield(); i++)
            cout << "field[" << i << "] = `"
                 << csv.getfield(i) << "'\n";
    }
    return 0;
}
```

ライブラリの使い方はCバージョンとは異なるものの、些細な違いがあるにすぎない。コンパイラにもよるが、1行にフィールドが平均約25個存在する30,000行の巨大な入力ファイルを処理させると、C++バージョンはCバージョンより40〜400パーセント低速になる。markovのバージョンを比較したときに言ったように、ライブラリの成熟度が結果のばらつきに反映されている。また、C++のソースプログラムはCに比べて約20パーセント短い。

問題4-5 operator[]によって添字指定をオーバーロードして、フィールドをcsv[i]としてアクセスできるようにC++の実装を拡張せよ。

問題4-6 JavaバージョンのCSVライブラリを書き、3種類の実装の明瞭性と堅牢性と速度を比較せよ。

問題4-7 C++バージョンのCSVのコードをSTLの反復子としてパッケージし直せ。

問題 4-8　C++バージョンでは、複数の独立した Csv のインスタンスが互いに干渉し合うことなく並列に機能できる。これは、複数回インスタンス生成可能なオブジェクトにすべての状態をカプセル化することで得られるメリットだ。C バージョンでこれと同様の結果を実現するために、グローバルなデータ構造ではなく、明示的な csvnew 関数によって割り当てられ初期化されるデータ構造を使用するように変更せよ。

4.5 インターフェイスの原則

これまでのセクションではインターフェイスのディテールを作ってきた。インターフェイスは、サービスを提供するコードとそれを利用するコードの間にある詳細に規定された境界であり、特定のコードがそのユーザーのために何をするのか、関数とおそらくはデータメンバをプログラムの別の部分でどのように利用できるのかを定義する。我々の CSV インターフェイスは 3 種類の機能（行の読み込み、フィールドの取得、フィールド数の取得）を提供しており、実行可能な処理はそれだけに限定されている。

優れたインターフェイスは自分の役目にふさわしいものでなければならず（シンプルで普遍的で整然としており、予測可能で堅牢）、自分のユーザーや実装が変化しても美しく対応できなければならない。優れたインターフェイスはいくつかの原則にしたがっている。以下に紹介する原則は互いに独立しているわけではないし、必ずしも一貫性があるわけでもないが、2 つのソフトウェアの境界を介して発生することが説明しやすくなる。

実装の詳細を隠蔽しよう。インターフェイスの裏にある実装は、プログラムのほかの部分に一切影響や支障を及ぼすことなく変更できるように隠しておく必要がある。この種の構成上の原則を表現する用語は何種類かあり、情報隠蔽、カプセル化、抽象化、モジュール化などといった用語はどれも同じ種類の発想を表している。インターフェイスは、そのインターフェイスのクライアント（ユーザー）には無関係な実装上の詳細を隠さなければならない。詳細部分を隠しておけばクライアントに影響を与えずにそれを変更できるようになり、おそらくはインターフェイスを拡張したり効率を向上させたり、さらには実装を丸ごと交換したりするのも可能になる。

その実例は多くのプログラミング言語の基本ライブラリに見られる（必ずしも設計が優れているとは限らないが）。一番有名なのは C の標準 I/O ライブラリで、ファイルのオープン、クローズ、読み出し、書き込みその他の操作を実行する関数が 30 種類前後揃っている。ファイル I/O の実装は、データ型 FILE *の裏に隠されている。このデータ型の実際の内容は見ようと思えば見られるが（たいてい<stdio.h>中に明記されている）、それを勝手に利用すべきではない。

ヘッダファイルに実際の宣言ではなく名前しか含まれていない構造体は、**不透過型**（opaque type）と呼ばれることがある。属性が見えず、あらゆる処理は実際のオブジェクトが潜んでいる場所を指すポインタを介して実行されるからだ。

グローバル変数は避けること。可能な限り、すべてのデータの参照を関数の引数を介して渡すようにしたほうがいい。

我々は、どんな形であれパブリックに可視なデータは決して使わないように強く忠告したい。ユーザーが勝手に変数を変更できるようになっていると、値の一貫性を維持するのがほとんど不可能になるからだ。関数インターフェイスを利用すればアクセスルールをユーザーに順守させやすくはなるものの、このルールはたいてい破られてしまう。stdin や stdout のような定義済みの I/O ストリームは、ほぼ例外なく次のような FILE 構造体のグローバル配列の要素として定義されている。

```
extern FILE     __iob[_NFILE];
# define stdin  (&__iob[0])
# define stdout (&__iob[1])
# define stderr (&__iob[2])
```

そのため実装は丸見えになる。また、このコードからわかるように、stdin や stdout や stderr はいかにも変数のように見えるのに、これらには代入できない。__iob という変わった名前は、可視でなければならないプライベート名にはアンダースコアを先頭に 2 個つけるという ANSI C の慣習にしたがっており、これによってプログラム中のほかの名前と名前がかち合う可能性が小さくなる。

これよりもっと優れた情報隠蔽メカニズムが C++と Java のクラスであり、クラスはこうした言語を正しく使う上で中心的な役割を果たす。情報隠蔽をさらに徹底させているのが 3 章で利用した C++の標準テンプレートライブラリのコンテナクラスで、実装に関する情報は動作の保証を除いて一切提供されない。そのためライブラリの作者はどんなメカニズムでも自由に利用できる。

直交性のある小さなプリミティブセットを選択しよう。インターフェイスが提供する機能は必要十分でなければならないが、必要以上であってはならず、関数の機能が無駄に重複していてはならない。たしかに、関数がたくさんあれば必要なものがすぐに手に入るので、ライブラリの使いやすさが向上するという面もある。しかし巨大なインターフェイスは書くのも管理するのも大変だし、単にサイズが大きいという理由だけで習得も使用も難しくなってしまう。API つまり「アプリケーションプログラムインターフェイス」と呼ばれるものの中には、人間がマスターできるとは到底思えないほど異常に巨大なAPIもある。

また、ユーザーの便宜を考えて、同じことを実行する手段を複数用意しているインターフェイスもある。そうしたくなる気持ちはわかるが、なるべく自重したほうがいい。Cの標準I/Oライブラリには、出力ストリームに1文字書き込む関数が少なくとも4種類存在する。

```
char c;
putc(c, fp);
fputc(c, fp);
fprintf(fp, "%c", c);
fwrite(&c, sizeof(char), 1, fp);
```

ストリームが`stdout`の場合にはさらに種類が増える。あればたしかに便利だが、すべてが必要なわけではない。

少なくとも、どうしても関数を増やさなければならない明確な根拠が生まれるまでは、広いインターフェイスより狭いインターフェイスのほうが望ましい。1つのことだけ実行し、それをうまく実行すること。可能だからというだけでインターフェイスに追加してはならないし、問題があるのは実装のほうなのにインターフェイスを手直ししたりしないこと。たとえば、速度面で有利な`memcpy`と安全面で有利な`memmove`があるよりも、常に安全に利用でき、できれば高速に動作する関数が1種類存在するほうがいい。

ユーザーに内緒で何かをするな。ライブラリ関数は秘密のファイルや変数を書き込んだりグローバルデータを変更したりしてはならないし、呼び出し側に存在するデータを修整することに関して慎重な態度をとらなければならない。`strtok`関数はこうした基準に何重にも違反している。`strtok`は入力文字列の途中にヌルバイトを書き込むが、これはかなり驚くべき行為だ。このヌルポインタは最後に処理をやめた場所の目印として利用されるが、これは次の呼び出しまで秘密のデータが保持されるという意味になり、バグの原因になりやすいばかりか、それによってこの関数を同時に使用するのが不可能になる。入力文字列をトークンに分解する関数を1種類だけ提供するほうが優れた設計と言えるだろう。同じような理由から、我々の2番目のCバージョンも2つの入力ストリームに対して利用できない設計になっている(問題4-8を参照)。

また、設計者や実装者にとって便利だからという理由だけで、インターフェイスを使うのに別のインターフェイスが必要になるようであってはならない。インターフェイスを自立させるか、それが不可能なら、せめて必要な外部サービスを明示すること。そうしないと、メンテナンスの手間をクライアントに負わせてしまう結果になる。そのいい例が、CやC++のソース中で膨大な数のヘッダファイルを管理する場合の苦労だろう。場合によってはヘッダファイルは数千行にもなるし、ほかのヘッダを何十個もインクルードしているケースもあるのだ。

同じことはどこでも同じように実行しよう。一貫性と規則性は重要だ。関連する物事は関連する手段で実現されなければならない。Cライブラリの基本的なstr...関数群がドキュメントなしでも簡単に使えるのは、どれもすべてほとんど同じように動作するからだ。データは代入文と同じように右から左の方向に記述されるし、どれもすべて結果の文字列を返す。それとは対照的に、Cの標準I/Oライブラリの場合には、関数の引数の順序を予想するのは難しい。FILE*引数が最初にくる関数もあれば最後にくる関数もあるし、それ以外の関数もサイズや要素の順序がまちまちだ。STLコンテナのアルゴリズムはかなり画一性の高いインターフェイスになっているので、なじみのない関数でも簡単に使い方の見当がつく。

外部との一貫性（別のものと似た動作をすること）も重要だ。たとえばCのmem...関数が設計されたのはstr...関数よりもあとだが、後者のスタイルを踏襲している。標準I/O関数のfreadとfwriteも、その下敷となったreadとwriteのようになっていればもっと覚えやすくなったはずだ。また、Unixのコマンドラインオプションはマイナス記号のあとに指定するようになっているが、関連するプログラム同士であっても、あるオプション文字がまったく違う意味になることがある。

*.exeの*のようなワイルドカードがすべてコマンドインタープリタによって展開されるのであれば、動作は均一になる。ところが個々のプログラムによって展開されるようになっている場合には、動作がまちまちになる可能性が高い。さらに、Webブラウザでリンクをたどるときには1回のマウスクリックで済むのに、ほかのアプリケーションだとプログラムの起動やリンクのフォローにマウスクリックが2回必要だったりする。そのため、どんな場合にもマウスをつい2回クリックしてしまう人が続出する結果になる。

こうした原則に準拠しやすいかどうかは環境によって多少差があるものの、原則そのものは変わらない。たとえばCで実装のディテールを隠蔽するのは難しいが、優れたプログラマはあえてディテールを利用しようとはしない。そうするとディテールがインターフェイスそのものの一部になってしまうし、情報隠蔽の原則に反するからだ。情報をうまく隠蔽できない場合にユーザーに正しい行いを促すには、ヘッダファイルのコメントや特殊な形式の（__iobのような）名前などが役に立つ。

どんなに頑張っても、インターフェイスを上手に設計するのには限度がある。今日の時点で最高のインターフェイスでも、明日にはそれが問題となってしまう場合もある。だが設計が優れていれば、その明日がやってくるのをしばらく先延ばしにできるのだ。

4.6 リソース管理

ライブラリ（やクラスやパッケージ）のインターフェイスを設計する上で最大の難問のひとつは、ライブラリに所有されるリソースや、ライブラリとそれを呼び出す側に共有されるリソースの管理だ。こうしたリソースのもっとも当たり前の例はメモリだが（記憶領域の割り当てと解放を誰に担当させるのか？）、オープンファイルや、値が共用される変数の状態なども共有リソースの例として挙げられる。大ざっぱに言ってリソース管理の問題は、初期化、状態の管理、共有とコピー、後始末というカテゴリに分かれる。

CSVパッケージのプロトタイプバージョンでは、ポインタやカウンタなどの初期値をセットするのに静的初期化が使われていた。しかしこのやり方には制約があり、いったんどれかの関数が呼び出されるとルーチンを初期状態で実行し直せなくなってしまう。これに代わる方法として、すべての内部値を正しい初期値にセットする初期化関数を用意する手がある。こうすればルーチンのリスタートは可能になるが、ユーザーに初期化関数をきちんと呼び出してもらわなければならない。このやり方をするのであれば、2番目のバージョンの `reset` 関数をパブリックにすればいいだろう。

C++とJavaでは、クラスのデータメンバを初期化するのにはコンストラクタが使われる。コンストラクタが正しく定義されていればすべてのデータメンバが確実に初期化されるし、初期化されていないクラスオブジェクトを一切生成できなくなる。また、複数のコンストラクタを用意すれば各種のイニシャライザをサポートできるようになる。たとえば我々の `Csv` の場合なら、ファイル名を受け取るコンストラクタと入力ストリームを受け取るコンストラクタを提供するやり方が考えられるだろう。

では、入力行やフィールドのような、ライブラリによって管理される情報のコピーに関してはどうだろうか。Cバージョンの `csvgetline` プログラムでは、入力文字列（行とフィールド）のポインタを返すことで、それらに直接アクセスできるようにしている。このような制約なしのアクセスを許すことには問題がいくつかある。たとえば、ユーザーがメモリを上書きしてほかの情報を無効にしてしまう可能性があるのだ。次の式を考えてみよう。

```
strcpy(csvfield(1), csvfield(2));
```

この式はいろいろな原因で失敗する可能性があるが、もっとも可能性が高いのは、フィールド2がフィールド1より長い場合にフィールド2の先頭を上書きしてしまうケースだ。ライブラリのユーザーは、現在の情報を次の csvgetline の呼び出し以降も保持しておきたければ、それを必ずコピーしておかなければならない。また、次のコードシーケンスで2番目の csvgetline によって行バッファの再割り当てが実行された場合には、シーケンスの最後の時点でポインタが無効になっている可能性が高い。

```
char *p;

csvgetline(fin);
p = csvfield(1);
csvgetline(fin);
/* この時点で p が無効になっている可能性がある */
```

これに比べればC++バージョンは安全で、文字列がコピーされるので、ユーザーはそれを好きなように変更してかまわない。

Javaでは、オブジェクト（int などの基本型以外のエンティティ）を参照するのに参照（reference）が使われる。これはコピーを作成するよりも効率的なのだが、うっかり参照をコピーと勘違いしてしまうことがあるので注意しよう。我々のJava版 markov プログラムの初期バージョンにもこの手のバグがあったし、Cでもこの問題が文字列にまつわるバグの原因となることが非常に多い。必要な場面でコピーを作成するには clone メソッドが利用できる。

初期化／生成と対をなすのが後処理／破棄で、これは何らかのエンティティが不要になった時点で後始末してリソースを回収することだ。これがとりわけ重要なのはメモリの場合で、使用されなくなったメモリをプログラムが回収しそこなうと、いずれメモリが枯渇してしまう。同様の問題はオープンファイルをクローズする際にも発生する。データがバッファリングされている場合には、バッファをフラッシュ（してそのメモリを再利用）しなければならないことがある。標準Cライブラリでは、バッファはプログラムが正常に終了する時点で自動的にフラッシュされるが、それ以外の場合にはプログラムによってフラッシュされなければならない。CとC++の標準関数 atexit を利用すればプログラムが正常に終了する直前に制御を取得できるので、インターフェイスの実装者はこの機能を後始末の実行に利用すればいい。

リソースの解放は割り当てと同じレイヤで。リソースの割り当てと再利用を制御するひとつの方法は、リソースの割り当てを実行するライブラリやパッケージやインターフェイスに、解放を実行する任務も負わせることだ。別の言い方をするなら、リソースの割り当て状態はインターフェイスを超えて変化してはならない。我々のCSVライブラリはすでにオープンされたファイルからデータを読むので、読み終わった時点でもファイルをオープンされたままにしておく。ファイルをクローズするのはライブラリの呼び出し側の役目だ。

このルールを順守するには、C++のコンストラクタとデストラクタが役に立つ。クラスインスタンスがスコープ外に去ったり明示的に破棄されたりすると、デストラクタが呼び出される。デストラクタはバッファをフラッシュしたり、メモリを取り戻したり、値をリセットしたり、その他必要な作業を何でも実行できる。Javaにはこれに相当するメカニズムはない。クラスにファイナライザメソッドを定義するのは可能だが、そもそもそれが実行される保証はないし、ましてやそれがある特定の時点で実行される保証などないので、後始末のアクションが必ず発生するとは断定できない（たいていは発生すると考えても差し支えないが）。

しかしJavaには**ガベージコレクション**の機能が内蔵されているため、メモリ管理はかなり楽になる。プログラムは実行時に新しいオブジェクトを割り当てる。明示的にオブジェクトを破棄する手段は存在しないが、まだ使用中のオブジェクトとそうでないオブジェクトがランタイムシステムによって管理され、使用されていないオブジェクトは定期的に未使用メモリプールに返却されるようになっている。

ガベージコレクションにはさまざまなテクニックが存在する。たとえば、個々のオブジェクトの使用数（**参照カウント**）を追跡して、参照カウントがゼロに達したオブジェクトを解放するというやり方がある。CやC++でこのテクニックを明示的に実装すれば、共有オブジェクトの管理に応用できる。これ以外にも、参照されているすべてのオブジェクトを割り当てプールから定期的に追跡するアルゴリズムもある。それによって見つかったオブジェクトはまだ使用中であり、ほかのどんなオブジェクトからも参照されていないオブジェクトは使用中でないので再利用できる。

自動ガベージコレクション機能が存在しても、設計からメモリ管理の問題がなくなるわけでは**ない**。依然として、インターフェイスから共有オブジェクトの参照を返すべきかコピーを返すべきかを判断しなければならないし、それによってプログラム全体が影響を受ける。それに、ガベージコレクションはタダで手に入るわけではない。情報を管理したり使用されていないメモリを再利用したりするためのオーバーヘッドが必要だし、予期しないときにコレクションが発生する場合もあるのだ。

マルチスレッドのJavaプログラムのように、複数の制御スレッドが同時に自分のルーチンを実行する可能性がある環境でライブラリが使用される場合には、こうしたすべての問題がさらに複雑になってくる。

問題が発生するのを避けるためには、**再入可能な**（reentrant）コードを書く必要がある。これは、そのコードが並列にいくつ実行されていても関係なしに動作するという意味だ。再入可能なコードでは、グローバル変数や静的なローカル変数はもちろん、別のスレッドによって使用されている最中に変更されるかもしれない変数は、すべて使用を回避しなければならない。マルチスレッド対応の優れた設計にする上で重要なポイントは、コンポーネントを明確に分離して、きちんと定義されたインターフェイスを介して共有する以外は一切何も共有しないようにすることだ。ライブラリで不用意に変数を公開して共有できるようにすると、このモデルがだいなしになってしまう（マルチスレッドプログラムには`strtok`は禁物だし、内部の静的メモリに値を記憶するCライブラリのその他の関数も同様）。変数を共有したいのであれば、何らかのロッキングメカニズムによってその変数を保護して、一度に1個のスレッドしかそれにアクセスできないようにしなければならない。この場合におおいに役に立つのがクラスで、クラスによって共有モデルとロッキングモデルの窓口が1本化される。Javaのsynchronizedメソッドは、別のスレッドによって同時に変更されないように、クラス全体またはクラスのインスタンスをロックする手段をスレッドに提供する。同期ブロック中では、あるコードセクションの実行は一度に1個のスレッドにしか許可されない。

マルチスレッド動作によってプログラミング上の諸問題が著しく複雑化する。これはあまりにも大きなテーマなので、ここでは詳しく説明しない。

4.7　中止しますか、再試行しますか、失敗させますか？

これまでの章では`eprintf`や`estrdup`のような関数を使ってエラーを処理し、実行を終了させる前にメッセージを表示していた。たとえば`eprintf`は`fprintf(stderr,...)`のようにふるまうが、エラーを報告したあとでエラー状態とともにプログラムを終了させる。この関数は、ヘッダファイル`<stdarg.h>`とライブラリルーチン`vfprintf`によってプロトタイプ中の`...`で表される引数を表示する。`stdarg`ライブラリは`va_start`の呼び出しによって初期化されなければならず、最後に`va_end`が呼び出されなければならない。このインターフェイスは9章でも利用する予定だ。

```
# include <stdarg.h>
# include <string.h>
# include <errno.h>

/* eprintf: エラーメッセージを表示して終了 */
void eprintf(char *fmt, ...)
{
    va_list args;

    fflush(stdout);
    if (progname() != NULL)
        fprintf(stderr, "%s: ", progname());

    va_start(args, fmt);
    vfprintf(stderr, fmt, args);
    va_end(args);

    if (fmt[0] != '\0' && fmt[strlen(fmt)-1] == ':')
        fprintf(stderr, " %s", strerror(errno));
    fprintf(stderr, "\n");
    exit(2); /* 実行の失敗を表す慣習的な値 */
}
```

書式引数の最後にコロンがあるときには、eprintf は標準 C 関数 strerror を呼び出す。strerror は追加のシステムエラー情報が利用できる場合にそれを返す関数だ。我々は eprintf に似た weprintf という関数も書いたが、こちらは終了はせず、警告メッセージを表示する。printf 流のインターフェイスは、印刷したりダイアログボックスに表示したりするような文字列を組み立てるのに便利だ。

同様に、estrdup は文字列のコピーを作成し、メモリが不足する場合には（eprintf によって）メッセージを表示してプログラムを終了する。

```
/* estrdup: 文字列をコピー、エラー時には報告 */
char *estrdup(char *s)
{
    char *t;

    t = (char *) malloc(strlen(s)+1);
    if (t == NULL)
        eprintf("estrdup(\"%.20s\") failed:", s);
    strcpy(t, s);
    return t;
}
```

emallocはこれと同様のサービスをmallocの呼び出しについて提供する。

```
/* emalloc: mallocを実行し、エラー時には報告 */
void *emalloc(size_t n)
{
    void *p;

    p = malloc(n);
    if (p == NULL)
        eprintf("malloc of %u bytes failed:", n);
    return p;
}
```

こうした関数は、対応するeprintf.hというヘッダファイルで宣言される。

```
/* eprintf.h: エラーラッパ関数 */
extern  void  eprintf(char *, ...);
extern  void  weprintf(char *, ...);
extern  char  *estrdup(char *);
extern  void  *emalloc(size_t);
extern  void  *erealloc(void *, size_t);
extern  char  *progname(void);
extern  void  setprogname(char *);
```

このヘッダは、エラー関数のどれかを呼び出すすべてのファイルにインクルードされる。個々のエラーメッセージには（呼び出し側でセットしておけば）プログラム名も表示される。プログラム名は、setprognameとprognameという小さな関数で設定／取得される。これらもこのヘッダファイルで宣言され、eprintfと同じソースファイル中で定義される。

```
static char *name = NULL; /* メッセージ用のプログラム名 */

/* setprogname: 記憶されるプログラム名をセット */
void setprogname(char *str)
{
    name = estrdup(str);
}

/* progname: 記憶されたプログラム名を返す */
char *progname(void)
{
    return name;
}
```

これの典型的な使い方は次の通り。

```
int main(int argc, char *argv[])
{
    setprogname("markov");
    ...
    f = fopen(argv[i], "r");
    if (f == NULL)
        eprintf("can't open %s:", argv[i]);
    ...
}
```

これによって次の出力が生成される。

```
markov: can't open psalm.txt: No such file or directory
```

こうしたラッパ関数によってエラー処理が統一されるし、これらがあるだけでエラーを無視せずに捕捉しようという気が起こるので、我々は自分たちのプログラミング作業にはこれらの関数が便利だと感じている。しかし我々の設計にはどこにも特別な点はないので、読者はこれのバリエーションを自作して自分のプログラムに使ってもいいだろう。

では仮に、自分自身で使う関数を書くのではなく、他人がプログラムで使うためのライブラリを作っているとしよう。そのライブラリの関数は、回復不可能なエラーが発生したときに何をすべきだろうか。この章で先ほど我々が書いた関数は、メッセージを表示してそのまま死ぬようになっていた。とくに小さな独立したツールやアプリケーションなど、こういう動作をしてもかまわないプログラムも多い。しかしそれ以外のプログラムの場合には、プログラムのほかの部分で回復するチャンスを奪ってしまうので、勝手に終了してしまってはまずい。たとえばワードプロセッサは、ユーザーが入力中の文書が失われないようにエラーから回復しなければならない。状況によっては、ライブラリルーチンがメッセージを表示することすら望ましくない場合がある。表示中のデータがエラーメッセージによって邪魔されたり跡形もなく消されてしまうような環境でプログラムが動作しているかもしれないからだ。これに代わる有効な方策は診断出力を明示的な「ログファイル」に記録することであり、それによってエラーを独立して監視できるようになる。

エラーの検出は低いレベルで、その処理は高いレベルで。一般的な原則として、エラーはできる限り低いレベルで検出しなければならないが、それへの対処は高いレベルで実行する必要がある。ほとんどのケースでは、エラーの処理方法は呼び出された側ではなく呼び出し側で決定すべきだ。ライブラリルーチンがそれに貢献するためには、美しく失敗すればいい。フィールドが存在しなかった場合に、異常終了するのではなく NULL を返すようにしたのはそのためだ。同様に csvgetline は、最初のエンドオブファイル以降に何度呼び出されても NULL を返すようになっている。

以前に csvgetline で何を返すべきかという話をしたときに明らかになったように、適切な戻り値が常に自明とは限らない。有益な情報をなるべくたくさん返す必要があるが、その情報はプログラムの別の部分で使いやすい形式になっていなければならない。C や C++や Java の場合なら、関数値として何かを返して、それ以外の値は参照（ポインタ）引数経由で返すことになる。getchar などの入力関数は、有効なデータの場合には char を返し、エンドオブファイルやエラーには EOF のような何らかの非 char 値を返す。

このメカニズムは、どんな値も適正な戻り値となるような関数では機能しない。たとえば log などの数学関数はあらゆる浮動小数点数を返せる。IEEE 浮動小数点規格では、NaN（“not a number” 非数）という特殊な値がエラーを示し、エラーシグナルとして返せるようになっている。

Perl や Tcl のような一部の言語では、複数の値を**組**にまとめる安価な手段が用意されている。こうした言語の場合には、関数値とエラー状態を手軽に一緒に返せる。C++ STL にも、このような形で利用できるデータ型 pair がある。

エンドオブファイルのようなさまざまな例外値とエラー状態は、1 個の値にひとまとめにするのではなくできるだけ区別するほうが望ましい。値をすぐに分解できない場合には、1 個の「例外」値を返して、最新のエラーに関するもっと詳しい情報を返す別の関数を用意するという手もある。

これは Unix と標準 C ライブラリで使われているアプローチだ。多くのシステムコールやライブラリ関数は-1 を返すが、それと同時に、具体的なエラーをエンコードした errno というグローバル変数もセットする。そして strerror がそのエラー番号に対応する文字列を返す。我々のシステムでは、

```
# include <stdio.h>
# include <string.h>
# include <errno.h>
# include <math.h>

/* errno main: errno のテスト */
int main(void)
{
    double f;

    errno = 0;     /* エラー状態をクリア */
    f = log(-1.23);
    printf("%f %d %s\n", f, errno, strerror(errno));
    return 0;
}
```

このプログラムは次の出力を生成する。

```
nan0x10000000 33 Domain error
```

このコードのように、errno は事前にクリアしておかなければならない。その後にエラーが発生すると、errno はゼロ以外の値にセットされる。

例外は例外的な状況にのみ使用しよう。一部の言語には、異例の事態を捕捉してそこから復旧する**例外**機能が提供されている。それによって、何かまずいことが発生した場合に通常とは違った制御フローを実行できる。予想される戻り値を処理するのに例外を使ってはならない。ファイルを読んでいると当然いずれはエンドオブファイルが生成されるが、これには例外ではなくあくまでも戻り値によって対処すべきだ。

Java では次のように書ける。

```
String fname = "someFileName";
try {
    FileInputStream in = new FileInputStream(fname);
    int c;
    while ((c = in.read()) != -1)
        System.out.print((char) c);
    in.close();
} catch (FileNotFoundException e) {
    System.err.println(fname + " not found");
} catch (IOException e) {
    System.err.println("IOException: " + e);
    e.printStackTrace();
}
```

このループは文字をエンドオブファイルに達するまで読み込む。これは予測されるイベントであり、readからの-1という戻り値によって通知される。しかしファイルがオープンできなかったときには、CやC++の場合のように入力ストリームをnullにセットするのではなく、このコードは例外を上げている。また、tryブロック中で何かそれ以外のI/Oエラーが発生した場合も例外的な事態なので、IOExceptionの節で捕捉される。

例外は濫用されがちだ。例外は制御フローをねじ曲げるので、コードの構造が入り組んでしまってバグが発生しやすくなる。ファイルのオープンに失敗するのはあまり例外的な事態とは言えず、上記のように例外を生成するのは技巧に走りすぎだと思う。例外は、ファイルシステムが使い尽くされた場合や浮動小数点エラーのような本当に予期できないイベントにのみ使うのがベストだ。

Cプログラムでは、setjmpとlongjmpという関数ペアによるはるかに低水準なサービスが利用でき、これをベースに例外メカニズムを構築できるが、これはかなり奥義に近い技なのでここでは詳しく述べない。

エラーが発生したときのリソースの回復はどうすればいいだろうか。何か問題が起こったときにはライブラリが回復作業を実行すべきだろうか。通常はノーだ。ただ、思いやりとして、情報をできるだけクリーンで無傷の状態のままにしておくようにするといいだろう。もちろん未使用の記憶領域は再利用可能にされるべきだし、まだアクセス可能な変数があるなら、それらは妥当な値にセットされる必要がある。ありがちなバグの原因のひとつに、解放された記憶領域を指すポインタを使おうとすることがある。エラー処理コードでポインタが指している対象を解放したあとでそのポインタをゼロにセットすれば、解放されたことが検出されないような事態は避けられるはずだ。2番目のバージョンのCSVライブラリにあったreset関数は、こうした問題に対処しようとしていた。一般的には、エラー発生後もライブラリが利用できるようにすることを目標にすべきだろう。

4.8 ユーザーインターフェイス

これまでは、おもにプログラムのコンポーネント間やプログラム間のインターフェイスについて解説してきた。しかしそれ以外にも重要なインターフェイスが存在する。プログラムとそれを使う人間との間のインターフェイスだ。

本書のほとんどのサンプルはテキストベースのプログラムなので、単純明快なユーザーインターフェイスが使われることが多い。前のセクションで言ったように、エラーは検出されて報告される必要があり、そうするのが妥当な場合には回復が試みられる。エラー出力には入手可能なあらゆる情報を含める必要があるし、できるだ

け状況に即した意味のある出力を生成しなければならない。だから次のような診断メッセージを出力するのではなく、

```
estrdup failed
```

なるべく次のようなメッセージを生成すべきだ。

```
markov: estrdup("Derrida") failed: Memory limit reached
```

この estrdup の場合のように、情報を余分に追加しても損をするわけではないし、ユーザーが問題点を認識したり正しい入力を与えたりする上で参考になる。

ユーザーが何か間違えた場合には、次のような関数を使って正しい使い方を表示するといいと思う。

```
/* usage: 使用法を表示して終了 */
void usage(void)
{
    fprintf(stderr, "usage: %s [-d] [-n nwords]"
        " [-s seed] [files ...]\n", progname());
    exit(2);
}
```

プログラム名を表示することでメッセージの出所がわかる。この点は比較的大規模なプロセスの場合にとくに重要になる。syntax error や estrdup failed だけしか表示されないと、誰がそう言ったのかがユーザーにさっぱりわからない。

エラーメッセージやプロンプトやダイアログボックスに表示するテキストでは、正しい入力の形式を知らせるようにしよう。単にパラメータが大きすぎると文句を言うのではなく、値の正しい範囲をユーザーに教えてやること。できれば、正しくパラメータが指定されたコマンドライン全体を表示するなど、正しい入力そのものをテキストとして表示するといいだろう。こうした出力はユーザーに正しい使い方を示すだけでなく、ファイルに落としたりマウスの操作でコピーしたりしておけば、それに基づいて何か別のプロセスを実行できるようになる。ここでダイアログボックスの弱点が露呈する。ダイアログボックスの場合には、あとで使えるように内容を捕捉するのが難しいからだ。

優れた入力用ユーザーインターフェイスを効率よく作成する手段のひとつに、パラメータの設定や動作の制御などの作業に特化した言語を設計することがある。優れた記法を利用すればプログラムを使いやすくできるし、実装を作り上げる際にも役立つ。言語ベースのインターフェイスについては9章で取り上げよう。

不正な入力にプログラムが持ちこたえられるようにすることを防御的プログラミングと呼ぶが、これはユーザーをユーザー自身から守る上で重要だし、セキュリティメカニズムとしても重要だ。これについては、6章でプログラムのテストを取り上げる際にもっと詳しく説明する。

たいていの人にとっては、コンピュータのユーザーインターフェイスと言えばグラフィカルインターフェイスのことにほかならない。グラフィカルユーザーインターフェイスは非常に大きなテーマなので、ここでは本書の内容にふさわしいポイントを2〜3指摘するにとどめておきたい。第1に、グラフィカルインターフェイスは「正しく」作るのが難しい。インターフェイスが適切で成功するかどうかは人間の行動や暗黙の要求に大きく依存しているからだ。第2に、現実的な問題として、アルゴリズムによって実際の作業を実行するためのコードよりも、通常はユーザーとの対話を処理するコードのほうが多く必要になる。

しかしユーザーインターフェイスの外面的な設計にも内面的な実装にも、おなじみの原則があてはまる。ユーザーの立場から言えば、簡潔性、明瞭性、整合性、均一性、日常性、慎み深さなどといったスタイル上のポイントはすべて使いやすいインターフェイスにつながる。こうした性質を欠いていると、違和感があるインターフェイスや使い勝手の悪いインターフェイスができあがることが多い。

均一性と整合性の意味には、用語や単位やフォーマット、レイアウト、フォント、カラー、サイズその他、グラフィカルシステムが提供しているすべてのオプションを一貫性のあるやり方で使用するということも含まれる。プログラムを終了したりウィンドウを閉じたりする動作を表すのに、いったい何種類の英単語が使われているだろうか。選択肢はAbandon（放棄）からcontrol-Zまでさまざまで、少なくとも1ダースはあるだろう。この一貫性のなさにはネイティブスピーカーもまごつくし、ネイティブスピーカーでない人はなおさら呆然とするはめになる。

グラフィックスコードの中でもインターフェイスがとりわけ重要なのは、こうしたシステムは大規模で複雑で、シーケンシャルなテキストを解析するのとはまったく違った入力モデルによって駆動されるからだ。グラフィカルユーザーインターフェイスにはオブジェクト指向プログラミングが圧倒的に適している。オブジェクト指向プログラミングにはウィンドウのあらゆる状態や動作をカプセル化する手段があるし、継承を利用すれば、類似点を基底クラスにまとめつつ相違点を派生クラスに分離できるようになる。

4.9 参考文献

技術的な細かい話の中には時代を感じさせる部分もあるにせよ、Frederick P. Brooks, Jr.の『*The Mythical Man Month*』*1（Addison-Wesley社刊、1975年：Anniversary Edition 1995年）は読んで面白いだけでなく、本書のソフトウェア開発に関する考察の意義は出版された当時も今も変わらない。

インターフェイス設計に関する有益な助言は、プログラミングに関するあらゆる本に出ていると言っても過言ではない。苦労して完成に導いた経験に基づく実用的な本としてJohn Lakosの『*Large-Scale C++ Software Design*』*2（Addison-Wesley社刊、1996年）があり、これには非常に大規模なC++プログラムを作成し管理する方法が述べられている。また、David Hansonの『*C Interfaces and Implementations*』（Addison-Wesley社刊、1997年）はCプログラム用の本として優れている。

Steve McConnellの『*Rapid Development*』*3（Microsft Press社刊、1996年）は、チームによるソフトウェア開発について述べた優れた本で、プロトタイプの役割が力説されている。

グラフィカルユーザーインターフェイスの設計については面白い本が何冊かあるが、そのアプローチの仕方はさまざまだ。我々がお勧めしたい本としては、Kevin MulletとDarrell Sanoの『*Designing Visual Interfaces: Communication Oriented Techniques*』*4（Prentice-Hall社刊、1995年）、Ben Shneidermanの『*Designing the User Interface: Strategies for Effective Human-Computer Interaction*』(3rd Edition、Addison-Wesley社刊、1997年)、Alan Cooperの『*About Face: The Essentials of User Interface Design*』*5（IDG社刊、1995年）、Harold Thimblebyの『*User Interface Design*』（Addison-Wesley社刊、1990年）がある。

---

*1　（邦訳）『人月の神話 新装版』Frederick P. Brooks, Jr.著、滝沢徹、牧野祐子、富澤昇訳、丸善出版、2014

*2　（邦訳）『大規模C++ソフトウェアデザイン』John Lakos著、滝沢徹, 牧野祐子訳、ピアソン・エデュケーション、1999

*3　（邦訳）『ラピッドデベロップメント：効率的な開発を目指して』Steve McConnell著、日立インフォメーションアカデミー訳、アスキー、1998

*4　（邦訳）『ユーザーインタフェースの設計：やさしい対話型システムへの指針』Ben Shneiderman著、東基衛、井関治監訳、新装版、第2版、日経BP社、1995

*5　（邦訳）『ユーザーインターフェイスデザイン：Windows95時代のソフトウェアデザインを考える』Alan Cooper著、テクニカルコア訳、翔泳社、1996

The Practice of Programming CHAPTER 5

第5章　デバッグ

bug.

b. 機械やプランなどの欠陥ないし誤り。起源はアメリカ。

1889 Pall Mall Gaz. 11 Mar. 1/1 より：消息筋によると、Edison 氏は自分の蓄音器の「バグ」を見つけるのに2晩徹夜したという。これは困難を解決するという意味の表現であり、想像上の虫が内部に入り込んであらゆるトラブルを引き起こしているというニュアンスが込められている。

Oxford English Dictionary, 2nd Edition

これまでの4つの章でかなりの量のコードを掲載してきたが、我々はそれらがいかにも最初から快調に動いたかのようなふりをしていた。もちろんそんなわけはなく、大量のバグがあった。「バグ」という言葉はプログラマの造語ではないが、コンピュータの世界でもっとも一般的な用語のひとつであることは間違いない。ソフトウェアの作成がそれほど大変なのはなぜだろうか。

プログラムの複雑度は、そのコンポーネント同士による対話の多様性の度合いに比例する。そしてソフトウェアはコンポーネントや対話だらけだ。これがバグのないソフトウェアを作成するのが難しい理由のひとつだ。コンポーネント間の接点を減らして、対話しなければならない部品を少なくしようとするテクニックは数多く存在する。たとえば情報の隠蔽、抽象化、インターフェイスなどがあるし、それをサポートする言語の機能もあるし、さらにソフトウェア設計の整合性を確保するテクニック（プログラムプルーフ、モデリング、要求分析、形式的検証）もある。だが、こうしたテクニックはどれもソフトウェアの作成方法に変革をもたらしたわけではない。これらは小さな問題に関して成功を収めてきたにすぎないのだ。現実には今後も間違いは常に発生するだろうし、それをテストによって発見しデバッグによって除去する必要がある。

優れたプログラマはコードを書くのと同じくらいの時間をデバッグに費やし、自分の間違いから教訓を学ぼうとする。バグを発見するたびに、そのバグと似たようなバグが2度と発生しないようにする方法や、それが再び発生した場合につきとめる方法を学べる。

デバッグ作業は骨が折れるし、時間がかかり、いつ終わるか予測できない場合があるので、延々とデバッグせずに済むようにすることがデバッグ作業の目標となる。デバッグ時間を減らすのに役立つテクニックとしては、優れた設計、優れたスタイル、境界条件テスト、コード中での診断と正常性チェック、防御的プログラミング、設計の優れたインターフェイス、グローバルデータの限定的な使用、検査用ツールなどがある。丁寧な治療よりもほんのちょっとした予防のほうが、現実にはるかに効き目があることを覚えておこう。

言語の役割とは何だろうか。プログラミング言語の進化を促してきた大きな推進力は、言語の機能によってバグを防止しようとする試みだった。特定のタイプの間違いを発生しにくくする言語の機能としては、添字の範囲チェック、ポインタ使用上の制約、あるいはポインタそのものが存在しないこと、ガベージコレクション、文字列データ型、型つきI/O、強い型チェックなどがある。その反面、間違いを引き起こしやすい機能もある。goto文、グローバル変数、使用上の制約のないポインタ、自動型変換などがそれだ。プログラマは自分が使う言語に備わった潜在的な危険性のある機能を知っておかなければならないし、それを利用するときにはとくに注意を払う必要がある。また、コンパイラによるチェックをすべて有効にし、警告メッセージも見逃してはならない。

ある種の問題を防止する言語の機能はそれぞれ固有の代償をともなう。高級言語によって単純なバグが自動的に消失するのであれば、その代償として高級なバグが生じやすくなる。プログラマが決して間違いを犯さないようにしてくれる言語など存在しない。

我々の願いとは裏腹に、プログラミング時間のかなりの割合はテストとデバッグに割かれる。この章では、デバッグ時間をできる限り短縮し、生産性を向上させる方法を説明しよう。テストについては6章で取り上げるつもりだ。

5.1 デバッガ

主要な言語のコンパイラにはたいてい高度なデバッガが付属している。その種のデバッガは、ソースコードの作成と編集／コンパイル／実行／デバッグといった作業全部が1つのシステムに統合された開発環境の一部としてパッケージされていることが多い。デバッガにはグラフィカルインターフェイスが装備され、それによって文や関数単位でプログラムをステップ実行したり、特定の行に到達した時点や特定の条件が生起した時点で停止したりできるようになっている。変数の値を所定の形式で表示する機能もある。

デバッガは問題が存在するとわかっている場合に直接起動できるほか、プログラム実行中に予期しない問題が発生したときに自動的に制御を取得するデバッガもある。プログラムが死んだときにどの部分を実行していたかを調べて、アクティブだった関数のシーケンスを検証し（**スタックトレース**）、ローカル変数とグローバル変数の値を表示する。この種のデバッグ作業は通常は簡単だし、これだけ情報があればバグをつきとめるのに十分だろう。そうでなければブレークポイントの設定とステップ実行という手が使える。問題のプログラムを一度にワンステップずつ再実行すれば、おかしなことが最初に発生する場所を発見できる。

正しい環境とユーザーの経験があれば、苦痛から完全に解放されるとまでは言えないにせよ、優れたデバッガを使うことによってデバッグ作業の効果と効率は大幅に向上する。それほど強力なツールが自由に使えるのに、それを使わずにデバッグしようとする人などいるだろうか。我々がわざわざデバッグに関する章をもうけた根拠は何だろうか。

それには十分な根拠がある。その中には客観的な根拠もあれば個人的な経験に基づく根拠もある。まず、主流から外れた言語の中には、デバッガが存在しない言語や初歩的なデバッグ機能しか用意されていない言語がある。また、デバッガはシステムに依存するので、読者が別のシステムで作業する際に自分の使い慣れたデバッガを利用できるとは限らない。デバッガでうまく対処できないプログラムもある。たとえばマルチプロセス／マルチスレッドのプログラムやオペレーティングシステムや分散システムは、もっと低レベルなアプローチによってデバッグしなければならないのが普通だ。このような状況には自力で対処しなければならず、プリント文と自分の経験とコードについて判断を下す能力以外、頼りにできるものはほとんどない。

我々の個人的な手法で言えば、我々がデバッガを使うのは、せいぜいスタックトレースを実行したり変数の値を1～2個表示させたりするときくらいにすぎない。その理由のひとつは、デバッガを使うと入り組んだデータ構造や制御フローの迷路にはまり込んでしまいがちだからだ。プログラムをステップ実行するよりも、もっと真剣に考えたり、重要な部分に出力文や自動チェックコードを追加したりするほうが効率的だと思う。クリックして文を実行していく作業は、きちんと整形された表示出力に目を通すより時間がかかる。コードのクリティカルセクションがどこだかわかっていたとしても、そこをシングルステップ実行するよりプリント文の置き場所を考えるほうが手っ取り早い。もっと重要なのは、デバッグ用の文はプログラムとともに残るのに対し、デバッガセッションは一時的なものにすぎない点だ。

やみくもにデバッガを使って調べても生産性は上がらない。それよりもデバッガを使ってプログラムが失敗した時点での状態を調べて、それからその失敗がなぜ起こったのかをじっくり考えるほうが効果的だ。デバッガは謎めいた難解なプログラムであり、とくに初心者には救いの手ではなくむしろ混乱をもたらす場合がある。間違った質問をしてもデバッガは答えてくれるだろうが、それによって自分が惑わされても気がつかない可能性がある。

そうは言ってもデバッガの意義は計りしれないので、もちろん自分のデバッグ七つ道具に入れておくべきだし、これが自分の一番頼れるツールになると思う。しかしデバッガを持っていない場合や特別困難な問題にはまり込んでいるときに効果的に効率よくデバッグするには、この章で紹介するテクニックが役立つだろう。ここで紹介するのは間違いや原因を推理する方法に関するテクニックが多いので、デバッガを使った作業の生産性を向上させる上でも参考になるはずだ。

5.2 有力な手がかりのある簡単なバグ

あれっ、おかしいぞ。プログラムがクラッシュしちゃった（あるいはでたらめな出力を表示した、あるいはいつまでたっても終了しない）。さてどうする？

初心者は、コンパイラやライブラリなど、自分のコード以外のもののせいにしがちだ。経験豊富なプログラマもそれと同じことをするのが大好きだが、ほとんどの問題は実際には自分自身の間違いだとわかっている。

さいわい大半のバグは単純だし、単純なテクニックで発見できる。たとえばおかしな出力の中に証拠を見つけて、どうやったらそれを生成できるかを推理してみる。クラッシュする前のデバッグ出力を調べ、可能ならデバッガでスタックトレースを手に入れる。これで、何がどこで発生したのかがある程度わかるはずだ。ではそれはどうやったら発生するのだろうか。クラッシュしたプログラムの状態から遡及してそれを推理し、その原因になり得るものを考えよう。

デバッグ作業には、殺人事件を解決するときのような後ろ向き推論（backwards reasoning）がともなう。あり得ない事態が発生したときに唯一確実な情報は、それが現実に発生したということだ。だから我々は結果から逆向きに考えていって、その原因を発見しなければならない。すべて説明がつくようになれば修正方法がわかるし、自分が予測していなかったこともその際にいくつか発見できるはずだ。

おなじみのパターンを見つけよう。それが見慣れたパターンなのかどうかを自問しよう。「これ前に見たことあるぞ」が解明の糸口になる場合が多いし、それだけですべて解明できてしまうケースもある。よくあるバグには特徴的な目印がある。たとえばＣの初心者は本来次のように書くべきところを

```
    int n;
    scanf("%d", &n);
```

次のように書いてしまいがちだ。

```
?    int n;
?    scanf("%d", n);
```

これだと入力行が読まれる際に、領域外のメモリにアクセスしようとする動作が発生する場合が多い。C を教えている人なら、これの症状は即座に見分けられる。

printf と scanf での型の不一致と型変換は、簡単なバグを生み出す永遠の源泉だ。

```
?    int n = 1;
?    double d = PI;
?    printf("%d %f\n", d, n);
```

この間違いの症状は、巨大な整数であるとか、考えられないほど大きいか小さい浮動小数点値などのような、一見とてつもない値として現われることがある。このプログラムの Sun SPARC での出力は、巨大な整数 1 個と天文学的数値 1 個になる(ページに収まるように改行してある)。

```
1074340347 268156158598852001534108794260233396350\
    1936585971793218047714963795307788611480564140\
    0796821289594743537151163524101175474084764156\
    422771408323839623430144.000000
```

scanf で double を読み込むのに %lf ではなく %f を使ってしまう間違いも多い。コンパイラによっては、scanf と printf の引数の型が書式文字列と一致しているかどうかを確認して、この手の間違いを検出してくれるようになっている。すべての警告を有効にした場合、GNU のコンパイラ gcc は上記の printf に関して次のような出力を生成する。

```
x.c:9: warning: int format, double arg (arg 2)
x.c:9: warning: double format, different type arg (arg 3)
```

ローカル変数を初期化し忘れた場合にも特徴的なエラーが生じる。その結果は極端に大きな値となることが多いが、それは同じメモリ位置にそれまで記憶されていた値のゴミだ。これを警告してくれるコンパイラもあるが、場合によってはコンパイル時チェックを有効にしなければならないし、コンパイラがあらゆるケースを検出できるわけはない。malloc や realloc、new などのアロケータによって返されるメモリもゴミだと思ったほうがいい。必ず初期化すること。

最新の変更点は要チェック。最後に何を変更しただろうか。一度に1か所ずつだけ変更しながらプログラムを発展させているなら、バグは新しいコードの中にあるか、新しいコードによって表面化した可能性が高い。最近の変更箇所を注意して調べてみれば、問題の箇所を絞り込みやすくなる。バグが新しいバージョンにあって古いバージョンにないように思えるときには、新しいコードが問題の発生に加担しているということだ。このことから、最低でもプログラムの直前のバージョン（正しく動くと思われるバージョン）を残しておいて、動作を比較できるようにしなければならない。また、施した変更点とバグフィックスの記録をとっておいて、その重要な情報をバグを修正しようとしている最中に調べ直さなくても済むようにしなければならない。このような場合にソースコード管理システムなどの履歴メカニズムが役に立つ。

同じ間違いを繰り返すな。バグをフィックスしたら、どこか別のところで同じ間違いをしていないかどうか自問しよう。この章の執筆に取りかかるほんの数日前に、我々著者の1人にまさにこれが降りかかった。問題は同僚のために急いで書いたプロトタイプにあり、それにはオプション引数を処理する次のような定型コードが含まれていた。

```
?     for (i = 1; i < argc; i++) {
?         if (argv[i][0] != '-') /* オプション処理が完了 */
?             break;
?         switch (argv[i][1]) {
?         case 'o':              /* 出力ファイル名 */
?             outname = argv[i];
?             break;
?         case 'f':
?             from = atoi(argv[i]);
?             break;
?         case 't':
?             to = atoi(argv[i]);
?             break;
?         ...
```

我々の同僚はこれを使ってみた直後に、出力ファイル名にいつも-oというプレフィクスがついてしまうと言ってきた。恥をかいたが直すのは簡単だ。本来は次のように書くべきだったのだ。

```
outname = &argv[i][2];
```

このように直して渡したところ、今度はプログラムが-f123のような引数をまともに処理してくれないと言われた。変換後の数値が常にゼロになってしまうのだ。これも先ほどと同じ間違いだ。switch 中のその次の case の部分も、本来は以下のようになっていなければならなかった。

```
from = atoi(&argv[i][2]);
```

ところが相変わらず作者はあわてていたので、同じヘマを犯した部分があと2か所あることに気がつかず、基本的に同一と言える間違いをすべて修正し終わるまでに同じようなやり取りを再び繰り返すはめになった。

書き慣れているコードだと思って油断すると、簡単なコードにもバグが忍び込む可能性がある。寝ながら書けるような単純なコードでも、書いている最中に寝てはならないのだ。

デバッグは今すぐに。忙しすぎるせいで問題が生じるケースはこれ以外にもある。クラッシュが発生したら放置せずにただちに原因をつきとめること。手遅れになるまで再発しない場合があるからだ。有名なのは火星探査機 Mars Pathfinder のミッションで発生した事例だろう。1997 年 7 月に無事着陸を果たした後、1 日に約 1 回の割合で宇宙船のコンピュータにリセットが発生するようになったのだ。エンジニアたちは頭を抱えた。問題をつきとめたところ、彼らはその問題に見覚えがあった。そのリセットは発射前のテスト中にも発生していたのに、エンジニアたちが別の問題に忙殺されていたために無視されていたのだ。その結果エンジニアたちは後回しにしてしまった問題に対処しなければならなくなったが、そのときマシンは数千万キロも遠くにあり、修正作業は困難をきわめた。

スタックトレースを取得しよう。デバッガは実行中のプログラムを調査するのに使えるツールだが、プログラムの死後の状態を調べることもデバッガの代表的な用途のひとつだ。スタックトレースにはたいてい問題発生箇所のソース行番号が含まれているが、これは単独の情報としてはデバッグ作業をする上でもっとも有益な情報と言える。また、引数がとんでもない値になっていたら、それも大きな手がかりとなる（ポインタがゼロだったり、整数の値が小さいはずなのに巨大だったり正のはずなのに負だったり、文字列が文字でないなど）。

では、2 章で出てきたソート処理を題材にして典型的な事例を紹介しよう。整数の配列をソートするには、次のように整数比較関数 icmp を指定して qsort を呼び出さなければならない。

```
int arr[N];
qsort(arr, N, sizeof(arr[0]), icmp);
```

ところが、代わりに文字列比較関数scmpの名前をうっかり渡してしまったとしよう。

```
?      int arr[N];
?      qsort(arr, N, sizeof(arr[0]), scmp);
```

この場合コンパイラは型の不一致を検出できないので、悲惨な事態が待っている。このプログラムを実行すると、不正なメモリ位置をアクセスしようとしてプログラムがクラッシュしてしまうのだ。そこでデバッガdbxを実行してみると、次のようなスタックトレースが出力される（ページに収まるように編集してある）。

```
0 strcmp(0x1a2, 0x1c2) ["strcmp.s":31]
1 scmp(p1 = 0x10001048, p2 = 0x1000105c) ["badqs.c":13]
2 qst(0x10001048, 0x10001074, 0x400b20, 0x4) ["qsort.c":147]
3 qsort(0x10001048, 0x1c2, 0x4, 0x400b20) ["qsort.c":63]
4 main() ["badqs.c":45]
5 __istart() ["crt1tinit.s":13]
```

これによればプログラムはstrcmp中で死んだようだ。よく見るとstrcmpに渡された2つのポインタの値が小さすぎる。これは明らかにトラブルの徴候だ。このスタックトレースには、個々の関数が呼び出された位置の行番号が示されている。我々のテストファイルbadqs.cの13行目には次の呼び出しが存在する。

```
return strcmp(v1, v2);
```

これは問題を引き起こした呼び出しを表しており、間違いの所在を示している。

デバッガを使えばローカル変数やグローバル変数の値も表示できる。問題の原因を探る際にはそうした情報も参考になるだろう。

打つ前に読め。効果的なわりに過小評価されているデバッグテクニックのひとつに、「コードを舐めるように読んで、変更を施さずにしばらくよく考えてみること」がある。たしかに、すぐにでもキーボードに手を伸ばしてプログラムを修正し、それによってバグが消えてなくなるかどうかを試してみたくてたまらなくなると思う。しかしそれだと本当の原因がわからないまま見当違いの変更を施してしまうのが関の山で、別の部分をだいなしにする可能性もある。プログラムの重要な部分のリストをいったん紙に印刷すると、画面上で眺めるのとはまた違った見方ができるし、もっと時間をかけて考えようという気にもなる。ただ、プログラム全体を印刷するのは森林資源の無駄遣いでしかない。多くのページにプログラムが分散すると構造が見えづらくなるし、編集作業に戻った瞬間に紙のリストは過去のものになるからだ。

少し休憩をとるのもいい。ソースコードを読んでいると、実際に書いた内容ではなく自分の意図した内容しか見えなくなっていることがあるものだ。しばらく時間をおけば思い込みの度合いが緩和されるし、作業に戻ったときにコードをありのまま読めるようになる。

キーボードに早く触りたい気持ちを抑えること。思考はそれに勝るとも劣らない行為なのだ。

自分のコードを他人に説明してみよう。自分のコードを誰かほかの人に説明して聞かせるのも効果的なテクニックだ。こうすると自分自身にバグが見えてくることが多い。場合によっては説明し始めた途端に気がついて、「あ、もういいや、変なところがわかったよ。ごめんごめん」などと言って照れくさい思いをすることもある。このテクニックは意外なほど有効だし、聞き手は別にプログラマでなくてもかまわない。ある大学の計算機センターのヘルプデスクのそばにはテディベアのぬいぐるみが常備されており、魔訶不思議なバグに悩む学生は、人間のスタッフに相談する前にそのぬいぐるみに向かって説明しなければならないことになっていた。

5.3 手がかりのない困難なバグ

「手がかりがちっとも見つからない。一体どうなってるんだ？」何がいけないのかさっぱり見当がつかないときには、少々大変な作業が待っている。

バグを再現できるようにしよう。最初の手順は、必要に応じてそのバグを確実に再現できるようにすることだ。毎回発生するとは限らないバグを追跡するのは厄介なので、その問題を確実に引き起こす入力やパラメータ設定を多少時間をかけて作成し、そのレシピをまとめて簡単なキー入力やボタン一発で実行できるようにしておこう。もしそれが本当に厄介なバグだったら問題をつきとめる際にそのバグを何度も繰り返し発生させてみることになるだろうから、手軽に再現できるようにしておけば時間の節約になるはずだ。

どうしてもバグを毎回確実に再現できない場合には、その理由を考えてみよう。条件の組み合わせによって、バグが比較的頻繁に発生したりしなかったりすることはないだろうか。バグを毎回発生させるのは無理でも、バグが発生するのを待っている時間を短縮できれば、その分早くバグを発見できることになる。

プログラムにデバッグ出力機能があれば、それを有効にしよう。3章で紹介したマルコフ連鎖プログラムのようなシミュレーションプログラムなら、乱数ジェネレータのシードなどのデバッグ情報を生成するオプションを用意しておいて、出力を再現できるようにする必要がある。また、シードを指定できるようにするオプションも必要だろう。多くのプログラムにはこうしたオプションが用意されているし、自分が書くプログラムにもそれと似たような機能を装備するように心がけよう。

分割統治しよう。プログラムを失敗させる入力をもっと小さくしたり、その内容をもっと煮詰めることはできないだろうか。バグを発生させる最小限の入力を作って、可能性の範囲を狭めよう。そのエラーはどんな変更によって消失するだろうか。そのエラーに的を絞った決定的なテストケースを見つけるように努力すること。誤動作の原因に関する仮説ひとつひとつについて、その仮説を確実に立証する（あるいは否定する）結果を生成するテストケースを個別に用意する必要がある。

作業は二分探索にしたがって進めよう。入力を半分捨てて、依然として出力が間違っているかどうかを確認する。間違っていなかったら前の状態に戻って、入力のもう半分を捨てればいい。これと同様の二分探索プロセスはプログラムのテキスト自体に対しても使える。プログラム中でそのバグとは一切関係ないはずの部分を取り除いて、そのバグがまだ発生するかどうかを確認してみるのだ。バグを残したまま大規模なテストケースやプログラムを削減するには、アンドゥ機能つきのエディタが役立つ。

誤動作を「数字占い」で検証しよう。誤動作の事例に特定の数値パターンが見つかると、バグ探索の的を絞る手がかりが得られることがある。我々は本書の書いたばかりのセクションの中に綴りの間違いをいくつか見つけた。ところどころの文字がなぜか消えてしまっているのだ。これは不思議な現象だ。別のファイルからカットアンドペーストを実行して作られたテキストなので、テキストエディタのカットコマンドかペーストコマンドに何か問題があるように思えた。だが、問題点を見つけるにはどこから手をつけたらいいのだろうか。手がかりを得ようと思ってデータに注目したところ、文字抜けはテキスト全体に均一に分布しているらしいことに気がついた。その間隔を数えてみると、文字抜けが発生する間隔は常に1,023バイトだとわかった。これは何の根拠もないランダムな値とは言えないだろう。エディタのソースコードで1,024前後の数値を検索してみると、候補が2つ見つかった。そのひとつは新しいコードに含まれていたのでそちらを最初に調べてみた結果、バグが簡単に見つかった。これは古典的な「1個外れのエラー（off-by-one error）」で、1,024バイトバッファの最後の文字がヌルバイトで上書きされていたのだ。

誤動作に関連した数値パターンを検証した結果、こうして我々はすぐにバグに到達できた。それにかかった時間はと言うと、首を傾げるのに2分、データに着目して文字抜けパターンを発見するのに5分、修正箇所の候補を検索するのに1分、そしてバグを見つけて退治するのに1分、これだけだ。この間違いはデバッガを使って見つけようとしても無理だったろうと思う。我々の事例には、マウスクリックによって駆動され、ファイルシステムを通して通信し合う2つのマルチプロセスプログラムが関与していたからだ。

出力表示によってバグ探索範囲を狭めよう。プログラムが何をしているのかわからないときには、もっと多くの情報を表示する文を追加するのが一番手軽で効率のいい手段となり得る。そうした文を入れて自分の考えを検証したり、問題点をもっとよく把握できるようにするのだ。たとえばコード中のある地点に制御が到達するはずがないと思っている場合なら、「ここに到達するはずがない」と表示させよう。万が一そのメッセージが表示されたら、出力文をコードのもっと前のほうに移動して、最初に事態がおかしくなり始める場所を見つける。あるいは、それ以前の位置で「ここに到達した」メッセージを表示させて、正常に動作すると思われる最後の位置を見つける。表示されたときにそれがどこのメッセージなのかがわかるように、メッセージはそれぞれの区別がつくように書く必要がある。

固定された簡潔な書式でメッセージを表示させるようにすれば、grepのようなパターンマッチングプログラムでも自分の目でも簡単に検索できる（grep風のプログラムはテキスト検索には不可欠だ。9章で簡単な実装を紹介する）。変数の値を表示する場合には、毎回同じ書式を使うこと。CやC++なら、ポインタは%xか%pによって16進数として表示しよう。そうすれば2つのポインタが同じ値かどうか、あるいは関連し合っているかどうかがわかりやすくなるからだ。ポインタ値を読んで、問題なさそうな値と問題ありそうな値（ゼロや負や奇数や小さな値など）を見分ける訓練をするといい。アドレスの形式に馴染んでおけば、デバッガを使うときにも役に立つ。

出力が膨大になりそうなときには、制御が通った場所を簡潔に示す目印として、A、B、……のような1文字出力だけで十分な場合もある。

自己検証コードを記述しよう。もっと多くの情報が必要な場合には、条件をテストし、適切な値をダンプしてプログラムを強制終了させるチェック関数を自分で書く手もある。

```
/* check: 条件をテストして表示して死ぬ */
void check(char *s)
{
    if (var1 > var2) {
        printf("%s: var1 %d var2 %d\n", s, var1, var2);
        fflush(stdout); /* 確実にすべて出力させる */
        abort();        /* 異常終了をシグナル */
    }
}
```

このcheckはabortを呼んでいるが、これはプログラムの実行を異常終了させてデバッガで解析できるようにするCの標準ライブラリ関数だ。アプリケーションによっては、checkで表示したあとで異常終了させないほうがいい場合もあるだろう。

次に、自分のコード中でcheckが役に立ちそうな場所にcheckの呼び出しを散りばめる。

```
check("before suspect");
/* ... 疑わしいコード ... */
check("after suspect");
```

バグが修正されても、checkは捨てないこと。また別の難題が持ち上がったときに再び有効にできるようにソースに残しておき、コメントアウトするかデバッグオプションによって制御されるようにしておこう。

さらに困難な問題の場合には、checkを発展させてデータ構造の検証や表示を実行させると便利なケースもある。このアプローチを汎用化すれば、データ構造やその他の情報の一貫性チェックをリアルタイムに実行するルーチンができあがる。複雑なデータ構造を使用するプログラムでは、問題が発生する**前に**こうしたチェック機能をプログラム本来のコンポーネントとして書いておき、トラブルが発生したら有効にできるようにするといい。デバッグ時にだけそれを使うのではなく、プログラムの全開発段階にわたってインストールしておくのだ。処理が高価でなければ、常時有効にしたままにしておくのも悪くないだろう。電話交換システムのような巨大なプログラムの場合には、情報や設備をモニタするサブシステムを「監査」して、障害発生時に報告したり、さらには障害を修復したりするために、それ専用の膨大なコードが記述されるのが普通だ。

ログファイルを出力しよう。別の手として、書式固定のデバッグ出力ストリームを含んだ**ログファイル**を書き出すやり方もある。そうすればクラッシュ発生時に、クラッシュの直前に発生した事態がそのログに記録されることになる。Webサーバその他のネットワークプログラムは膨大なトラフィックログを管理しており、自分自身とクライアントを監視できるようになっている。次に示すのはあるローカルシステムのログの一部だ（ページに収まるように編集してある）。

```
[Sun Dec 27 16:19:24 1998]
HTTPd: access to /usr/local/httpd/cgi-bin/test.html
    failed for m1.cs.bell-labs.com,
    reason: client denied by server (CGI non-executable)
    from http://m2.cs.bell-labs.com/cgi-bin/test.pl
```

最後のログレコードがログファイルに記録されるように、必ずI/Oバッファをフラッシュすること。printfのような出力関数は、効率よく表示できるように通常は出力をバッファリングするようになっている。そのため、異常終了が発生するとバッファに入れられたこの出力が失われてしまう危険性があるのだ。Cならfflushを呼び出せばプログラムが死ぬ前に確実にすべての出力が書き出されるし、C++とJavaの出力ストリーム用にも同様のflushという関数がある。あるいは、オーバーヘッドを気にしなければ、ログファイルにアンバッファードI/Oを使ってフラッシュにまつわる問題を完全に回避する手もある。バッファリングを制御する標準関数はsetbufとsetvbufで、setbuf(fp, NULL)とすればストリームfpのバッファリングが無効になる。標準エラーストリーム（stderr、cerr、System.err）は、通常はデフォルトでバッファリングされないようになっている。

作図しよう。テストやデバッグのときには、テキストよりも図表のほうが効果的な場合がある。2章で見たように図表はデータ構造を理解する上でとくに参考になるし、グラフィックスソフトウェアを書くときにも便利なことは言うまでもない。だが、図表はどんなプログラムにも役立つ。飛び抜けて不規則な値は数値の羅列よりも散布図のほうが効果的にわかるし、度数分布図は試験の成績、乱数、アロケータとハッシュテーブルのバケットサイズなどの偏差を示してくれる。

自分のプログラムの内部で何が起こっているのかわからなければ、データ構造の統計をとってその結果をグラフにしてみよう。下に示すのは、3章で紹介したCのmarkovプログラムについて、x軸上にハッシュチェインの長さを、y軸上に個々の長さのチェインに含まれる要素の数を配置したグラフだ。入力データとしては例によって旧約聖書の詩篇を使っている（単語数42,685、プレフィクス数22,482）。最初の2つのグラフは良好なハッシュ乗数31と37の場合で、3番目は128というとんでもない乗数の場合のグラフだ。最初の2つのケースではチェインが要素数15ないし16よりも長くなることはなく、ほとんどの要素は長さ5か6のチェインに集中している。これに対して3番目のグラフではもっと幅の広い分布になっており、最長のチェインには要素が187個含まれ、長さが20を超えるチェインに合計数千個もの要素が含まれている。

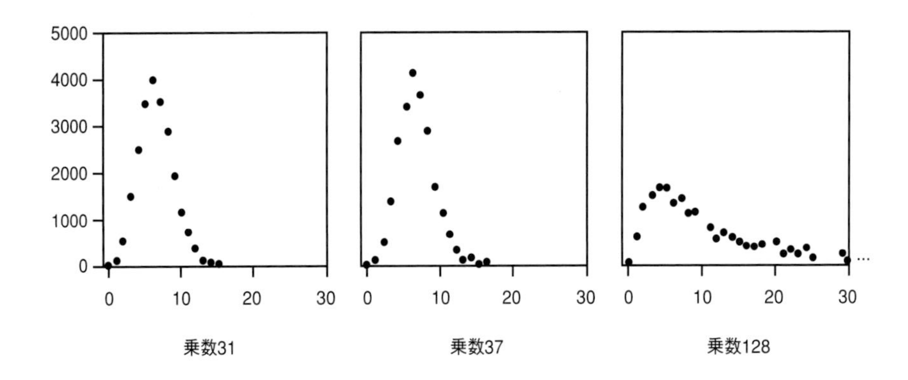

ツールを使おう。自分がデバッグしている環境の機能を存分に利用しよう。たとえば成功したデバッグ実行と失敗したデバッグ実行の出力をdiffのようなファイル比較プログラムを使って比較すれば、出力の違いに的を絞って調査できる。デバッグ出力が長大ならば、**grep**で検索するなりエディタで調べるなりすればいい。デバッグ出力をプリンタに送りたくなっても我慢すること。大量の出力をスキャンすることに関しては、コンピュータは人間より上手だからだ。また、シェルスクリプトなどのツールを駆使して、デバッグ実行の出力を処理する作業を自動化してしまおう。

何かの動作に関する仮説をテストしたり自分の理解度を確認したりするには、ちょっとしたプログラムを書くと便利だ。たとえば、NULLポインタを解放するのは正しい行為だろうか。

```
int main(void)
{
    free(NULL);
    return 0;
}
```

RCSなどのソースコード管理プログラムはコードのバージョンを記録してくれるので、変更された点を確認したり、以前のバージョンを復元して既知の状態に戻したりできる。この種のプログラムを使えば最近の変更点がわかるだけでなく、長期にわたって頻繁に修正されている部分がどこなのかもわかる。そういう部分にはバグが潜んでいることが多いものだ。

記録をとろう。バグの探索をしばらく続けていると、それまでに自分がどんなことを試し、どんなことが判明したのかがだんだんわからなくなってくる。実行したテストと結果を記録しておけば、何かを見落としたり、未チェックの項目をチェックしたつもりになっていたりすることが少なくなるだろう。書くという行為によって、似たような事態が次回発生したときに問題点を思い出しやすくなるし、ほかの人に説明する場合にも役立つ。

5.4 最後の手段

こうしたアドバイスがどれも役に立たなかったらどうしたらいいだろうか。いよいよ優れたデバッガを使ってプログラムをステップ実行するときがやって来たのかもしれない。自分の頭の中で思い描いている正しい動作に関するモデルがそもそも間違っていたとしたら、まったく見当違いの場所を調べていたり、正しい場所を調べていても問題点が見えていなかったりするはずだ。そんな場合には、デバッガを使えば強制的に違った考え方ができるようになる。この「頭の中のモデル」にまつわるバグはもっとも見つけにくいバグのひとつで、こんなときには機械的なアシスタントが重宝する。

単純な勘違いの場合もある。演算子の優先度を勘違いしている、演算子を間違えている、インデントが実際の構造と一致していない、ローカル名によってグローバル名が隠蔽されたりグローバル名がローカルスコープに侵入していたりするようなスコープエラーを犯しているなどだ。たとえばプログラマは & や | の優先度が == や != より低いことを忘れがちで、次のように書いて、これがどうしていつも偽になるのだろうと首を傾げる。

```
?     if (x & 1 == 0)
?         ...
```

うっかり指が滑って、単独で使うべき = を2個タイプしたりその逆にしたりすることもある。

```
?     while ((c == getchar()) != EOF)
?         if (c = '\n')
?             break;
```

あるいは編集中によけいなコードを消し忘れている。

```
?     for (i = 0; i < n; i++);
?         a[i++] = 0;
```

あるいはあわててタイプしたせいで問題を引き起こしている。

```
?      switch (c) {
?          case '<':
?              mode = LESS;
?              break;
?          case '>':
?              mode = GREATER;
?              break;
?          defualt:
?              mode = EQUAL;
?              break;
?      }
```

型チェックをあてにできない場面で引数の順番を間違えているためにバグが発生することもある。たとえば次のように書くべきところを、

```
memset(p, 0, n); /* n個の0をpに格納 */
```

次のように書いてしまうケースなどがそれだ。

```
?      memset(p, n, 0); /* n個の0をpに格納 */
```

自分の知らないところで変化が発生することもある。グローバル変数や共有変数の値がなぜか変化しているが、それらの値を変更する可能性のあるルーチンがほかに存在することに気がつかない。

アルゴリズムやデータ構造に致命的な欠陥があるのに、ちっともそれに気がつかない場合もある。我々はリンクリストの話題のネタを用意しているときに、新しい要素を生成する関数やそれをリストの先頭や末尾にリンクする関数などからなるリスト関数パッケージを書いた（こうした関数は2章に掲載してある）。言うまでもなく我々は、すべてが正しいことを確認するためにテストプログラムを作った。最初の2〜3のテストはうまくいったが、その次のテストはものの見事に失敗した。そのテストプログラムは基本的に次のようなものだった。

```
?      while (scanf("%s %d", name, &value) != EOF) {
?          p = newitem(name, value);
?          list1 = addfront(list1, p);
?          list2 = addend(list2, p);
?      }
?      for (p = list1; p != NULL; p = p->next)
?          printf("%s %d\n", p->name, p->value);
```

1個目のループで両方のリストに同一のノード p が追加されてしまっているが、我々はこの点になかなか気がつかなかった。そのため、プリントルーチンに到達した時点ですでにポインタはどうしようもないほどめちゃくちゃになっていたのだ。

自分の頭が間違った思い込みをしているために、この種のバグを見つけるのは難しい。こういうときに役に立つのがデバッガだ。デバッガは我々に違う方向に進むように強制し、プログラムが実行している**はず**の処理ではなく、プログラムが**現実に**実行している処理をたどっていけるようにしてくれるからだ。根本的な問題はプログラム全体の構造にあることが多く、間違いに気づくには自分が最初に立てた仮定に戻る必要がある。

ところで、先ほどの例で間違っていたのはテストコードだという点に注目。そのせいで、バグがなおさら見つけづらくなってしまっていた。テストプログラムが間違っていたり、プログラムのバージョンを間違えてテストしたり、テストする前に更新や再コンパイルをし忘れたりすると、存在しないバグを探すのに無駄な時間を過ごすはめになる。腹立たしいが、これはよくあることなのだ。

長時間作業してもバグが見つからなかったら休憩をとろう。頭をすっきりさせて、何か別のことをするといい。そして友人に話して助けを求める。たちどころに答えが見つかるかもしれないし、そうでなかったとしても次のデバッグセッションで同じパターンにはまり込むことはないはずだ。

そう滅多にないことだが、実際の問題の原因がコンパイラやライブラリやオペレーティングシステムやさらにはハードウェアにある場合もある。この点がとくに言えるのは、バグが発生する直前に環境に何か変更が施されているケースだ。最初からこれらのせいにするのは論外だが、ほかのあらゆる可能性が排除された時点では、これ以外に考えられる可能性が残っていない場合もあるだろう。我々は以前、大規模なテキスト清書プログラムをその故郷の Unix から PC に移植する作業を手がけたことがあった。プログラムは何の問題もなくコンパイルできたのに、とてつもなくおかしなふるまいを示した。入力文字がほぼ1文字おきに抜けてしまうのだ。当初我々は、これが32ビット整数ではなく16ビット整数を使ったために生じた挙動か、ひょっとしたら何らかの奇妙なバイト順にまつわる問題に違いないと思った。しかしメインループに送られる文字をプリントアウトしてみたところ、コンパイラベンダによって提供されていた標準ヘッダファイル ctype.h に間違いがあることが判明した。そこでは isprint が次のような関数マクロとして実装されていた。

```
?    # define isprint(c) ((c) >= 040 && (c) < 0177)
```

また、メイン入力ループは基本的には次のようになっていた。

```
?       while (isprint(c = getchar()))
?           ...
```

入力文字が空白（8進数の40で、これは' 'のわかりづらい書き方）かそれ以上だったら（たいていはそうなる）、マクロによって引数が2回評価されるためにgetcharがもう一度呼び出され、最初の入力文字が永久に失われてしまうのだ。元のコードもあまり美しいとは言えないが（ループ条件に処理を詰め込みすぎている）、このベンダのヘッダファイルは弁解のしようもないほど間違っている。

現在も依然としてこの種の事例にお目にかかることがある。次に示すのは、別のベンダの現行のヘッダファイルに含まれているマクロだ。

```
?       # define __iscsym(c) (isalnum(c) || ((c) == '_'))
```

おかしなふるまいの大きな原因のひとつに、メモリ「リーク」（もう使用されていないメモリが再利用されそこなうこと）がある。また、ファイルをクローズし忘れたためにそのうちオープンファイルのテーブルがいっぱいになってしまい、プログラムがファイルをそれ以上オープンできなくなるという問題もある。何らかのリソースを使い果たしても決まった問題が再現されるとは限らないので、リークをともなうプログラムは不可解な症状を示すことが多い。

ハードウェアそのものが問題を起こすこともある。1994年版のPentiumプロセッサの浮動小数点ユニットにはある種の計算を間違える欠陥があり、ハードウェア設計上の高価なバグとして世界中に知れ渡った。だがいったん見つかってしまえば、このバグはもちろん再現可能だった。我々が今までに目撃したもっとも奇妙なバグのひとつに、大昔の2プロセッサシステム上で動作する電卓プログラムで発生した問題がある。1/2という式で0.5が表示されることもあれば、0.7432のようなまったくおかしな（ただし一貫性のある）値が表示されることもあった。正しい答えが得られるか間違った答えが得られるかに関しては、決まったパターンは一切存在しなかった。やがて問題の原因は片方のプロセッサの浮動小数点ユニットの故障にあることが判明した。電卓プログラムはランダムにどちらか一方のプロセッサで実行されるようになっていたので、答えが正しかったりでたらめだったりしたのだ。

だいぶ以前に我々が使っていたマシンは、浮動小数点演算で間違った値が入る下位ビットの数から内部温度を推測できるようになっていた。基板のカードのひとつが緩いために、マシンの温度が上昇するにしたがってカードが傾いてソケットから外れ、接点から切り離されるデータビットの数が徐々に増加していたのだ。

5.5 再現不能のバグ

一定しないバグはもっとも扱いが難しく、ハードウェアの故障ほど問題点が明確にならないことが多い。しかし、挙動が非決定性だという事実自体がひとつの情報を示している。これは要するに、アルゴリズムの欠陥に原因があると言うより、実行されるたびに変化する情報をコードが何らかの形で利用していることを示しているのだ。

すべての変数が初期化されているかどうかをチェックしよう。同じメモリ位置にそれまで記憶されていた無意味な値を使ってしまっているのかもしれないからだ。CとC++の場合にもっとも有力な容疑者は、関数のローカル変数とアロケータによって取得されたメモリだ。すべての変数を既知の値にセットすること。時刻に基づいて通常セットされる乱数シードがあるなら、それをゼロなどの定数に初期化しておく。

デバッグ用のコードを追加した結果バグのふるまいが変化したりバグそのものが消えてしまうような場合には、メモリ割り当てにまつわる問題が疑われる。割り当て範囲外のメモリに書き込んでしまっている部分があって、デバッグコードを追加したためにメモリレイアウトが変わって、そのバグの作用が変化したのかもしれない。printfからダイアログウィンドウにいたるまで、ほとんどの出力関数は自分でメモリを割り当てるようになっているため、事態はますます混迷の度を深める。

間違っていそうな部分から遠く離れた位置でクラッシュするように思える場合には、ずっとあとに使用されるメモリ位置に値を格納してメモリを上書きしてしまっている可能性が一番高い。場合によっては、ダングリングポインタの問題が発生している可能性もある。ダングリングポインタというのは、関数から間違ってローカル変数のポインタが返され、それが使用されてしまう問題のことだ。ローカル変数のアドレスを返すことは、障害を遅延発生させるレシピだと言える。

```
?	char *msg(int n, char *s)
?	{
?		char buf[100];
?
?		sprintf(buf, "error %d: %s\n", n, s);
?		return buf;
?	}
```

msgから返されたポインタが使われる頃には、このポインタはもう意味のあるストレージを指していない。**malloc**を使ってストレージを割り当てるか、static配列を使うか、呼び出し側に領域を用意させるようにしなければならない。

動的に割り当てられた値を解放後に使った場合も似たような症状が出る。これについては2章でfreeallを書いたときに触れた。次のコードは間違っている。

```
?     for (p = listp; p != NULL; p = p->next)
?         free(p);
```

いったんメモリを解放したら、もうそれを使ってはならない。内容が変化している可能性があり、p->nextがまだ正しい位置を指している保証はどこにもないからだ。

mallocとfreeの一部の実装には、項目を2回解放すると内部のデータ構造体が破壊されるがすぐにはトラブルが発生せず、その後の呼び出しによってそのときのガラクタを踏んづけたときに初めて問題が生じる実装もある。また、一部のアロケータにはデバッグオプションが用意されており、それをセットすれば呼び出しごとにアリーナの一貫性をチェックできるようになる。非決定性のバグに悩まされたら、このオプションを有効にしよう。この種のオプションが存在しなくても、独自の一貫性チェックを実行するアロケータや、あとで分析できるようにすべての呼び出しのログをとるアロケータを自分で書けばいい。高速に動作する必要のないアロケータなら簡単に書けるので、状況が八方塞がりならこのやり方も悪くない。メモリ管理状況をチェックしたりエラーやリークを捕捉してくれる優秀な製品も市販されているが、それを持っていなくても、自分でmallocやfreeを書けばそうした製品の機能を部分的に実現できるはずだ。

実行する人によってプログラムが動いたり動かなかったりするときには、間違いなくプログラムの外部環境に依存する要素が存在する。それはプログラムによって読まれるファイルかもしれないし、ファイルの権限、環境変数、コマンドの検索パス、デフォルト値、あるいは起動ファイルかもしれない。動かないプログラムの環境をそっくりそのまま再現するには自分がその人にならなければならないので、この種の状況の相談に乗るのは難しい。

問題 5-1　ストレージ管理の問題をデバッグするのに使えるmallocとfreeを記述せよ。mallocとfreeの呼び出しごとにワークスペース全体をチェックするアプローチもあるし、別のプログラムで処理できるようなログ情報を書き出すアプローチもある。いずれにしても、個々の割り当てブロックの先頭と末尾にマーカを追加して、両端で発生するオーバーランを検出できるようにすること。

5.6 デバッグツール

バグの発見に役立つツールは何もデバッガだけではない。膨大な出力を調べていって重要な情報を拾ったり、変則的なふるまいを見つけたり、起こっていることを把握しやすいようにデータを配置したりするときには、さまざまなプログラムが役に立つ。こうしたプログラムの多くは標準ツールキットに含まれており、ある種のバグを見つけたり特定のプログラムを分析したりするために書かれた支援ツールもある。

このセクションでは、stringsという単純なプログラムを紹介しよう。このプログラムは、実行可能ファイルや一部のワードプロセッサに使われる不可思議なバイナリ形式ファイルなどのように、ほとんどが非表示文字で構成されるファイルを調べるのにとりわけ重宝する。こうしたファイルの内部には、ドキュメントのテキストやエラーメッセージ、非公開オプション、ファイルやディレクトリの名前、プログラムが呼び出す関数の名前などといった貴重な情報が隠れていることが多い。

stringsは、それ以外のバイナリファイルでテキストを見つけるときにも便利に使える。イメージファイルにはそれを作成したプログラムを示すASCII文字列が含まれているのが普通だし、圧縮されたファイルやアーカイブファイル（zipファイルなど）にはファイル名が含まれている場合がある。これらもstringsを使えば調べられる。

Unixシステムにはstringsの実装が付属しているが、ここで紹介する実装とは若干違いがある。Unix版の場合には、入力がプログラムだと判断されたらテキストセグメントとデータセグメントだけが調べられ、シンボルテーブルは無視される。ただし-aオプションを指定すれば、ファイル全体が強制的に読まれるようになる。

stringsはバイナリファイルからASCIIテキストを抜き出して、ほかのプログラムを使って読んだり処理したりできるようにするツールだ。身元不明のエラーメッセージが出力される場合には、出力される理由はもちろん、それを生成したプログラムがどれなのかもはっきりしないことがある。そういうときには、メッセージを出力したプログラムがありそうなディレクトリで次のようなコマンドを使って調べてみれば、メッセージの出所がわかるかもしれない。

```
% strings *.exe *.dll | grep 'mystery message'
```

次のstrings関数は、ファイルを読んで、MINLEN=6文字以上連続して並んでいる表示可能文字をすべて表示する。

```
/* strings: ストリームから表示可能文字列を抽出 */
void strings(char *name, FILE *fin)
{
    int c, i;
    char buf[BUFSIZ];

    do { /* 個々の文字列について1回ずつ */
        for (i = 0; (c = getc(fin)) != EOF; ) {
            if (!isprint(c))
                break;
            buf[i++] = c;
            if (i >= BUFSIZ)
                break;
        }
        if (i >= MINLEN) /* 十分に長ければ表示 */
            printf("%s:%.*s\n", name, i, buf);
    } while (c != EOF);
}
```

文字列（buf）は末端がヌルで区切られていないので、printf では書式文字列%.*s によって2番目の引数（i）に基づいて文字列の長さを指定している。

do-while ループは個々の文字列を見つけて表示し、EOF で終了する。エンドオブファイルのチェックを最後に実行することで getc ループと文字列ループが終了条件を共有できるようになるし、文字列の末端処理とエンドオブファイル処理と長すぎる文字列の処理を1回の printf によって処理できるようになる。

先頭でテストを実行する標準的なループを外側のループとして使ったり、getc ループ1個で済むようにループの中身をもっと複雑にしたりすると、printf が複数必要になってしまう。実を言えば、最初の strings 関数はそうなっていた。そのせいで printf 文のバグを修正したときに1か所しか直さず、残りの2か所を変更するのを忘れてしまった（「どこか別の場所でこれと同じ間違いをしなかっただろうか？」）。これによってコードの重複が少なくなるようにプログラムを書き直す必要があると思い知り、do-while を使うことになったというわけだ。

strings のメインルーチンは、引数に指定されたファイルそれぞれについて strings 関数を呼び出す。

```
/* strings main: ファイル中の表示可能文字列を見つける */
int main(int argc, char *argv[])
{
    int i;
    FILE *fin;

    setprogname("strings");
    if (argc == 1)
        eprintf("usage: strings filenames");
    else {
        for (i = 1; i < argc; i++) {
            if ((fin = fopen(argv[i], "rb")) == NULL)
                weprintf("can't open %s:", argv[i]);
            else {
                strings(argv[i], fin);
                fclose(fin);
            }
        }
    }
    return 0;
}
```

ファイルが1個も指定されなかった場合に strings が標準入力から読むようになっていない点に驚く人もいるだろう。当初は読むようになっていたのだが、現行のバージョンはそうなっていない。その理由を説明するには、デバッグ作業の顛末をお話しなければならない。

strings の当然のテストケースは、このプログラムをそれ自体に実行してみることだ。これは Unix ではうまくいったが、Windows 95 で次のコマンドを実行したところ、

```
C:\> strings <strings.exe
```

次のような5行だけが出力された。

```
!This program cannot be run in DOS mode.
'.rdata
@.data
.idata
.reloc
```

1行目はいかにもエラーメッセージのように見えたので、これが実際にプログラム中に埋め込まれた文字列だとわかるまで、しばらく時間を無駄にしてしまった。この出力は少なくともそれ自体は正しい出力だ。メッセージの出所を誤解したせいで

デバッグセッションが脱線することは決して珍しい事態ではない。

だがもっと多くの出力が生成されてもいいはずだ。一体どこへ行ってしまったのか。夜もだいぶふけた頃、ようやく光が見えてきた（「これ前に見たことあるぞ！」）。これは8章でもっと詳しく取り上げる互換性の問題だ。我々は当初、標準入力からgetcharだけを使って読むようにプログラムを書いた。ところがWindowsでは、テキストモードの入力中に特殊なバイト値（0x1Aつまりcontrol-Z）が検出されると、getcharがEOFを返す。すぐに終了してしまうのはそのせいだったのだ。

この動作は完全に合法的には違いないが、Unix出身の我々としては期待通りの動作とは言えなかった。これの対策は、"rb"を使ってバイナリモードでファイルをオープンすることだ。ところがstdinはすでにオープンしており、これのモードを変更する標準的な手段は存在しない（fdopenやsetmodeのような関数を使う手もあるが、これらはC標準には含まれてない）。そんなわけで、最終的に我々の手もとには趣味に合わない選択肢ばかりが残るはめになった。Unixでは不便だが、Windowsで正しく動作するようにユーザーがファイル名を指定しなければならないようにするか。それともWindowsユーザーが標準入力から読ませようとしたときに、間違った答えをこっそり生成するか。あるいは移植性が低下するのと引き換えに、条件コンパイルによって別々のシステムに合わせた動作を実現するか。我々は同一のプログラムがどこでも同じ動作をするように、最初の選択肢を選ぶことにした。

問題 5-2　stringsプログラムは文字数がMINLEN個以上の文字列を表示するが、それだと出力が多くなりすぎて不便な場合もある。最短の文字列長を指定するオプション引数をstringsに装備せよ。

問題 5-3　visを記述せよ。このプログラムは入力を出力にコピーするが、その際にバックスペースや制御文字や非ASCII文字などの非表示バイトを\Xhhとして表示する（hhは非表示バイトの16進数表記）。visがもっとも便利なのは、stringsとは逆に非表示文字をほんのわずかしか含まない入力を調べる場合だ。

問題 5-4　入力が\X0Aのときのvisの出力はどうなるか。visが紛らわしい出力をしないようにするのに、どんな方法が考えられるだろうか。

問題 5-5　visを拡張して、複数のファイルを処理し、長い行を希望の任意の桁で折り返し、非表示文字を完全に取り除くようにせよ。このプログラムの役割と矛盾しない機能として、これ以外にどんなものが考えられるだろうか。

5.7 他人のバグ

現実的には、新しいシステムをゼロから開発する楽しみを味わっているプログラマはそれほど多くない。ほとんどのプログラマは他人の書いたコードを使ったり保守したり変更したりして大半の時間を過ごしており、したがって嫌でも他人のコードをデバッグせざるを得ない。

他人のコードをデバッグするときにも、自分自身のコードをデバッグする方法について本書で今まで説明してきたことがすべてあてはまる。しかし作業に着手する前に、そのプログラムがどのように構成されているのか、元のプログラマがどう考えてどう記述したのかについて、多少の予備知識を仕入れておかなければならない。ある非常に大規模なソフトウェアプロジェクトでこの作業が「発見」という用語で呼ばれていたことがあったが、この比喩はそれほど見当外れではない。この作業は、自分が書いたのではないコードで一体何が起こっているのかを発見する作業なのだ。

この作業には各種のツールがおおいに役立つ。grep などのテキスト検索プログラムはある特定の名前が出現するすべての場所を見つけてくれるし、クロスリファレンス作成ツールはプログラムの構造を解明するヒントを与えてくれる。グラフが大きくなりすぎないようなら関数呼び出しのグラフを表示すると何かと参考になるし、デバッガで関数呼び出しを１つずつステップ実行しながらプログラムを調べていけばイベントシーケンスが明らかになる。また、改訂履歴を見れば、そのプログラムにこれまでどんな作業が施されてきたのかについて手がかりが得られるかもしれない。頻繁に変更されているようなら、たいていそれはコードがよく理解されていないか仕様の変更が多い証拠であり、バグが潜んでいる可能性が高い。

場合によっては、自分の担当外の、ソースコードを持っていないソフトウェアの問題をつきとめなければならないこともある。こうしたケースでは、バグを正確に報告できるようにバグの特性を十分見極めることが肝心だ。それと同時に、おそらくはその問題を回避するための「その場しのぎ」の方策を見つける必要もあるだろう。

コンパイラのバグを見つけたら、その問題が自分のコードではなく本当にコンパイラ側にあることを確認すること。たとえば、C や C++では右シフト演算によってビットにゼロが埋められるか（論理シフト）符号ビットが入ってくるか（算術シフト）は未定義なので、次のような構文によって予期しない結果が生成されたときに、初心者の中にはそれを障害だと考える人がいる。

```
?       i = -1;
?       printf("%d\n", i >> 1);
```

しかしこれは移植性の問題だ。この文はシステムによって異なる動作になっても合法的だからだ。自分で複数のシステムでテストしてみて、発生した結果を確実に理解しよう。念のため言語の定義もチェックするように。

そのバグが新しい問題だという点も確認すること。プログラムの最新版を使っているだろうか。バグフィックスのリストがあるだろうか。ほとんどのソフトウェアは何度もリリースし直されるので、バージョン 4.0b1 にバグを見つけたとしたら、バージョン 4.04b2 ではそのバグが修正されているか、別の新しいバグと入れ換わっている可能性が高い。いずれにしても、プログラムの現行のバージョンに存在しないバグを熱心に修正しようとするプログラマはほとんどいない。

最後に、レポートを受け取る人の立場になって考えてみること。できる限り良好なテストケースを担当者に渡すようにしよう。巨大な入力や複雑な環境や複数の補助ファイルがなければそのバグを再現できないようだと、あまり役に立たない。最小限までスリム化して、自己完結したテストケースを作ること。また、プログラム自体やコンパイラやオペレーティングシステムやハードウェアのバージョンなど、ひょっとしたら参考になるかもしれない情報も添付しよう。セクション 5.4 で紹介した isprint のバグバージョンで言えば、我々ならテストプログラムとして次のコードを渡す。

```
/* isprint のバグ用テストプログラム */
int main(void)
{
    int c;

    while (isprint(c = getchar()) || c != EOF)
        printf("%c", c);
    return 0;
}
```

表示可能なテキストならどんな行でもテストケースの役割を果たす。入力の半分しか出力されないからだ。

```
% echo 1234567890 | isprint_test
24680
%
```

最高のバグレポートは、障害を再現するのに何の変哲もないシステムで 1～2 行の入力があれば十分で、しかも修正方法まで添付されているレポートだ。自分が受け取りたいと思うようなバグレポートを送るように心がけよう。

5.8 まとめ

正しい態度でデバッグ作業に臨めばパズルを解くような面白さを味わえることもあるが、楽しいかどうかはともかくとして、デバッグは我々が日常的に実践することになる作業だ。それでもバグが発生しないに越したことはないだろうから、そもそもコードをきちんと書いて、バグを避けるように努める必要がある。きちんと書いたコードは最初からバグが少ないし、バグがあっても発見しやすい。

いったんバグが見つかった時点でまず第1にすべきことは、そのバグが提示する手がかりをじっくり考えることだ。どうしたらこうなるのだろうか。見慣れたパターンのバグだろうか。直前にプログラムで何か変更しただろうか。バグを誘発する入力データに何か特殊な点はあるだろうか。選り抜きのテストケースを2〜3用意し、コードにプリント文を少し入れればおそらく十分だろう。

十分な手がかりがない場合でも、最善の第一歩はやはり熟考することだ。その次に、システマチックなアプローチによって問題の発生箇所を絞り込む作業が続く。その際には、一方では入力データを削減することによって問題を引き起こす小規模な入力を作り、もう一方ではコードを削減することによって関係ないはずの部分を取り除いていく。手順がいくつか実行されたあとで実行されるチェックコードを挿入する手もあるが、これの目的も問題発生箇所を絞り込むことにある。こうした手法はどれも分割統治法という普遍的な戦術の実例であり、これは政治や戦争の場合と同様にデバッグ作業でも効果的だ。

これ以外の支援機能も活用しよう。自分のコードを他人（テディベアでもいい）に説明すること。これには驚くほど効果がある。デバッガを使ってスタックトレースを入手すること。メモリリークや配列境界の侵犯や疑わしいコードなどをチェックしてくれる市販のツールを利用すること。コードの動作について自分が誤解していることに気づいたら、コードをステップ実行してみること。

自分自身を知り、自分が犯しがちなミスのタイプを知ろう。バグを見つけて修正したら、必ずそれ以外の似たようなバグも取り除くこと。同じようなミスを二度と繰り返さないように、発生したことについてよく考えよう。

5.9 参考文献

Steve Maguire 著『*Writing Solid Code*』*1（Microsoft Press 社刊、1993 年）と Steve McConnell 著『*Code Complete*』*2（Microsoft Press 社刊、1993 年）のどちらにも、デバッグ作業に関する優れたアドバイスが満載されている。

---

*1 （邦訳）『ライティングソリッドコード：バグのないプログラミングを目指して』Steve Maguire 著、関本健太郎訳、アスキー、1995

*2 （邦訳）『コードコンプリート 第2版: 完全なプログラミングを目指して 上・下』Steve McConnell 著、クイープ訳、日経 BP、2005

The Practice of Programming　CHAPTER 6

第6章　テスト

手によってであれ卓上計算機によってであれ、通常の計算作業においては計算をステップごとにチェックし、間違いが見つかった場合には、最初に間違いに気づいた位置から逆向きにたどって問題の箇所をつきとめるのが通例である。

Norbert Wiener, *Cybernetics*

テストとデバッグはひとまとめに扱われることが多いが、両者は同じものではない。ごくおおざっぱに言えば、デバッグはプログラムに問題があるとわかっているときにする作業だ。それに対してテストは、正常に動作していると思われるプログラムを破綻させようとする、確信犯的でシステマチックな作業と言える。

テストによってバグの存在は証明できるが、バグの不在は証明できないというEdsger Dijkstraの有名な言葉がある。Dijkstraは、構文によっておのずとプログラムが正しく作成され、それによって間違いがなくなりテストも不要になることを期待した。これは目標としては素晴らしいが、実用的なプログラムに関しては現時点ではまだ現実的な話ではない。そのためこの章では、間違いを短時間で効率よく効果的に発見するためのテスト方法を取り上げよう。

まず最初は、コーディングしながら潜在的な問題について考えることから始めるといいだろう。そして簡単なテストであれ手の込んだテストであれ、テストを系統的に実行すれば、プログラムが産声を上げたときから正しく動作し、正しいまま成長し続けるようになる。また自動化は手作業を追放するのに役立ち、徹底的なテストがやりやすくなる。さらに、プログラマたちが経験から学んだ商売上のトリックも数多く存在する。

バグのないコードを書くひとつの方法として、コードをプログラムによって生成することがある。もう十分に理解しているプログラミング作業があって、そのコードを書くのが機械的な作業に思えるのであれば、機械化したほうがいいだろう。これのごく一般的な事例が、専用の言語で記述された仕様からプログラムを生成できるケースだ。たとえば我々は高級言語をアセンブリコードにコンパイルしたり、テキストパターンを指定するのに正規表現を利用したり、スプレッドシートで所定の範囲のセルに対する演算を表現するのに `SUM(A1:A50)` のような記法を使ったりしている。こうしたケースでは、ジェネレータやトランスレータが正しく動作し仕様が正しければ、生成されるプログラムも正しく動作する。この話題は内容が豊富なので9章でもっと詳しく紹介することにし、この章では簡単な指定によってテストを生成する方法について取り上げよう。

6.1 コーディング時のテスト

問題の発見は早ければ早いほどいい。記述しながらその内容についてシステマチックに考えるようにすれば、プログラムの単純な部品を検証しながら作成できるようになり、その結果コンパイルもしないうちにコードのテストが一通り済んでしまう。これである種のバグは決して這い出して来なくなる。

境界をテストしよう。テクニックのひとつに**境界条件テスト**がある。これは、小さな単位のコード（たとえばループや条件文など）を書くたびに、条件分岐が正しく実行されるかどうかやループの繰り返し回数が正しいかどうかをその場でチェックすることだ。境界条件テストと呼ばれているのは、存在しない入力や空の入力、単一の入力項目、ちょうどいっぱいになった配列など、プログラムやデータに内在する自然な境界を調べるテストだからだ。ほとんどのバグは境界で発生する。ある部分のコードが失敗するとしたら境界で失敗する可能性が高いし、逆に、境界で正しく動作するならほかの部分でも動作する可能性が高い。

次のコードはfgetsがモデルで、改行を受け取るかバッファがいっぱいになるまで文字を読み込む。

```
?     int i;
?     char s[MAX];
?
?     for (i = 0; (s[i] = getchar()) != '\n' && i < MAX-1; ++i)
?         ;
?     s[--i] = '\0';
```

自分がたった今このループを書き上げたと思ってほしい。このコードが行を読む様子を頭の中でシミュレートしてみよう。最初にテストする境界はもっとも単純で、それは空行だ。改行1個だけしか入っていない行を想像すれば、問題点が簡単にわかる。このループはiがゼロにセットされる最初の繰り返しでストップするため、最後の行でiが-1にデクリメントされて、配列の先頭よりも前にあるs[-1]にヌルバイトが書き込まれてしまうのだ。こうして境界条件テストによって間違いが発見された。

このループを、入力文字を配列に入れる伝統的な慣用句を使って書き直すと、次のようになる。

```
?     for (i = 0; i < MAX-1; i++)
?         if ((s[i] = getchar()) == '\n')
?             break;
?     s[i] = '\0';
```

先ほどの境界テストをもう一度やってみれば、改行だけの行が正しく処理されることを簡単に検証できる。i はゼロであり、最初の入力文字によってループから脱出し、'\0' が s[0] に格納される。入力が 1 文字と改行である場合と 2 文字と改行の場合についても同様にチェックしてみれば、この境界付近ではループがきちんと動くという確信が得られる。

しかしチェックすべき境界条件はほかにもある。入力が長い行だったり改行が存在しなかったりする場合に関しては、i を MAX-1 未満に抑える予防策によって防衛される。だが、入力が空で、その結果 getchar の最初の呼び出しで EOF が返された場合はどうなるだろうか。それを防止しなければならない。

```
?     for (i = 0; i < MAX-1; i++)
?         if ((s[i] = getchar()) == '\n' || s[i] == EOF)
?             break;
?     s[i] = '\0';
```

境界条件テストは多くのバグを捕まえられるが、すべてを捕捉できるわけではない。この例は 8 章で再び取り上げる。8 章では、このコードにまだ移植性のバグが存在することを示すつもりだ。

次の段階はもう一方の境界で入力をチェックすること、つまり配列が満杯に近い状態と、ちょうど満杯の状態と、満杯を超えた状態（とくに改行が同時に到着する場合）のチェックをすることだ。これについては詳しく説明しないが、読者のいい練習になると思う。こうした境界について考えれば、'\n' が発生する前にバッファがいっぱいになったときにどうするのかという問題が表面化する。こうした仕様の空白部分は早めに解決しておかなければならない。境界をテストすればこの手の問題を発見しやすくなる。

境界条件チェックは 1 個外れエラーを見つけるのに効果的だ。経験を重ねるうちにこれが身体にしみ込んで、多くのつまらないバグを未然に除去できるようになるだろう。

事前と事後の状態をテストしよう。問題の発生を未然に防ぐもうひとつの方法は、何らかのコード部分を実行する前（事前状態）と後（事後状態）で、期待される状態や必要な状態になっているかどうかを検証することだ。事前状態のテストの代表例として、入力値が範囲内に収まっているかどうかを確認することがある。次に示すのは配列中に存在するn個の要素の平均を計算する関数だが、nがゼロ以下だと問題が生じる。

```
?     double avg(double a[], int n)
?     {
?         int i;
?         double sum;
?
?         sum = 0.0;
?         for (i = 0; i < n; i++)
?             sum += a[i];
?         return sum / n;
?     }
```

nがゼロだった場合に、avgはどうすべきだろうか。要素が存在しない配列というのは十分意味のある概念だが、その平均値はそうではない。avgはゼロによる除算をシステムに捕捉させるべきか？ 強制終了すべきか？ 文句を言うべきか？ 何らかの無害な値を黙って返すべきか？ また、nが負だったら？ これはバカげているが、あり得ない話ではない。4章からわかるように、我々ならnがゼロ以下だったらおそらく平均値として0を返すと思う。

```
return n <= 0 ? 0.0 : sum/n;
```

しかし唯一無二の正しい答えは存在しない。

確実に間違っている答えのひとつは問題を無視することだ。1998年11月号の「*Scientific American*」誌には、アメリカ海軍の誘導ミサイル巡洋艦ヨークタウンで起こった事件に関する記事が掲載されている。ある乗組員がデータ値として間違ってゼロを入力してしまい、その結果ゼロによる除算エラーが発生した。そしてそのエラーが次々に伝播し、最終的には艦の推進システムをダウンさせてしまった。プログラムが入力の有効性チェックをさぼったおかげで、ヨークタウンは海上で2時間立ち往生するはめになったのだ。

アサーションを使おう。CとC++には`<assert.h>`でアサーション機能が提供されており、事前／事後状況のテストを追加しやすくなっている。アサーションが失敗するとプログラムが強制終了させられてしまうため、本当に予想外の問題が発生して復旧手段が存在しない場合にのみ使われるのが普通だ。先ほどのコードの場合なら、ループの前に次のようなアサーションを追加することになるだろう。

```
assert(n > 0);
```

このアサーションが失敗すると、プログラムは次のような標準的なメッセージを表示して異常終了する。

```
Assertion failed: n > 0, file avgtest.c, line 7
Abort(crash)
```

アサーションはインターフェイスの属性を検証するのにとりわけ便利で、これによって呼び出し側と呼び出される側の不一致が露呈するし、誰に責任があるのかまでわかる場合もある。関数が呼び出されたときにnはゼロより大きいというアサーションが失敗した場合には、avg自体ではなく呼び出し側がトラブルの犯人として告発されたことになる。インターフェイスが変更されたのにそれに依存するルーチンを修正し忘れたときにも、現実のトラブルが発生する前にアサーションによってそのミスが見つかる可能性がある。

プログラミングは防御的に。有益なテクニックのひとつに、「あり得ない(can't happen)」ケース、つまり論理的には起こるはずがないのに(別の場所にある何らかの問題のせいで)とにかく発生するケースに対応するコードを追加する手法がある。配列の長さがゼロ以下かどうかのテストをavgに追加することもそのひとつの例だ。また成績処理プログラムなら、負の値や巨大な値が存在するはずがないと思っても、とりあえず次のようにチェックしておくべきだろう。

```
if (grade < 0 || grade > 100) /* あり得ない */
    letter = '?';
else if (grade >= 90)
    letter = 'A';
else
    ...
```

これは**防御的プログラミング**の例だ。防御的プログラミングというのは、間違った使われ方や不正なデータからプログラムが自分自身を保護できるようにすることを指す。ヌルポインタ、範囲外の添字、ゼロによる除算などといった問題は早期発見が可能だし、それによって用心したり方向転換したりできる。自衛的なプログラミングを心がけていれば、(しゃれではなしに)ヨークタウンで発生したゼロによる除算の問題も捕捉できたと思う。

エラーの戻り値をチェックしよう。軽視されがちな自衛策のひとつに、ライブラリ関数やシステムコールから返されたエラーをチェックすることがある。freadや

fscanf などの入力ルーチンからの戻り値は必ずエラーチェックされなければならないし、fopen のようなファイルオープン呼び出しに関しても同じことが言える。読み出しやオープンが失敗したら、処理が正しく進行することはあり得ないからだ。

また、fprintf や fwrite のような出力関数のリターンコードをチェックすれば、ディスクに領域が残っていない場合にファイルを書き込もうとして生じるエラーを捕捉できる。しかしそれには以下のように fclose の戻り値をチェックすれば十分だろう。fclose は処理中に何かエラーが発生すれば EOF を返し、そうでなければゼロを返すからだ。

```
fp = fopen(outfile, "w");
while (...)                 /* 出力を outfile に書き出す */
    fprintf(fp, ...);
if (fclose(fp) == EOF) { /* エラーがあったか */
    /* 何らかの出力エラーが発生 */
}
```

出力エラーが重大な結果をもたらす場合もある。重要なファイルの新しいバージョンを書き出すようなときにこうしたチェックを実行すれば、新しいファイルの書き出しが成功しなかった場合でも古いファイルが削除されずに済む。

コーディングしながらのテストは、少ない労力で大きな効果を上げられる。テストを意識しながらコードを記述することはコードの品質向上につながる。コードの正しい動作が一番よくわかっているのは自分がプログラムを書いている最中だからだ。問題が発生するまで放っておいたりすると、コードの動作を忘れてしまっている可能性がある。納期に追われて後回しにすると問題を再発見するのに時間がかかるし、おそらく完全には動作を思い出せないだろうから、修正作業の徹底度が低下し破綻が生じやすくなる。

問題 6-1 以下の例の境界をチェックし、1章で紹介したスタイルの原則とこの章のアドバイスにしたがって必要に応じて修正せよ。

(a) 階乗を計算するコード：

```
?    int factorial(int n)
?    {
?        int fac;
?        fac = 1;
?        while (n--)
?            fac *= n;
?        return fac;
?    }
```

(b) 文字列の文字を1行に1文字ずつ表示するコード：

```
?     i = 0;
?     do {
?         putchar(s[i++]);
?         putchar('\n');
?     } while (s[i] != '\0');
```

(c) コピー元からコピー先へ文字列を複写するコード：

```
?     void strcpy(char *dest, char *src)
?     {
?         int i;
?
?         for (i = 0; src[i] != '\0'; i++)
?             dest[i] = src[i];
?     }
```

(d) これも文字列コピーだが、s から t に n 個の文字をコピー：

```
?     void strncpy(char *t, char *s, int n)
?     {
?         while (n > 0 && *s != '\0') {
?             *t = *s;
?             t++;
?             s++;
?             n--;
?         }
?     }
```

(e) 数値の比較：

```
?     if (i > j)
?         printf("%d is greater than %d.\n", i, j);
?     else
?         printf("%d is smaller than %d.\n", i, j);
```

(f) 文字クラスのテスト：

```
?     if (c >= 'A' && c <= 'Z') {
?         if (c <= 'L')
?             cout << "first half of alphabet";
?         else
?             cout << "second half of alphabet";
?     }
```

問題 6-2　本書を執筆している1998年末の時点で、2000年問題は境界条件にまつわる史上最大の問題となりつつある。

(a) システムが2000年に動作しそうかどうかをチェックするのにどんな日付を使えばいいか。テストの実行が高くつくとしたら、2000年1月1日そのものを試したあとで、どんな順序でテストを実行したらいいか。

(b) 日付を次の形式の文字列で返す標準関数 ctime は、どのようにテストすればいいだろうか。

```
Fri Dec 31 23:58:27 EST 1999\n\0
```

自分のプログラムで ctime を呼び出すと仮定して、欠陥のある実装から自衛するには自分のコードをどう記述すればいいか。

(c) 次のような出力を表示するカレンダプログラムをどうテストしたらいいか説明せよ。

```
    January 2000
 S  M Tu  W Th  F  S
                   1
 2  3  4  5  6  7  8
 9 10 11 12 13 14 15
16 17 18 19 20 21 22
23 24 25 26 27 28 29
30 31
```

(d) 自分の使っているシステムに、これ以外にどのような時間的な境界が存在するだろうか。それらが正しく処理されているかどうかを確認するには、どんなテストをすればいいか。

6.2 系統的なテスト

プログラムのテストは系統的に実行することが肝心だ。自分が何をテストしようとしていて、そこからどんな結果を期待するのかを段階ごとに把握していなければならない。テストは見落としがないように順序正しく実行する必要があるし、どこまで作業が済んだかわかるように記録をとっておかなければならない。

テストはインクリメンタルに。 テスト作業はプログラムの作成と歩調を合わせて行う必要がある。とりあえずプログラムを全部書き上げてから一気にテストする「ビッグバン」方式は、インクリメンタル方式に比べてはるかに大変だし時間もかかる。プログラムのパーツを書いたらそれをテストし、それにコードをいくらか追加したらまたそれをテストするといったやり方をすること。別々に記述されテストされた2つのパッケージを使う場合には、両者を最終的に統合するときにそれらがきちんと共存するかどうかをテストしよう。

たとえば我々が4章のCSVプログラムをテストする際にとった最初のステップは、入力を読むのに必要十分なコードだけを書くことだった。これによって入力処理を確認できる。次のステップはカンマの位置で入力を分割することだ。こうした部品がまともに動くようになって初めて我々はクォートでくくられたフィールドの処理に移った。こうして徐々にコードを発展させながら、すべてがテストされるようにしていったのだ。

テストは単純な部品から。インクリメンタルなアプローチは機能のテスト方法自体にもあてはまる。最初は、プログラムのもっとも単純でもっともよく使われる機能にテストの対象を限定しよう。そうした機能がきちんと動くようになるまでは先に進まない。こうすれば、それぞれの段階でより多くの部分をテストできるようになるし、基本的なメカニズムが正しく動作するという自信も得られる。まず簡単なテストによって簡単なバグを見つける。毎回のテストでは、その次の潜在的な問題を探し出すのに必要な最低限の作業を実行する。そうするとバグを発生させるのが徐々に難しくなっていくが、必ずしもそれにつれてバグの修正作業も難しくなるとは限らない。

このセクションでは効果的なテストの選択方法とそれを実行する順序について説明し、次の2つのセクションでは作業を効率よく実行できるように手順を機械化する方法を紹介する。最初のステップ（少なくとも小さなプログラムや個別の関数をテストする場合の）は、前のセクションで説明した境界条件テストの延長線上にある。つまり小規模なケースに対して系統的なテストを実行するのだ。

整数の配列で二分探索を実行する関数があるとしよう。この関数に対して、我々なら次のようなテストを実行する（複雑度の低い順に並べてある）。

- 要素のない配列を探索
- 要素が1個の配列を次の試行値について探索
  - 配列中の唯一の値よりも小さい
  - 配列中の唯一の値と等しい
  - 配列中の唯一の値よりも大きい

- 要素が2個の配列を次の試行値について探索
  - 考えられる5種類すべての位置をチェック
- 配列に重複した要素が含まれる場合に次の試行値について動作をチェック
  - 配列中の値よりも小さい
  - 配列中の値と等しい
  - 配列中の値よりも大きい
- 要素が2個の場合と同様の探索を要素数3個の配列で実行
- 要素が2個や3個の場合と同様の探索を要素数4個の配列で実行

このテストを問題なくパスすれば関数の具合はだいぶ良さそうだが、それでももっと徹底的にテストする余地は残っている。

この一連のテストは小規模なので手でも実行できるが、**テスト機構**を作って手順を機械化したほうがいい。下に示すのは、自力で作成可能なシンプルなドライバプログラムだ。このプログラムは探索するキーと配列のサイズを含んだ入力行を読み、指定されたサイズの配列に1、3、5、……といった値を入れ、指定されたキーをこの配列で探索する。

```
/* bintest main: binsearch のテスト機構 */
int main(void)
{
    int i, key, nelem, arr[1000];

    while (scanf("%d %d", &key, &nelem) != EOF) {
        for (i = 0; i < nelem; i++)
            arr[i] = 2*i + 1;
        printf("%d\n", binsearch(key, arr, nelem));
    }
    return 0;
}
```

これは単純な例だが、必ずしも大規模なテスト機構を用意しなくても役に立つのがわかるだろう。また、こうしたテストをもっと徹底的に実行させたり、もっと手入力が少なくなるように改良するのも簡単だ。

期待される出力を把握しておこう。どんなテストをする場合でも、何が正しい答えなのかを知っておく必要がある。そうでなければ時間の無駄になるだけだ。この点は当たり前に思えるかもしれない。まともに動いているかどうかを簡単に判断できるプログラムも多いからだ。たとえばファイルのコピーだったらコピーされたかどうか、ソートの出力ならきちんとソートされたかどうかを確認すればいい。ソートの出力は元の入力の順列になっている必要もある。

しかしほとんどのプログラムはそれほど一目瞭然に判定できるわけではない。コンパイラなら出力が入力の正しい変換結果なのかどうか、数値演算アルゴリズムなら結果が誤差の許容範囲内に収まっているかどうか、グラフィックスならピクセルが正しい位置に置かれたかどうかを判断しなければならない。こうした場合には、出力を既知の値と比較して検証することがとくに重要になる。

- コンパイラをテストする場合には、テストファイルをコンパイルして実行する。このテストプログラムは出力を生成する必要があり、その結果を既知の結果と比較する必要がある
- 数値演算プログラムをテストする場合には、アルゴリズムのきわどい部分を調査するテストケースを生成する（簡単なケースだけでなく難しいケースも）。可能なら、出力の正常性を検証するコードを記述する。たとえば数値積分演算の出力なら連続性をテストできるし、閉じた公式の解と一致するかどうかもテストできる
- グラフィックスプログラムをテストする場合は、四角形を描画できるかどうかを確認するだけでは不十分で、四角形を画面から読み直して、辺が正しい位置に配置されているかどうかをチェックする

逆の動作をするプログラムがあるなら、それを実行すれば入力を復元できることをチェックしよう。暗号化と復号化は互いに逆の動作をするので、暗号化した内容を復号化できない場合には何かおかしいところがある。同様にロスレス圧縮／伸張アルゴリズムも互いに逆の動作をしなければならないし、複数のファイルを1つにまとめるプログラムなら個々のファイルを元通りに抽出できなければならない。復元する手段が複数存在する場合もあるので、すべての組み合わせをチェックしてみること。

保存される性質を検証しよう。多くのプログラムでは、入力に含まれている何らかの性質が残される。wc（行数と語数と文字数をカウント）やsum（チェックサムを計算）などのツールを使えば、出力のサイズが同じかどうか、語数が同じかどうか、順序は変わっても同一のデータバイトが出力に含まれているかどうかなどといった点を検証できる。ファイルの同一性をチェックしたり（cmp）、差分を報告する（diff）プログラムもある。この種のプログラムはほとんどの環境に存在するし、なければ入手するだけの価値がある。

バイトデータ出現頻度検査プログラムがあれば、データがきちんと保存されるかどうかをチェックできるし、テキストしか含まれていないはずのファイルに非テキ

スト文字が存在するなどといった異常を見つけるのにも重宝する。次に示すのは、我々がfreqと名づけたプログラムだ。

```
# include <stdio.h>
# include <ctype.h>
# include <limits.h>

unsigned long count[UCHAR_MAX+1];

/* freq main: バイトデータ出現頻度を表示 */
int main(void)
{
    int c;

    while ((c = getchar()) != EOF)
        count[c]++;
    for (c = 0; c <= UCHAR_MAX; c++)
        if (count[c] != 0)
            printf("%.2x %c %lu\n",
                c, isprint(c) ? c : '-', count[c]);
    return 0;
}
```

保存されるべき性質はプログラム内でも検証できる。たとえばデータ構造の要素をカウントする関数を用意すれば、簡単な一貫性チェックを実行できる。ハッシュテーブルには、そこに挿入されるすべての要素を抽出できるという性質が備わっていなければならない。この条件は、テーブルの内容をファイルや配列にダンプする関数を使えば簡単にチェックできる。また、どんな場合でも、データ構造に対する挿入回数から除去回数を引いた数値はデータ構造中の要素数に一致しなければならないが、この条件を検証するのは簡単だ。

独立した実装同士を比較しよう。 互いに独立しているライブラリやプログラムの実装は同じ結果を生成する必要がある。たとえば2種類のコンパイラは、少なくともほとんどの状況では、同一のマシン上で同じように動作するプログラムを生成しなければならない。

場合によっては1つの答えを別々の2種類の方法によって計算できるケースがあるし、別の簡単なバージョンのプログラムを書いて、それを低速だが独立した比較対象として利用する手もある。無関係な2つのプログラムが同じ答えを出すのであればそれらが正しく動作している可能性が高いし、結果が食い違うようなら少なくともどちらか一方が間違っている。

本書の著者の１人は以前、別の人間と共同で新しいマシン用のコンパイラを開発したことがある。そのコンパイラによって生成されるコードをデバッグする作業は各人に分担され、１人がターゲットマシン用の命令をエンコードするソフトウェアを書き、もう１人がデバッガ用のディスアセンブラを書いた。命令セットの解釈や実装にまつわる間違いがあったとしても、このような方式にすれば２つのコンポーネントで同じ間違いが繰り返される可能性が低くなるからだ。コンパイラが命令を間違ってエンコードしても、ディスアセンブラが必ずそれに気がつくはずだ。初期のコンパイラの出力はすべてディスアセンブラにかけられ、コンパイラ自体のデバッグ用のプリントアウトと照合された。このやり方は実際に非常にうまくいき、どちらの側の間違いも即座に検出された。唯一困難で時間のかかるデバッグ作業を強いられたのは、アーキテクチャ仕様書のあいまいな語句を２人とも同じように間違って解釈していたケースだけだった。

テストの網羅範囲を測定しよう。テストの１つの目標は、プログラム中のどの文も一連のテストの中でいつかは実行されるようにすることだ。何種類かのテストを実行する中でプログラムに含まれるどの行も最低１回は検証されるようにしない限り、テスト作業は完璧とは言えない。だが、完全網羅を達成するのは通常きわめて難しい。「あり得ない」文はとりあえず除外したとしても、通常の入力を使ってプログラムに特定の文を意図的に実行させるのは大変だ。

市販のツールには網羅範囲を計測できるプログラムが存在する。また、コンパイラ製品にたいてい付属するプロファイラには個々のプログラム文の実行頻度を計算する機能があるので、これを使えば個々のテストによって達成される網羅範囲がわかる。

３章のマルコフプログラムはこうしたテクニックを組み合わせてテストした。この章の最後のセクションで、その際のテストについて詳しく説明しよう。

問題 6-3　`freq` のテスト方法を考案せよ。

問題 6-4　32 ビット整数や浮動小数点数など、ほかの型のデータ値の出現頻度を計測する `freq` を設計し実装せよ。また、単一のバージョンのプログラムでさまざまな型をエレガントに処理するようにできるかどうか挑戦してみよう。

6.3 テストの自動化

大量のテストを手で実行するのは面倒だし、信頼性も低下する。まともなテスト作業には多くのテストと多くの入力と多くの出力比較作業が必要だ。そのためテストは、飽きたり注意力散漫になったりしないプログラムに実行させるに限る。すべてのテストを内包するスクリプトや小さなプログラムをわざわざ時間をかけて書いて、全テストセットを（比喩的にであれ文字通りであれ）ボタン一発で実行できるようにする価値は十分にある。テストセットを楽に実行できればできるほど頻繁に実行するようになるだろうし、あまり時間がないときにテストを省略してしまう可能性も小さくなる。我々は本書のために書いたすべてのプログラムを検証するテストセットを作成し、変更を施すたびに実行するようにした。セットの一部は、コンパイルが成功するたびに自動的に実行されるようになっている。

回帰テストを自動化しよう。自動化のもっとも基本的な形態が**回帰テスト**（regression testing）の自動化だ。回帰テストというのは、何かの新しいバージョンを直前のバージョンと比較するテストシーケンスを実行することを指す。問題を修正したときに、変更した部分だけをチェックすればいいと考えるのはある意味自然なことだが、修正によって何か別の部分に問題が発生する可能性は見過ごされがちだ。回帰テストの目的は、動作が予想外の形で変化していない点を確認することにある。

一部のシステムにはこのような作業の自動化に役立つツールが豊富に揃っており、スクリプト言語を使ってテストシーケンスを実行する簡潔なスクリプトを記述できるようになっている。Unix なら、出力を比較するのに `diff` や `cmp` などのファイル比較ツールを利用できるし、共通する要素をまとめるのには `sort` を、テストの出力の一部を抜き出すのには `grep` を、出力に関する概要を得るには `wc` や `sum` や `freq` を使える。これらを組み合わせて利用すれば、**即席の**テスト機構を簡単に作れるようになる。この種のテスト機構は大規模なプログラム用としては十分とは言えないかもしれないが、個人や小グループによって管理されるプログラムにはまさにうってつけだろう。

以下に紹介するのは、`ka` というキラーアプリケーションプログラムの回帰テスト実行用スクリプトだ。このスクリプトは、さまざまな大量のテストデータファイルについて古いバージョン（`old_ka`）と新しいバージョン（`new_ka`）を実行し、出力が同一にならなかったデータファイルそれぞれについて文句を言う。これは Unix シェル用に記述されているが、Perl その他のスクリプト言語にも簡単に移植できるはずだ。

```
for i in ka_data.*          # ループでテストデータファイルを取得
do
    old_ka $i >out1         # 古いバージョンを実行
    new_ka $i >out2         # 新しいバージョンを実行
    if ! cmp -s out1 out2   # 出力ファイルを比較
    then
        echo $i: BAD        # 違う: エラーメッセージを表示
    fi
done
```

このスクリプトのように、テストスクリプトは通常は黙って動作し、予想外のことが発生した場合にのみ出力を生成するようにしたほうがいい。また、テスト中のファイルの名前を順次表示して、問題が発生したらそのあとにエラーメッセージを表示するというやり方も考えられる。しかしそうした進行状況の表示は、無限ループなどの問題や、正しいテストを実行しそこなうテストスクリプトの問題を見つけるのには便利だが、テストが正しく動作している場合にはよけいなおしゃべりは邪魔になる。

cmp に引数-s を指定すると、状態は報告されるが出力は一切生成されないようになる。ファイルを比較した結果が等しかった場合には cmp は状態として真を返すので、! cmp が偽になり、何も表示されない。しかし新旧バージョンの出力が違う場合は cmp は偽を返すので、ファイル名と警告が表示される。

回帰テストの場合には、プログラムの直前のバージョンが正しい答えを算出することが暗黙の前提となる。この点に関しては真っ先に念入りなチェックをしておかなければならないし、不変の部分は用心深く維持しなければならない。間違った答えが回帰テストに忍び込んでしまったら検出するのが非常に大変だし、それに依存するその後のテストがすべて間違った結果になってしまう。回帰テストそれ自体を定期的にチェックして、依然としてそれが正しいかどうかを確認するようにするといいだろう。

自給自足テストを作成しよう。入力と期待される出力を自分で提供する自給自足テストは、回帰テストを補完するテストとなる。Awk をテストしたときの我々の経験を紹介すると参考になるだろう。Awk の大半の言語構文は、入力を指定して小さなプログラムを実行し、正しい出力が生成されるかどうかをチェックするというやり方でテストされる。下に示すのは大量に存在する雑多なテストの一部で、あるトリッキーなインクリメント式をテストする例だ。このテストは、新しいバージョンの Awk（newawk）に短い Awk プログラムを実行させてその出力をファイルに入れ、正しい出力を echo によって別のファイルに書き込み、双方のファイルを比較して違っていたらエラーを報告する。

```
#  フィールドインクリメントテスト: $i++は ($i)++の意味であり、$(i++) ではない
echo 3 5 | newawk '{i = 1; print $i++; print $1, i}' >out1
echo '3
4 1' >out2             #  正しい答え
if ! cmp -s out1 out2 #  出力が食い違っている
then
    echo 'BAD: field increment test failed'
fi
```

先頭のコメントもテストの重要部分で、ここにはこのテストの目的が説明されている。

場合によっては、そこそこの労力で大量のテストを作成できることがある。我々は単純な式のテスト用に、テストと入力データと期待される出力を記述するための小さな専用言語を作った。次に示す短いシーケンスは、Awkにおける数値1の表現方法をテストするシーケンスだ。

```
try {if ($1 == 1) print "yes"; else print "no"}
1 yes
1.0 yes
1E0 yes
0.1E1 yes
10E-1 yes
01 yes
+1 yes
10E-2 no
10 no
```

1行目には、テストされるプログラムが記述されている（tryという語のあとにある内容すべて）。それ以降の各行には、入力と期待される出力のペアがタブで区切って記述されている。1つ目のテストは、最初の入力フィールドが1だったら出力はyesでなければならないという意味だ。最初の7個のテストはどれもyesを表示しなければならず、最後の2つのテストはnoを表示しなければならない。

個々のテストは（もちろん）Awkプログラムによって完全なAwkプログラムに変換され、入力が与えられて実際の出力と期待される出力とが比較される。そして答えが間違っているケースだけが報告される。正規表現のマッチ／置換コマンドをテストする場合にも、これと同様のメカニズムが使われている。

テスト記述用の小さな言語があると、大量のテストを楽に作成できるようになる。プログラムをテストするプログラムをプログラムによって記述するのは非常に効率

的なやり方だ（小さな言語とプログラムを記述するプログラムの応用に関しては、9章でも取り上げる）。

Awk用には合計で約1,000個のテストが存在する。その全セットをコマンド一発で実行できるようになっており、すべてが順調に進行すれば出力は一切生成されない。機能の追加時やバグフィックス時には、動作の正しさを検証するために必ず新しいテストが追加される。プログラムがほんの少しでも変更されたときには、このテストセット全体が実行される。実行はわずか2〜3分程度で済む。まったく予想外のエラーが検出されることもあり、おかげでAwkの作者たちは自分の恥をさらすピンチから今までに何度も救われている。

間違いを発見したら何をすべきだろうか。それが既存のテストによって見つからなかった問題だったら、それをきちんと露呈させる新しいテストを作る。そして問題を含んだバージョンのコードを使ってそのテストを実行し、テストの動作を確認しよう。発見した間違いによってはさらに多くのテストを実行する必要があるかもしれないし、まったく新しい事柄をチェックしなければならなくなるかもしれない。あるいは、その間違いを内部的に捕捉する自衛手段をプログラムに追加できるかもしれない。

絶対にテストを捨ててしまわないこと。届いたバグレポートが正当なものなのか、それともすでに解決済みの問題を報告してきたものなのかを判断するときに参考になるからだ。また、バグと変更と修正作業の記録をつけておくこと。そうすれば、古い問題かどうかを判断して新しい問題だけを修正すれば済むようになる。こうした記録は製品開発を手がけるほとんどのプログラミング現場には絶対欠かせないし、個人的なプログラミングの場合にもこれは繰り返し利益を生む安価な投資と言えるだろう。

問題 6-5　機械的な支援機能をできる限り数多く駆使して、`printf`用のテストセットを設計せよ。

6.4 テスト機構

これまでの説明は、単一のスタンドアロンプログラムを丸ごとテストする場合の話が多かった。しかしテストの自動化はそういったケースに限られるわけではない。しかもこれまでに紹介した手法は、とくにチームの一員として開発している場合のように大規模なプログラムの開発中にその部品をテストするのに最適な手法とは言えないし、より大きなものに埋め込まれた小さなコンポーネントをテストする手法としてもそれほど効果的ではない。

コンポーネントを分離してテストするには、テスト対象の部品が実際に組み込まれることになるシステムの機能とインターフェイスを十分に提供する、何らかのフレームワークないし**機構**が必要になるのが普通だ。この章でも、すでにその小規模な例を二分探索のテスト用として紹介した。

数学関数や文字列関数、ソートルーチンなどに使用する機構を作るのはやさしい。その種の機構は、入力パラメータをセットアップしてテスト対象の関数を呼び出し、結果をチェックするといった感じの作業を実行すればいいからだ。一部だけ完成したプログラムをテストする機構を作る作業はもっと大変になる。

以下では、C／C++標準ライブラリのmem...関数のひとつ、memset用のテストを作る手順をたどりながら説明していこう。この種の関数は性能が重視されるので、特定のマシンのアセンブリ言語で記述されることが多い。ただし、細かいチューニングが施されれば施されるほど間違った動作をする可能性も高まるので、その分徹底したテストが必要になる。

最初の手順は、確実に動作するごく単純なCバージョンを用意することだ。これらは性能の目安になるのはもちろん、正しさの目安にもなる。新しい環境に移行するときにはこの単純なバージョンをまず移植し、チューニングしたバージョンがきちんと動作するようになるまではそれを使うことになる。

関数memset(s,c,n)は、アドレスsからnバイトのメモリにバイト値cをセットし、sを返す。速度を気にしなければ、この関数を書くのは簡単だ。

```
/* memset: sの最初のnバイトにcをセット */
void *memset(void *s, int c, size_t n)
{
    size_t i;
    char *p;

    p = (char *) s;
    for (i = 0; i < n; i++)
        p[i] = c;
    return s;
}
```

しかし速度が問題になるときには、一度に32ビット長ないし64ビット長のワード単位で書き込むなどといったトリックが使われる。こうしたトリックはバグを引き起こしやすいので、十分なテストが欠かせない。

テスト作業は、問題が発生しやすいポイントで網羅的なチェックと境界条件チェックを実行することが基本となる。memsetの場合の境界には、0、1、2などといったnの値は当然として、2のベキ乗とその近傍の値も含まれる。後者には小さな値だけ

でなく 2^{16} のような大きな値も含まれるが、これは多くのマシンで自然な境界となる16ビットワードに対応している。2のベキ乗に注目する必要があるのは、memset を高速化する手段のひとつが一度に複数のバイトをセットすることだからだ。これは特殊な命令で実行されることもあれば、バイト単位ではなくワード単位で格納するやり方が使われる場合もある。同様に、先頭アドレスや配列長によって生じる間違いを検出するために、さまざまなアラインメントを使って配列の原点をチェックする必要もある。ここではターゲットの配列をもっと大きな配列の中に入れることによって、両端に緩衝地帯とでも言うべきセーフティマージンをとるとともにアラインメントを簡単に変化させられるようにする。

さらに、さまざまな c の値もチェックする必要がある。具体的には、0、0x7F（1バイトが8ビットの場合に最大の符号つきの値）、0x80、0xFF（符号つきと符号なしのバイト値にまつわる潜在的な間違いを検証するため）、そして1バイトよりもはるかに大きな何らかの値（1バイトだけが使われることを確認するため）をチェックする。また、memset が正しい領域の外側に書き込んだりしていないかどうかをチェックできるように、メモリをこうした文字値のどれとも違った何らかの既知のパターンに初期化する必要もある。

先ほどの単純な実装を比較の基準として利用すれば、配列を2個割り当てて、n と c と配列内のオフセットのいろいろな組み合わせを使って動作を比較するテストを実行できる。

```
big = 最大の左マージン + 最大の n + 最大の右マージン
s0 = malloc(big)
s1 = malloc(big)
テストパラメータ n、c、オフセットの個々の組み合わせについて：
        s0 と s1 の全要素を既知のパターンにセット
        低速 memset(s0 + オフセット, c, n) を実行
        高速 memset(s1 + オフセット, c, n) を実行
        戻り値をチェック
        s0 と s1 の全要素をバイトごとに比較
```

配列の境界の外部に書き込んでしまう間違いが memset に存在すると、配列の先頭か末尾の近辺にあるバイトに影響が出る可能性がもっとも高い。そのため緩衝地帯を残しておいたほうが破壊されたバイトを検出しやすいし、この間違いによってプログラムのほかの部分が上書きされてしまう危険性を減らせる。境界外の書き込みをチェックするために、書き込むべき n 個のバイトだけではなく s0 と s1 の**すべての**バイトを比較している。

こうしたことから、合理的なテストセットには次のすべての組み合わせが含まれ

ることになる。

```
offset = 10, 11, ..., 20
c = 0, 1, 0x7F, 0x80, 0xFF, 0x11223344
n = 0, 1, 2, 3, 4, 5, 7, 8, 9, 15, 16, 17,
    31, 32, 33, ..., 65535, 65536, 65537
```

nの値には、少なくとも（0から16までのiについて）2^i-1、2^i、2^i+1が含まれることになる。

こうした値は、テスト機構のメイン部分に具体的に書き込んでしまうのではなく、手かプログラムによって生成される配列に収めておかなければならない。もちろん自動的に生成させたほうがいい。そうすれば、もっと大きな2のベキ乗を指定したり、オフセットや文字値の種類を増やしたりするのが簡単になるからだ。

こうしたテストによってmemsetは網羅的な点検を施されるが、上記の値の組み合わせは3,500通りにも満たないので、テストの実行はもちろん、テストの生成にもほとんど時間がかからない。このテストは完全にポータブルなので、必要に応じて新しい環境にも移植できる。

教訓として次の話を頭に入れておいてほしい。あるとき我々は、新しいプロセッサ用のオペレーティングシステムとライブラリを開発している人物にmemsetテスタのコピーを渡した。その数か月後、我々（元のテストの開発者たち）がそのマシンを使い始めたところ、大規模なアプリケーション用のテストセットが失敗することに気づいた。調べた結果、符号拡張にまつわる厄介なバグがアセンブリ言語版のmemsetに存在するのが原因だと判明した。理由は不明だが、ライブラリの実装担当者が、0x7Fより大きいcの値をチェックしないようにmemsetテスタを書き換えていたのだ。このバグを我々が発見できたのは、もちろんmemsetが怪しいと思ったときにオリジナルのまともなテスタを実行したからだ。

memsetのような関数は徹底的なテストを実行しやすい。それは関数がかなり単純で、コード中の可能なすべての実行パスを経由するテストケースを用意できるので、コードの完全網羅が達成されるからだ。たとえばmemmoveなら、オーバラップと方向と配置のすべての組み合わせについてテストできる。これは考えられるすべてのコピー処理をテストするという意味での徹底的なテストではなく、各種の入力条件の代表例に対する徹底的なテストになる。

あらゆるテスト手段に言えるように、テスト対象の処理を検証するための正しい答えがテスト機構にも必要になる。その際に重要なテクニックは、memsetのテストで使ったように、正しいと考えられる単純なバージョンを正しくないかもしれない新しいバージョンと比較することだ。以下の例で示すように、この作業は複数の段階で実行できる。

著者の１人は、あるイメージから別のイメージにピクセルブロックをコピーする演算子を含んだラスタグラフィックスライブラリを実装したことがある。指定されるパラメータによって、処理が単純なメモリコピーで済む場合もあれば、別のカラー空間にピクセル値を変換する必要があったり、矩形の領域全体に入力が繰り返しコピーされる「タイリング」が必要だったり、こうした機能やそれ以外の機能を組み合わせて実行しなければならない場合もある。この演算子の仕様は単純だったが、効率よく実装するには多くのケースに対処する専用のコードが大量に必要になる。そうしたコードすべてを確実に正しく動作させるためには、手堅いテスト戦略が必要だった。

まず、１個のピクセルについて正しい処理を実行するシンプルなコードを手で書いた。このコードは、ライブラリバージョンにおける単一のピクセルの処理をテストするのに使われた。この段階をパスすれば、単一のピクセルの処理に関してはライブラリを信頼できるようになる。

次に、このライブラリをピクセル単位で使用するコードを手で書いて、横１行のピクセルを処理する演算子の超低速バージョンを作成した。そしてそれを、それよりはるかに効率的にライン単位の処理を実行するライブラリバージョンと比較した。これがうまくいけば、水平ラインの処理に関してはライブラリを信頼できるようになる。

そしてこうした手順が繰り返されて、ラインによって矩形を作り、矩形によってタイルを作るといった具合に発展していった。その過程でテスタ自体のバグも含めて数多くのバグが発見されたが、それはこの手法の有効性を物語っていると言えるだろう。我々は２つの独立した実装をテストして、その双方について自信を深めていった。テストが失敗した場合にはテスタが詳細な分析データを出力するようになっていた。これはどこに問題があったのかを理解する上で参考になるし、テスト自体がきちんと機能していることもこれによって検証できる。

年月とともにライブラリが変更されたり移植されたりするたびに、このテスタのバグ発見能力の高さが繰り返し実証されることになった。

このような段階的なアプローチがとられたため、ライブラリの信頼性を検証するためにはこのテスタを毎回ゼロから実行する必要があった。なお、このテスタは徹底的と言うよりは確率的に動作した。つまりこれはランダムなテストケースを生成するようになっていて、十分に長い期間実行されるうちに、最終的にはコードがくまなく検査されるだろうという感じになっていたのだ。考え得るテストケースが膨大な数にのぼる場合には、このやり方のほうが綿密なテストを手で作成しようとするより有効だし、徹底的なテストを実行するよりはるかに効率的だ。

問題 6-6 我々が示したガイドラインに沿って memset のテスト機構を作成せよ。

問題 6-7 mem... ファミリのほかの関数用のテストを作成せよ。

問題 6-8 sqrt や sin など、math.h に含まれる数値演算ルーチンのテスト方法を考案せよ。どんな入力値が理にかなっているだろうか。どのような個別のチェックを実行できるだろうか。

問題 6-9 strcmp のような C の str... ファミリの関数をテストするメカニズムを詳述せよ。こうした関数の中には、とくに strtok や strcspn などのトークン生成関数のように mem... ファミリに比べてかなり複雑な関数があるので、より高度なテストが必要になる。

6.5 ストレステスト

マシンによって膨大な量の入力を生成することも効果的なテストテクニックだ。マシンで生成された入力は、人間の作った入力とは違ったストレスをプログラムに与える。非常に巨大な入力は入力バッファや配列やカウンタのオーバーフローを引き起こすので、量が膨大だということそのものが破綻を誘発しやすいし、プログラム中に存在する無防備な固定サイズのストレージを発見する上でも効果がある。それに、人間は空の入力や無効な入力のような「あり得ない」ケースをどうしても避けようとするし、非常に長い名前や巨大なデータ値を作りたがらない。これに対してコンピュータは人間のプログラムに忠実にしたがって出力を生成し、何を避けようかなどとは一切考えない。

例として、markov の C++ STL バージョンをコンパイルしたときに Microsoft Visual C++ 5.0 で生成された1行の出力を紹介しよう（ページに収まるように編集してある）。

```
xtree(114) : warning C4786: 'std::_Tree<std::deque<std::
basic_string<char,std::char_traits<char>,std::allocator
<char>>,std::allocator<std::basic_string<char,std::
 ... 1420 characters omitted
allocator<char>>>>>>::iterator' : identifier was
truncated to '255' characters in the debug information
```

コンパイラは、1,594 文字という驚異的な長さの変数名を生成したが、255 文字だけをデバッグ情報として保存したということを警告している。しかしすべてのプログラムがこのような異例の長さの文字列に対して自衛できるようになっているわけではない。

何かが破綻するのを期待してプログラムを攻撃する別の手段として、ランダムな入力（有効な入力とは限らない）がある。この手法は、「人間はそんなことはしない」理論の論理的延長線上にある。たとえば一部の商用 C コンパイラは、ランダムに生成された、ただし構文的には正しいプログラムを使ってテストされている。そのテストには、問題の仕様（この場合なら C 標準）を利用して、正当だが途方もないテストデータを生成するプログラムを駆動するというやり方が使われる。

このようなテストの場合には、プログラムが正しい出力を生成しているかどうかを検証できるとは限らないので、プログラムに組み込まれたチェック機構や自衛手段によって間違いを検出する必要がある。こうしたテストの目的は、単純なエラーを露呈させることよりも、どちらかと言えばクラッシュや「あり得ない」ケースを引き起こすことにある。これはまた、エラー処理コードが機能するのをテストする手段としても優れている。まともな入力を使った場合にはほとんどのエラーは発生しないし、それを処理するコードも実行されない。しかしバグは本来こうした隅っこに隠れているものなのだ。ただしこの種のテスト作業はある時点で収穫逓減ポイントに到達し、わざわざ修正する甲斐がないほど現実には滅多に発生しない問題が発見されるようになる。

故意に邪悪な入力を利用するテストもある。セキュリティ攻撃には重要なデータを上書きしてしまう巨大な入力や不正な入力が使われることが多いので、そうしたウィークポイントを見つけることが肝心だろう。わずかながら、この種の攻撃に無防備な標準ライブラリ関数もある。たとえば標準ライブラリ関数 `gets` には入力行のサイズを制限する手段がないので、**絶対に**これを使ってはならない。代わりに常に `fgets(buf, sizeof(buf), stdin)` を使うこと。`scanf("%s", buf)` のままで使った場合にも入力行の長さが制限されないので、通常は `scanf("%20s", buf)` のように具体的な長さを指定して使う必要がある。一般的なバッファサイズについてこの問題に対処する方法は、セクション 3.3 で紹介してある。

直接的であれ間接的であれ、プログラムの外部から値を受け取る可能性のあるルーチンは、その入力値を必ず検証してから使用しなければならない。次に示すのはある参考書に掲載されているプログラムだが、これはユーザーが入力した整数を読んで、その整数が長すぎたら警告するという動作を意図している。このプログラムの目的は `gets` の問題を克服する方法を示すことにあるが、実際にはそれが必ずしもうまくいくとは限らない。

```
?     # define MAXNUM 10
?
?     int main(void)
?     {
?         char num[MAXNUM];
?
?         memset(num, 0, sizeof(num));
?         printf("Type a number: ");
?         gets(num);
?         if (num[MAXNUM-1] != 0)
?             printf("Number too big.\n");
?         /* ... */
?     }
```

入力された数値の長さが10桁だったら、ゼロでない値によって配列numの最後のゼロが上書きされてしまう。理屈ではこの問題はgetsからリターンしたあとで検出されるはずだが、残念ながらこれでは十分とは言えない。悪意のあるアタッカーがもっと長い文字列を入力すれば、重要な値を上書きできてしまう可能性があるからだ。それが呼び出しのリターンアドレスだったとしたらプログラムは決してif文に戻って来なくなり、代わりに何か邪悪なコードを実行してしまうはめになる。このように、この種の入力がきちんと抑制されないと、セキュリティ上の潜在的な問題となる。

これがたまたま参考書に見つかった不適切な例にすぎないと思われると困るので、1998年7月に数種類の代表的な電子メールプログラムでまさにこの種の問題が発見されたことを紹介しておこう。「*New York Times*」は次のように伝えている。

> このセキュリティホールは、「バッファオーバーフローエラー」と言われるものによって引き起こされる。プログラマは自分のソフトウェアに、入力されるデータが安全で、正しい単位の長さで到着することを検証するコードを装備する必要がある。データが長すぎると「バッファ」（データを入れるためにとっておかれるメモリ領域）が上書きされてしまう可能性があるからだ。その場合には電子メールプログラムがクラッシュし、敵意のあるプログラマがコンピュータを欺いて代わりに邪悪なプログラムを実行できるようになってしまう。

この種の攻撃のひとつとして、1988年に発生した有名な「Internetワーム」事件もある。

HTMLフォームを解析するプログラムも、非常に長い入力文字列を小さな配列に突っ込む攻撃にさらされやすい。

```
?	static char query[1024];
?
?	char *read_form(void)
?	{
?	    int qsize;
?
?	    qsize = atoi(getenv("CONTENT_LENGTH"));
?	    fread(query, qsize, 1, stdin);
?	    return query;
?	}
```

このコードは入力が絶対に1024バイトを超えないことを前提にしているので、getsと同じように、バッファをオーバーフローさせる攻撃に対して無防備だ。

もっとありふれたタイプのオーバーフローによってトラブルが発生する場合もある。知らないうちに整数がオーバーフローすると、悲惨な結果が生じることがあるのだ。次のような割り当てを考えてみよう。

```
?	char *p;
?	p = (char *) malloc(x * y * z);
```

xとyとzの積がオーバーフローした場合には、mallocの呼び出しによってそれなりのサイズの配列が生成されたとしても、p[x] は割り当てられた領域外のメモリを参照する結果になる可能性がある。仮にintが16ビットで、xとyとzがそれぞれ41だったとしよう。するとx * y * zは68921になり、2^{16}の剰余は3385になる。そのためmallocの呼び出しによって3385バイトしか割り当てられないことになり、その値を超える添字を使った参照はすべて境界外の参照になってしまう。

型変換もオーバーフローの原因になるが、このエラーを捕捉するだけでは十分と言えない場合がある。アリアン5型ロケットが1996年6月の処女飛行時に爆発したのは、アリアン4型から継承されたナビゲーションパッケージがまともにテストされていなかったためだった。新型ロケットの飛行速度が向上したせいでナビゲーションソフトウェアの一部の変数の値が大きくなり、64ビット浮動小数点数が16ビット符号つき整数に変換されてオーバーフローが発生した。このエラーは捕捉されたのだが、捕捉したコードはサブシステムをシャットダウンするという判断を下した。そのためロケットはコースを外れて爆発してしまったのだ。不運だったのは、発射前にしか役に立たない慣性誘導情報を問題のコードが生成してしまったことだ。発射時にそれが無効にされていたなら、事故は発生しなかっただろう。

もっと日常的なレベルで言えば、テキスト入力を期待するプログラムがバイナリ入力によって破綻を来すケースがある。とくにそれが言えるのは、7ビットASCII

文字セットが入力されることを前提にしているプログラムの場合だ。テキスト入力を期待している無邪気なプログラムにバイナリ入力（コンパイルされたプログラムなど）を渡すのは、教育的で、時として人の目を覚ます行為となる。

優れたテストケースはさまざまなプログラムに使えることが多い。たとえばファイルを読むあらゆるプログラムは空のファイルでテストされる必要があるし、テキストを読むあらゆるプログラムはバイナリファイルでテストされなければならない。テキスト行を読み込むプログラムは巨大な行や空行や一切改行のない入力を使ってテストされる必要がある。こうしたテストファイルのコレクションをいつも手もとに置いておけば、テストを作り直さなくてもあらゆるプログラムをテストできるようになる。さもなければ、オンデマンドでテストファイルを生成するプログラムを書こう。

Steve Bourne は自作の Unix シェル（のちに Bourne シェルと呼ばれるようになる）を書いていたときに、1 文字の名前がついたファイルを 254 個収めたディレクトリを作った（Unix のファイル名には決して登場しない'\0' とスラッシュの 2 文字を除いて、すべてのバイト値について 1 個ずつ)。彼はこのディレクトリを利用して、パターンマッチング機能とトークン生成機能をありとあらゆる形でテストした(もちろんこのテストディレクトリはプログラムで作成された)。ところがその後何年も経ってから、ファイルツリー探索プログラムがこのディレクトリに引っかかって死ぬはめになる。このディレクトリは、ツリー探索プログラムに対する致命的なテストとなったのだ。

問題 6-10　テキストエディタやコンパイラなど、自分の愛用しているプログラムをクラッシュさせるファイルを作成してみよ。

6.6 テストのコツ

経験豊富なテスト担当者は、自分の仕事の生産性を上げるために数多くのトリックやテクニックを駆使している。ここでは我々がよく使うテクニックをいくつか紹介しよう。

プログラムは配列の境界をチェックしなければならないが (言語が自動的にチェックしてくれないのであれば)、通常の入力に対して配列サイズが大きいとチェック用のコードがテストされない可能性がある。チェックを実行させるためには、一時的に配列を非常に小さいサイズにしてしまおう。これはわざわざ大きなテストケースを用意するよりも簡単だ。我々はこれに似たトリックを 2 章の配列伸張コードと 4 章の CSV ライブラリで使っている。増加する起動時のコストは無視できる程度だったので、実際のコードでも初期値を小さな値のままにしてある。

ハッシュ関数の場合なら、関数から定数を返してすべての要素が同一のハッシュバケットに格納されるようにしてみる。これによってチェイン生成メカニズムがテストされるし、最悪のケースの性能もわかる。

メモリ不足のエラーから回復するコードをテストするには、わざとすぐに失敗するバージョンのストレージアロケータを記述すればいい。次のバージョンは10回呼び出されたあとでNULLを返す。

```
/* testmalloc: 10回の呼び出し後NULLを返す */
void *testmalloc(size_t n)
{
    static int count = 0;

    if (++count > 10)
        return NULL;
    else
        return malloc(n);
}
```

自分のコードをリリースするときには、性能に影響を及ぼすテスト用の制限を忘れずに外しておくように。我々は以前、ある市販のコンパイラの性能上の問題を調査したところ、テスト用のコードが組み込まれたままだったせいでハッシュ関数が常にゼロを返すようになっていたことがあった。

配列や変数を、通常のデフォルトのゼロではなく何か特徴的な値で初期化してみること。そうすれば、境界外にアクセスしたり初期化されていない変数を使ったりした場合にそれに気がつきやすくなる。デバッガで識別しやすい値として 0xDEADBEEF という定数が使用されることがよくあり、未初期化データを捕捉しやすいようにこの種の値を利用するアロケータも見かける。

小規模なテストを手で作っている場合にとくに言えることだが、自分のテストケースを変化させること。いつも同じものでテストしていると型にはまりやすいし、ほかの部分が破綻していることに気がつかない可能性がある。

バグがあるのがわかっているのにそのまま新しい機能を実装してはならないし、既存の機能のテストを実行してもいけない。そのバグがテスト結果に影響を及ぼす可能性があるからだ。

テストを正確に再現できるように、入力パラメータの設定もすべてテスト出力に含めておく必要がある。自分のプログラムで乱数を利用するのであれば、テスト自体にランダムな動作を実行させるかどうかにかかわらず、最初のシードを設定したり出力したりする手段を用意しておくこと。テスト入力とそれに対応する出力をきちんと判別できるようにしておけば、簡単に解読したり再現したりできるようになる。

また、プログラムの実行時に出力の量や出力の種類を制御できる手段を用意しておくといいだろう。テスト中はよぶんに出力を生成すると参考になることがあるからだ。

複数のマシンやコンパイラやオペレーティングシステムでテストすること。バイト順、整数のサイズ、ヌルポインタの扱い、復帰と改行の処理、ライブラリやヘッダファイルの特質などに依存している場合のように、ある組み合わせでは露呈しない間違いが別の組み合わせで発見される可能性があるからだ。複数のマシンでテストすれば、プログラムのリリース時にコンポーネントを組み合わせた際の問題も表面化するし、8章で取り上げるように、知らないうちに開発環境に依存してしまっている部分も露呈する可能性がある。

性能面のテストについては7章で説明しよう。

6.7　誰がテストを担当するのか？

実装担当者やソースコードにアクセスできる人間によるテストは、「ホワイトボックステスト」と呼ばれることがある（これはコンポーネントの実装方法を知らないテスト担当者による「ブラックボックステスト」に由来する用語だが、「クリアボックス」のほうがピンと来るように思う）。自分自身のコードをテストするのは大事なことだ。テストを担当する何らかの組織や人間が、自分の代わりに問題を見つけてくれるなどと思ってはならない。だが、自分自身がどれだけ綿密にテストを実行しているかについては評価が甘くなりがちなので、なるべくコードを忘却して、簡単なケースではなく困難なケースについて考えるように努力しよう。Don Knuth は TEX フォーマッタ用のテストを作成した方法についてこう言っている、「私は全力を尽くしてきわめて陰険で意地悪な気分になり、自分が思いつく最悪に陰険な［テスト用］コードを書く。そうしたら今度はそれを、さらに邪悪でほとんど汚らわしいとさえ言える構文の中に埋め込むのだ」。テスト作業のそもそもの目的はバグを見つけることであり、プログラムが動作するのを誇示することではない。そのためテストは冷酷でなければならないし、それによって問題が発見されても驚く必要はなく、自分の手法の正しさが証明されたにすぎない。

ブラックボックステストは、テスト担当者がコードの中身について何も知らず、それにアクセスする手段もない場合を指す。テスト担当者はどこに着目すべきかについて開発者とは異なる考え方をするので、これによって違った種類のエラーが発見される。最初のブラックボックステストとして最適なのは境界条件のテストで、それが終わったら大量の入力と意地悪な入力と不正な入力を使ったテストを実行するといいだろう。言うまでもなく、通常の「穏健な」当たり前の使い方でプログラムをテストして、基本機能を確認する必要もある。

その次の段階で登場するのが実際のエンドユーザーだ。初めてのユーザーはプログラムを思いも寄らない方法で試してみたりするので、新しいユーザーによって新しいバグが発見されることがある。この種のテストは本来プログラムが世間に対してリリースされる前に済ませておかなければならないが、残念ながらろくにテストされないまま出荷されるプログラムも多い。ベータ版のソフトウェアは膨大な人数のエンドユーザーに完成前のプログラムをテストしてもらう試みだが、ベータリリースが徹底的なテスト作業の代用であってはならない。しかしソフトウェアシステムがますます大規模で複雑になり、その一方でますます開発スケジュールが短縮されるにつれて、十分なテストをせずにリリースせざるを得ないケースも増えている。

対話的なプログラムをテストするのは難しい。とりわけそれが言えるのはマウス入力をともなう場合だ。テスト作業によってはスクリプトを使って実行できることもある（スクリプトの機能は言語や環境などによって異なる）。プログラムを使ってテストできるように、対話的なプログラムは、ユーザーの動作をシミュレートするスクリプトによって制御できるように記述される必要がある。ひとつのテクニックとして、実際のユーザーの動作を記録してそれを再生するというやり方があるほか、イベントのシーケンスとタイミングを記述したスクリプトを作成する手もある。

最後に、テスト自体をテストする方法についても考えておくこと。5章では、リストパッケージ用の間違ったテストプログラムによって生じた混乱について触れた。回帰テストが間違いに感染すると、それ以降ずっとトラブルが生じることになる。テスト自体に問題があったら、いくらテストを実行してもその結果にあまり意味がなくなってしまう。

6.8 マルコフプログラムのテスト

3章で紹介したマルコフプログラムはかなり複雑なので、綿密なテストを施す必要がある。このプログラムはナンセンスな文を出力するので、出力が正しいかどうかを分析するのが困難だし、しかも我々は何種類かの言語で何種類かのバージョンを書いている。さらに事態を複雑にしているのは、プログラムが毎回違ったランダムな出力を生成することだ。この章で学んだことを、このプログラムのテスト作業にどの程度活かせるだろうか。

最初のテストセットは、境界条件をチェックする何個かの小さなファイルで構成される。これは、ほんの数語しか含まれない入力に対してプログラムが正しい出力を生成するのを確認するためのテストだ。長さ2のプレフィクスに関して、我々はそれぞれ以下の内容を（1行に1語ずつ）含んだ5種類のファイルを使用した。

```
（空行）
a
a b
a b c
a b c d
```

それぞれのファイルにおいて、出力は入力と同一にならなければならない。こうしたチェックによって、テーブルの初期化作業やジェネレータの開始と停止の処理に潜んでいた1個外れエラーがいくつか検出された。

2番目のテストでは入力保存特性を検証した。2語のプレフィクスの場合には、出力に出現するすべての単語とすべての連続した2語とすべての連続した3語は、入力中にも出現していなければならない。我々は元の入力を巨大な配列に読み込むAwkプログラムを書き、2語フレーズと3語フレーズをすべて格納する配列を作り、マルコフの出力を別の配列に読み込んで両者を比較した。

```
#  markov test: 出力ファイル ARGV[2] 中のすべての単語と2語フレーズと
#  3語フレーズが元の入力ファイル ARGV[1] に存在することをチェック
BEGIN {
    while (getline <ARGV[1] > 0)
        for (i = 1; i <= NF; i++) {
            wd[++nw] = $i #  入力単語
            single[$i]++
        }
    for (i = 1; i < nw; i++)
        pair[wd[i],wd[i+1]]++
    for (i = 1; i < nw-1; i++)
        triple[wd[i],wd[i+1],wd[i+2]]++

    while (getline <ARGV[2] > 0) {
        outwd[++ow] = $0 #  出力単語
        if (!($0 in single))
            print "unexpected word", $0
    }
    for (i = 1; i < ow; i++)
        if (!((outwd[i],outwd[i+1]) in pair))
            print "unexpected pair", outwd[i], outwd[i+1]
    for (i = 1; i < ow-1; i++)
        if (!((outwd[i],outwd[i+1],outwd[i+2]) in triple))
            print "unexpected triple",
                outwd[i], outwd[i+1], outwd[i+2]
}
```

我々は効率の高いテストを作ろうとはせずに、このテストプログラムができる限りシンプルなプログラムになるように心がけた。このプログラムは42,685語の入力ファイルに対して10,000語の出力ファイルをチェックするのに6〜7秒かかるが、一部のバージョンのマルコフプログラムで出力が生成される時間に比べれば格段に長い時間がかかるわけではない。入力保存特性をチェックした結果、Javaによる我々の実装に重大な間違いが見つかった。プレフィクスのコピーを作成するのではなく参照を利用しているために、ときどきプログラムがハッシュテーブルのエントリを上書きしてしまう事態が発生していたのだ。

このテストは、出力そのものを生成するよりも、出力の特性を検証する作業のほうがはるかに簡単に実行できるという原理を示している。つまり、わざわざファイルをソートするより、ファイルがソートされていることをチェックするほうが簡単なのだ。

3番目のテストは統計的な性質を帯びている。このテストの入力は、次のように`abd`が1回登場するごとに`abc`が10回登場するシーケンスで構成される。

```
a b c a b c ... a b d ...
```

ランダムな選択機能が正しく機能していれば、`d`の約10倍の個数の`c`が出力に含まれているはずだ。これを確認するのには言うまでもなく`freq`が使用される。

この統計テストを実行したところ、サフィックスごとにカウンタを対応させていたJavaプログラムの初期バージョンでは、1個の`d`について20個の`c`が生成された。これは本来の2倍の数値だ。しばらく頭をひねった末に、我々はJavaの乱数ジェネレータが正だけでなく負の整数も返すことに思い至った。2倍になっていたのは値の範囲が予定の2倍の大きさだったためで、その結果、カウンタで除算したときに剰余がゼロになる値の個数も2倍になってしまう。これによってリストの最初の要素がえこひいきされることになるが、その要素がたまたま`c`だったのだ。これを修正するには、剰余演算子の前に絶対値を置く必要がある。このテストを実行しなければ、我々は間違いを決して発見できなかっただろう。目で見る限り、出力に問題があるようには思えなかったからだ。

最後に我々はマルコフプログラムに普通の英文を食わせて、それが見事にナンセンスな文章を生成することを確認した。このテストはもちろんプログラム開発中の早い段階でも実行した。しかし我々は、プログラムが通常の入力を処理できるようになってもテストをやめなかった。現実には意地の悪いケースが登場するからだ。ついつい簡単なケースをテストしたくなるのが人情だが、困難なケースもきちんとテストしなければならない。この種の罠に陥らないようにするためには、自動化された系統的なテストを実行するのが最善の手段だ。

テスト作業はすべて機械化された。必要な入力データを生成し、テストを実行して時間を計測し、妙な出力があったらそれを印刷するといった作業は、すべて1個のシェルスクリプトによって実行された。このスクリプトは同一のテストをあらゆるバージョンのマルコフに適用できるようになっているので、我々はどれかのプログラムに変更を施すたびにすべてのテストを実行し直して、何も破綻していないことを確認するようにしていた。

6.9 まとめ

コードを最初から上手に書けばその分バグも少なくなるし、自分が徹底したテストを実行していることに確信が持てるようになる。コーディング時に境界条件のテストを記述することは、くだらないちょっとしたバグを大幅に減らす手段として効果的だ。系統的なテストは潜在的な問題発生箇所を順序正しく調査する方法だが、この場合もやはり境界部分で間違いが見つかることがもっとも多く、手やプログラムでそれを検証できる。テストはできる限り自動化することが望ましい。マシンは間違いを犯さないし、退屈しないし、機能していないのに機能していると勘違いしたりしないからだ。回帰テストはプログラムが以前と同じ答えを出すことをチェックする。小さな変更を施すたびにテストを実行するやり方は、問題の発生源を絞り込むのに有効なテクニックとなる。新しいバグは新しいコードで発生することが多いからだ。

テスト作業のもっとも重要なルールをひとつだけ挙げるとするならこうなる。**テストすること**。

6.10 参考文献

テスト作業について学ぶひとつの方法は、無料で入手可能な最高のソフトウェアにおける実例を研究することだ。Don Knuth による“The Errors of TEX”(「*Software - Practice and Experience*」, 19, 7, pp.607-685, 1989) には、その時点までに TEX フォーマッタで見つかったすべての間違いが取り上げられているほか、Knuth のテスト手法も解説されている。TEX の TRIP テストは徹底的なテストセットの優れた実例だ。Perl にも、新しいシステムでコンパイルされインストールされたあとの正常性を検証する大規模なテストセットが付属するほか、Perl の拡張モジュール用のテストを作成するのに便利な `MakeMaker` や `TestHarness` などのモジュールがついてくる。

Jon Bentleyが「*Communications of the ACM*」に連載した記事は、その後『*Programming Pearls*』[*1]と『*More Programming Pearls*』[*2]としてまとめられ、それぞれ1986年と1988年にAddison-Wesley社から出版された。これらの本では多くの箇所でテスト作業について触れられており、とりわけ綿密なテストを作り上げ機械化するためのフレームワークが取り上げられている。

---

*1　(邦訳)『プログラム設計の着想』Jon Bentley著、野下浩平訳、近代科学社、1989
*2　(邦訳)『プログラマのうちあけ話』Jon Bentley著、野下浩平、古郡廷治共訳、近代科学社、1991

The Practice of Programming CHAPTER 7

第7章 性能

あの人の約束は当時のあの人のように力強かったわ。
でもあの人が果たしたことは、今のあの人のように何も無し。

Shakespeare, *King Henry VIII*

大昔のプログラマは、自分のプログラムの効率を苦心惨憺して向上させていた。当時のコンピュータは遅く、高価だったからだ。現在のマシンははるかに安価で高速になっているので、絶対的な効率を追求する必要性は大幅に薄らいでいる。今なお性能に心を配る意味はあるのだろうか。

答えはイエスだ。だがそれは、問題が重要な場合と、プログラムが純粋に遅すぎる場合と、正しさと堅牢性と明瞭性を維持しながら高速化を図れる見込みがある場合に限られる。間違った答えを出す高速なプログラムなど、まったく時間の節約にならないのだ。

というわけで、最適化の第1の原則は**最適化するな**だ。プログラムはもう十分優れているのではないか？ プログラムの使われ方と実行される環境から考えて、これ以上高速化するメリットはあるのか？ 大学の授業の宿題で書いたプログラムが再び使われることは絶対にないし、速度が問題になることなどまずあり得ない。ほとんどの個人用のプログラムや、その場しのぎのツール、テスト用のフレームワーク、実験的なプログラムやプロトタイプでも速度は問題にされない。しかし、市販製品のランタイムルーチンやグラフィックスライブラリのような中枢的なコンポーネントを開発する場合には、それが決定的に重要な役割を果たすこともあるので、性能の問題に関する考え方を理解しておく必要がある。

プログラムを高速化する必要があるのはどんな場合だろうか。それをどう実現したらいいのだろうか。どの程度の成果を期待できるだろうか。この章では、プログラムをもっと高速に動作させる方法や、メモリ消費量を少なくする方法について取り上げる。通常の最大関心事は速度なので、ここでも主としてそれについて説明する。速度に比べれば領域（メインメモリやディスク）が問題にされることは少ないが、それがきわめて重大な問題となるケースもあるので、この点についても多少の時間と空間を費やすつもりだ。

2章で見たように、最善の戦略は、作業に合ったもっとも単純でもっとも明快なアルゴリズムとデータ構造を使用することだ。そのあとで性能を計測し、変更が必要かどうかを確かめる。可能な限り高速なコードを生成するコンパイラオプションを有効にし、プログラム自体にどんな変更を施せばもっとも効果があるかを評価し、一度に1つずつ変更を施して再評価する。また、改訂版をテストする基準として、シンプルなバージョンを残しておくこと。

性能を改善する上で不可欠の要素が測定だ。推理や直観はガイドとして信頼性に欠けるので、時間計測コマンドやプロファイラのようなツールによって補ってやらなければならない。性能の改善作業にはテスト作業と共通する点が多い。その例としては、自動化すること、綿密に記録をつけること、回帰テストを利用して、変更を施しても正しさが維持され、それまでの改善が帳消しにならないようにすることなどがある。

アルゴリズムを賢く選択して上手に書けば、最初からそれ以上のスピードアップは不要だと思う場合もあるだろう。設計の優れたコードの性能上の問題はちょっとした変更で対処できるケースが多いが、設計のまずいコードは大幅な書き直しが必要になる。

7.1 ボトルネック

まず最初に、我々のローカルな環境にある重要なプログラムからどのようにボトルネックが取り除かれたかをお話しよう。

我々の手もとに到着するメールはすべて、社内のネットワークと外部の Internet をつなぐゲートウェイと呼ばれるマシンを経由する。外部からの電子メールメッセージ（数千人のコミュニティに対して1日に数万通）はいったんゲートウェイに到着し、それから社内ネットワークに転送される。このように分離することによって我々のプライベートなネットワークが公共の Internet から隔離され、コミュニティのすべての人間について単一のマシン名（ゲートウェイの名前）を公開すれば済むようになっている。

ゲートウェイのサービスのひとつは、「スパム」（怪しげなサービスを宣伝するお節介なメール）をフィルタにかけて除去することだ。スパムフィルタの初期の実験はうまくいったが、メールゲートウェイの全ユーザーを対象とする常駐機能としてこのサービスを組み込むと、ただちに問題が表面化した。老朽化してすでに手一杯だったゲートウェイマシンが悲鳴を上げるはめになったのだ。要するに、このフィルタプログラムがあまりに時間を食ったため（個々のメールに必要なそれ以外の全処理の合計所要時間よりもはるかに長い時間を要した）、システムが一所懸命追いつこうとしても、メールキューがいっぱいになってメールの配信が数時間単位で遅れるようになってしまったのだ。

これこそまさに性能の問題の実例と言えるだろう。プログラムが作業を十分高速にこなせず、その遅れによって人々は不便な思いをさせられた。このプログラムがもっと高速に動きさえすればよかったのだ。

スパムフィルタの原理をごく単純化して説明するなら、到着する個々のメッセージを単一の文字列として扱い、テキストパターン照合ルーチンによってその文字列を調べて、「余暇を使ってお金儲け」だの「XXX-rated」だのといった既知のスパムのフレーズが含まれているかどうかをチェックする、という感じに動作する。メッセージは何度も送られてくることが多いのでこのテクニックは非常に効果的だし、引っかからなかったスパムメッセージがあっても、次回からは捕捉できるようにフレーズがリストに追加されるようになっている。

grep をはじめとする既存の文字列照合ツールの中には、性能と仕様の兼ね合いで適当なものがなかったので、専用のスパムフィルタを開発することになった。オリジナルのコードは非常に単純で、個々のメッセージにフレーズ（パターン）がどれか含まれているかどうかを調べるにすぎない。

```
/* isspam: pat のどれかが出現するかどうかについて mesg をテスト */
int isspam(char *mesg)
{
    int i;

    for (i = 0; i < npat; i++)
        if (strstr(mesg, pat[i]) != NULL) {
            printf("spam: match for ‘%s’\n", pat[i]);
            return 1;
        }
    return 0;
}
```

これ以上高速にしようがあるだろうか。文字列で検索を実行しなければならないのであれば、最善の手段は C ライブラリの strstr 関数だ。これは標準的だし効率も高い。

プロファイリングというテクニック（詳しくは次のセクションで説明）を使って調べたところ、strstr の実装にはスパムフィルタで利用するのにふさわしくない特性があることが判明した。そこで strstr の動作を変更した結果、**この問題に関しては** strstr の効率を改善できた。

strstrの既存の実装は次のような感じになっていた。

```
/* 単純なstrstr: strchrによって最初の文字を検索 */
char *strstr(const char *s1, const char *s2)
{
    int n;

    n = strlen(s2);
    for (;;) {
        s1 = strchr(s1, s2[0]);
        if (s1 == NULL)
            return NULL;
        if (strncmp(s1, s2, n) == 0)
            return (char *) s1;
        s1++;
    }
}
```

この実装は効率を念頭に置いて書かれており、高度に最適化されたライブラリルーチンを利用して作業を実行するようになっているので、一般的な用途には実際に高速に動作していた。この実装は、strchrを呼び出してパターンの1文字目が次に出現する位置を探し、strncmpを呼び出して文字列の残りの部分がパターンの残りの部分と一致するかどうかを調べている。そのため、この実装はメッセージの大半を素早くスキップしながらパターンの1文字目を探し、高速なスキャンによって残りの部分をチェックするようになっていた。これのどこに性能上の問題があるのだろうか。

理由はいくつか存在する。第1に、strncmpはパターンの長さを引数としてとるので、それをstrlenによって計算しなければならない。しかしこのケースではパターンは固定なので、個々のメッセージごとに長さを計算し直す必要はない。

第2に、strncmpには複雑な内部ループが存在する。2個の文字列をバイトごとに比較しなければならないだけでなく、長さのパラメータをカウントダウンしながら双方の文字列の末端にある\0のバイトを検索する必要もあるのだ。しかしこのケースではすべての文字列の長さが前もってわかっている（ただしstrncmpにはわからない）ので、こんな複雑な処理は不要だ。長さのカウントが正しいとわかっている以上、\0のチェックは時間の無駄でしかない。

第3に、strchrも複雑な処理を実行する。この関数は文字を検索するだけでなく、メッセージを終了させる\0も監視しなければならないからだ。isspamが呼び出される場合のメッセージは固定だし、メッセージが終了する位置もわかっているので、\0の検索に費やされる時間は無駄になる。

最後に、strncmp と strchr と strlen の 1 個 1 個はどれも効率が高いのだが、こうした関数の呼び出しにかかるオーバーヘッドは実行される実際の演算コストに匹敵するほど大きい。だから、専用のバージョンの strstr を注意深く記述してすべての作業をそこで実行し、一切ほかの関数を呼び出さないようにしたほうが効率的だ。

この種の問題が性能上のトラブル要因となる場合はよくある。一般的なケースでは良好に動作するルーチンやインターフェイスなのに、開発中のプログラムでたまたま処理の中心となっている例外的なケースでは性能が悪化してしまうのだ。既存の strstr は、パターンと文字列がどちらも短くて呼び出しのたびに変化する場合には良好に動作するが、文字列が長くて一定の場合には著しいオーバーヘッドを発生させてしまう。

これを念頭に置いて strstr が書き直されて、サブルーチンを呼び出さずに、パターン文字列とメッセージ文字列を一緒にたどりながら一致するものを検索するように変更された。この実装は予測可能な動作をする。オリジナルの実装よりもわずかに遅くなるケースもあるだろうが、少なくともスパムフィルタのケースでは格段に高速になるはずだし、一番肝心な点として、決してひどい性能にはならない。新しい実装の正しさと性能を検証するため、性能のテストセットが作成された。このセットには、文中の語を検索するといった単純な例ばかりでなく、1,000 個の e からなる文字列で 1 個の x からなるパターンを見つけたり、1 個の e からなる文字列で 1,000 個の x からなるパターンを見つけるといったような、素朴な実装が苦手とする異常なケースも含まれている。こうした極端なケースは性能評価の重要な担い手となる。

この新しい strstr によってライブラリを更新した結果、スパムフィルタは約 30 パーセント高速に動作するようになった。これは 1 個のルーチンを書き直す手間に十分見合う成果だ。

残念ながら、これでもまだ遅すぎだった。

問題を解決するときには正しい問いを立てることが肝心だ。これまで我々は、文字列中でテキストパターンを検索する最高速の手段を求めてきた。ところが本当の課題は、長い可変長の文字列で固定のテキストパターンを検索することだ。この点では、strstr はまさにぴったりの解決策とは言えない。

プログラムを高速化する上で一番効果があるのは、より優れたアルゴリズムを使用することだ。問題が以前よりはっきりしてきたので、このあたりで最適なアルゴリズムについて考える必要がある。

次の基本的なループはメッセージを npat 回にわたってスキャンする。

```
for (i = 0; i < npat; i++)
    if (strstr(mesg, pat[i]) != NULL)
        return 1;
```

マッチするものがまったく見つからなかった場合には、メッセージの1バイト1バイトを npat 回調べることになり、合計で strlen(mesg) * npat 回の比較作業が実行される結果になる。

もっと優れたやり方は、外側のループでメッセージを1回だけスキャンして、それと並行して内側のループですべてのパターンを検索する方法だ。

```
for (j = 0; mesg[j] != '\0'; j++)
    if (何らかのパターンが mesg[j] 以降にマッチ)
        return 1;
```

性能の改善は単純な観察から生じる。位置 j にあるメッセージにマッチするパターンが存在するかどうかを確認するには、すべてのパターンを調べる必要などなく、mesg[j] と同じ文字で始まっているパターンを調べるだけでいい。大文字と小文字は52種類あるので、予測される比較実行回数は大まかに言って strlen(mesg)*npat/52 回で済む。文字の分布は一様でない（単語の先頭に s が来る頻度は x よりはるかに多い）ので、52倍の改善までは期待できないにせよ、多少の改善は見込めるだろう。要するに、ここではパターンの1文字目をキーとするハッシュテーブルを作るのだ。

先頭文字ごとにパターンを格納するテーブルを作成する準備作業が必要になるが、それでも isspam は依然として短い。

```
int patlen[NPAT];                     /* パターンの長さ */
int starting[UCHAR_MAX+1][NSTART]; /* 各文字で始まるパターン */
int nstarting[UCHAR_MAX+1];           /* そうしたパターンの数 */
...
/* isspam: pat のどれかが出現するかどうかについて mesg をテスト */
int isspam(char *mesg)
{
    int i, j, k;
    unsigned char c;

    for (j = 0; (c = mesg[j]) != '\0'; j++) {
        for (i = 0; i < nstarting[c]; i++) {
            k = starting[c][i];
            if (memcmp(mesg+j, pat[k], patlen[k]) == 0) {
                printf("spam: match for '%s'\n", pat[k]);
                return 1;
            }
```

```
            }
        }
        return 0;
    }
```

2 次元配列 starting[c][] には、個々の文字 c ごとに、その文字で始まるパターンのインデックスが記憶される。この配列に対応する nstarting[c] には、c で始まるパターンの個数が記録される。こうしたテーブルがなかったら内側のループは 0 から npat まで約 1,000 回実行されるはめになるが、このバージョンなら 0 回から 20 回程度実行されれば済む。また、配列要素 patlen[k] には事前に計算された strlen(pat[k]) の結果が記憶される。

次の図は、文字 b で始まる 3 個のパターンがある場合のこうしたデータ構造の様子を示している。

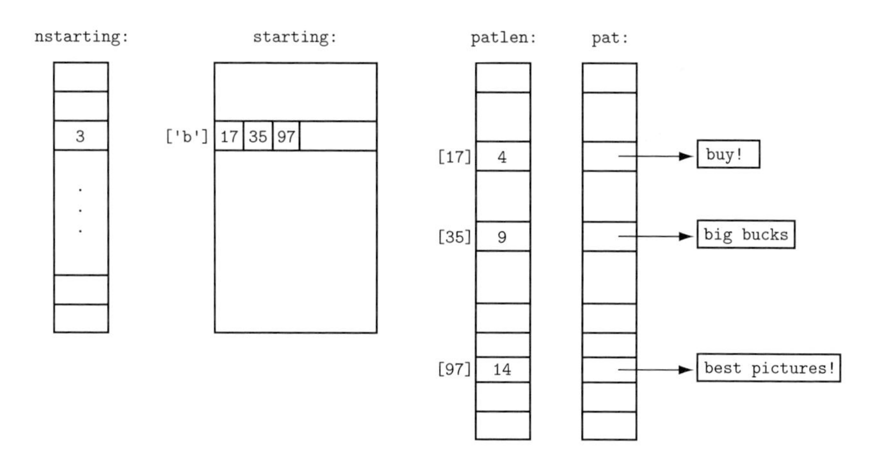

こうしたテーブルを作成するコードは簡単だ。

```
int i;
unsigned char c;

for (i = 0; i < npat; i++) {
    c = pat[i][0];
    if (nstarting[c] >= NSTART)
        eprintf("too many patterns (>=%d) begin '%c'",
            NSTART, c);
    starting[c][nstarting[c]++] = i;
    patlen[i] = strlen(pat[i]);
}
```

入力にもよるが、これでこのスパムフィルタの速度は、書き直したstrstrを使ったバージョンの5〜10倍になり、オリジナルの実装の7〜15倍になった。さすがに52倍にはならなかったが、それは文字の分布が一様でないためでもあるし、新しいプログラムのループが複雑になったためでもあるし、失敗する文字列照合作業が依然として数多く実行されるためでもあるが、少なくともこのスパムフィルタはもはやメール配信システムのボトルネックではなくなった。性能の問題が解消したのだ。

この章のこれ以降の部分では、性能上の問題を発見し、低速なコードをつきとめ、それをスピードアップするためのテクニックを紹介する。しかしその前に、スパムフィルタが教えてくれた教訓を振り返ってみるのも悪くないだろう。一番重要なポイントは、本当に性能に問題があることを確認することだ。ボトルネックがスパムのフィルタ作業になかったとしたら、どんな労力を費やしても何の意味もなくなる。そこに問題があると判明した時点で、我々はプロファイリングその他のテクニックを駆使して動作を調査し、本当の問題の所在を把握しようとした。次に我々は真の問題を解決するために、疑われても仕方がないが真犯人とは言えないstrstrにのみ的を絞るのではなく、プログラム全体を検証してみた。そして最後に正しい問題をもっと優れたアルゴリズムによって解決し、本当に高速になったかどうかをチェックした。そこそこ十分な速度を達成した時点で我々は改善作業にけりをつけた。凝りすぎはよくないからだ。

問題7-1　1個の文字とその文字で始まるパターンの集合とを対応させるテーブルを使用すると、大幅な改善がもたらされる。2個の文字をインデックスとして使用するバージョンのisspamを実装せよ。それによってどの程度の改善が見込まれるだろうか。これは**トライ**（trie）と呼ばれるデータ構造の単純で特殊なケースだ。こうしたデータ構造のほとんどは、領域と引き換えに速度を向上させるために使用される。

7.2 時間計測とプロファイリング

時間計測を自動化しよう。ほとんどのシステムにはプログラムの実行にかかった時間を計測するコマンドが存在する。Unixならコマンドはtimeだ。

```
% time slowprogram

real        7.0
user        6.2
sys         0.1
%
```

これによってコマンドが実行されて、3 種類の数値がすべて秒単位で報告される。「実 (real)」時間はプログラムが完了するまでの経過時間で、「ユーザー (user)」CPU 時間はユーザーのプログラムを実行するのに消費された時間で、「システム (sys)」CPU 時間はそのプログラムのためにオペレーティングシステム内で消費された時間を示す。自分のシステムに似たようなコマンドがあるならそれを使おう。コマンドによって報告される数値は、ストップウォッチで計った時間よりも情報が豊富で信頼性が高く、扱いやすい。また、わかりやすいメモも添えておくこと。プログラムを開発しながら変更と計測を繰り返しているとデータが大量に蓄積されるので、1 日か 2 日もするとわけがわからなくなってしまう可能性があるからだ (20 パーセント高速に走るバージョンはどれだっけ？)。テストの章で紹介したテクニックの多くは、性能を計測したり改善したりする作業にも応用できる。自分のテストセットを実行し計測するときにはマシンを駆使すること。そしてもっとも重要なポイントは、施した変更によってプログラムが破綻したりしていないのを確認するために回帰テストを使うことだ。

自分のシステムに time コマンドがない場合や、ある関数だけを切り離して計測する場合でも、テスト機構と同様の計測機構を簡単に作成できる。C と C++には、プログラムがそれまでに消費した CPU 時間を報告する clock という標準ルーチンがある。この関数を、次のように CPU 使用状況を計測したい関数の前と後で呼び出せばいい。

```
# include <time.h>
# include <stdio.h>
    ...
    clock_t before;
    double elapsed;

    before = clock();
    long_running_function();
    elapsed = clock() - before;
    printf("function used %.3f seconds\n",
        elapsed/CLOCKS_PER_SEC);
```

分母の CLOCKS_PER_SEC には clock が報告するタイマの解像度が記録されている。対象となる関数の実行時間が非常に短い場合には、以下のようにループでそれを繰り返し実行すればいい。ただしループのオーバーヘッドが無視できないときには、それを差し引いて考える必要がある。

```
before = clock();
for (i = 0; i < 1000; i++)
    short_running_function();
elapsed = (clock()-before)/(double)i;
```

Java では Date クラスの関数群によってウォールクロック時間が得られるので、これを CPU 時間の近似値として使える。

```
Date before = new Date();
long_running_function();
Date after = new Date();
long elapsed = after.getTime() - before.getTime();
```

getTime の戻り値はミリ秒単位になる。

プロファイラを利用しよう。信頼できる時間計測手段以外でもっとも重要な性能分析ツールとなるのがプロファイル生成システムだ。「プロファイル」というのは、プログラムがどこで時間を費やしたかを示す統計を指す。それぞれの関数ごとに、それが呼ばれた回数と、全実行時間中に占めるその関数の消費時間の割合が一覧として出力されるプロファイルもあれば、個々の文の実行回数が示されるプロファイルもある。頻繁に実行される文はその分だけ実行時間に大きく影響するし、まったく実行されない文は、不要なコードか、あるいはきちんとテストされていないコードを示している可能性がある。

プロファイリングは、プログラム中の**ホットスポット**(処理時間の大半を消費する関数やコードセクション)を見つけるのに効果的な手段となる。ただしプロファイルの解釈には注意が必要だ。コンパイラの高度な処理であるとかキャッシングやメモリの複雑な作用が結果に影響を及ぼすし、プログラムをプロファイルすること自体もプログラムの性能に影響するので、プロファイルの統計値はほんの目安でしかない。

Don Knuth はプロファイリングという用語を初めて使った 1971 年発表の論文の中でこう言っている、「通例、実行時間の半分以上はプログラムの 4 パーセント未満の部分に費やされる」。このことが示すように、プログラム中で時間を消費しているクリティカルな部分を見極め、そこを許容できる程度にまで改善し、新たなホットスポットが現れたかどうかを再確認する、というのがプロファイリングの利用法となる。これを 1 回か 2 回繰り返すだけで、露骨なホットスポットは消えてなくなるケースが多い。

プロファイリングは、普通は特殊なコンパイラフラグかオプションによって有効にされる。プログラムを実行し、分析ツールを実行すれば結果が表示される。Unix

ではコンパイラフラグはたいてい-pで、profという名前のツールが使われる。

```
% cc -p spamtest.c -o spamtest
% spamtest
% prof spamtest
```

下に示す表は、動作分析用に作成したスパムフィルタの特殊バージョンによって生成されたプロファイルだ。このバージョンでは固定のメッセージと217種類の固定のフレーズセットが使われ、後者がメッセージに対して10,000回照合される。下の実行結果は250MHzのMIPS R10000での場合で、ほかの標準関数を呼び出すオリジナルのstrstrの実装が使われている。出力結果はページに収まるように編集され整形されている。個々の関数の呼び出し回数を表す"calls"の欄の中に、正常な動作の目印として入力のサイズ（217フレーズ）と実行回数（10,000）が出現している点に注意。

```
12234768552: Total number of instructions executed
13961810001: Total computed cycles
55.847: Total computed execution time (secs.)
1.141: Average cycles / instruction
```

secs	%	cum %	cycles	instructions	calls	function
45.260	81.0%	81.0%	11314990000	9440110000	48350000	strchr
6.081	10.9%	91.9%	1520280000	1566460000	46180000	strncmp
2.592	4.6%	96.6%	648080000	854500000	2170000	strstr
1.825	3.3%	99.8%	456225559	344882213	2170435	strlen
0.088	0.2%	100.0%	21950000	28510000	10000	isspam
0.000	0.0%	100.0%	100025	100028	1	main
0.000	0.0%	100.0%	53677	70268	219	_memccpy
0.000	0.0%	100.0%	48888	46403	217	strcpy
0.000	0.0%	100.0%	17989	19894	219	fgets
0.000	0.0%	100.0%	16798	17547	230	__malloc
0.000	0.0%	100.0%	10305	10900	204	realfree
0.000	0.0%	100.0%	6293	7161	217	estrdup
0.000	0.0%	100.0%	6032	8575	231	cleanfree
0.000	0.0%	100.0%	5932	5729	1	readpat
0.000	0.0%	100.0%	5899	6339	219	getline
0.000	0.0%	100.0%	5500	5720	220	_malloc

strchrとstrncmp（どちらもstrstrから呼び出される）によって完全に性能が左右されていることが一目瞭然だ。Knuthのガイドラインは正しい。プログラム中の小さな部品が実行時間の大部分を消費するのだ。プログラムを最初にプロファイルするときには、通常はこの場合のように50パーセント以上の結果が出た上位の関

数に注目すれば、どこに狙いを定めればいいのかを簡単に判断できる。

ホットスポットに神経を集中しよう。 strstrを書き直したあとで再度spamtestをプロファイルしてみたところ、プログラム全体は大幅に高速になったが、今度はstrstrだけで99.8パーセントの時間が消費されるようになったことが判明した。1個の関数だけが桁外れにボトルネックとなっている場合の方策は2種類しかない。もっと優れたアルゴリズムを使ってその関数を改良するか、前後のプログラムを書き直してその関数を完全に取り除いてしまうかのどちらかだ。

我々の場合はプログラムを書き直すことにした。isspamの最終的な高速バージョンを使ってspamtestを実行した場合のプロファイルを下に示す（先頭の数行のみ）。全体の実行時間が大幅に短縮され、今度はmemcmpがホットスポットとなり、isspamが処理時間の相当な割合を占めるようになった点に注目してほしい。このバージョンはstrstrを呼び出していた実装よりも複雑だが、isspamからstrlenとstrchrを除去し、1バイト当たりの作業量が少なくて済むmemcmpにstrncmpを取り替えることによって、複雑な実装を作成した手間は十分すぎるほど償却されている。

secs	%	cum %	cycles	instructions	calls	function
3.524	56.9%	56.9%	880890000	1027590000	46180000	memcmp
2.662	43.0%	100.0%	665550000	902920000	10000	isspam
0.001	0.0%	100.0%	140304	106043	652	strlen
0.000	0.0%	100.0%	100025	100028	1	main

この2つのプロファイルに表示されているサイクル数と呼び出し回数を、少々時間をかけて比較してみるとためになる。strlenの呼び出し回数が数百万回から652回にまで減少している点と、strncmpとmemcmpの呼び出し回数が等しい点に注目してほしい。また、strchrの機能を取り込むようにisspamを書き直したにもかかわらず、新しいisspamの所要サイクル数が依然としてstrchrよりもはるかに少ない数値に収まっている点にも注意。これは、isspamが個々のステップで適切なパターンだけを調べるように動作するからだ。数値を検証すれば、これ以外にも動作に関する多くの事実を発見できる。

ホットスポットは、スパムフィルタの場合よりもはるかに単純な工事によって除去できる（少なくとも「冷却」できる）ことが多い。かなり昔の話だが、Awkのプロファイルをとったところ、回帰テスト中にある関数が次のループで100万回前後も呼び出されていたことがあった。

```
?       for (j = i; j < MAXFLD; j++)
?           clear(j);
```

これは新しい入力行を読み込むたびにフィールドをクリアするループだが、これが実行時間の50パーセントもの時間を占めていた。定数MAXFLDは1つの入力行に許される最大フィールド数で、これは200に定義されていた。しかし、Awkのほとんどの用途で実際に使われるフィールドの数は2〜3個にすぎない。そのため、まったくセットされていないフィールドをクリアする作業に膨大な時間が浪費されていたのだ。この定数を直前の最大フィールド数に置き換えたところ、全体の速度が25パーセント向上した。修正ポイントは、ループの上限を次のように変更することだった。

```
for (j = i; j < maxfld; j++)
    clear(j);
maxfld = i;
```

作図しよう。図表は性能の計測結果を表現するのに非常に適している。図表を使えばパラメータを変更した場合の効果がわかるし、アルゴリズムやデータ構造を比較できるし、場合によっては予想外の動作を発見できる。5章に掲載した、数個のハッシュ乗数に対するチェイン長カウントを表すグラフは、乗数の優劣を一目瞭然に示していた。

次のグラフは、Cバージョンのmarkovで詩篇（単語数42,685、プレフィクス数22,482）を入力にした場合の、ハッシュテーブル配列のサイズと実行時間の関係を表している。ここでは2通りの実験をしている。一方の実験の実行には配列サイズとして2から16,384までの2のベキ乗の値を使い、もう一方にはそれぞれの2のベキ乗の値より小さい最大の素数を使った。我々が調べたかったのは、素数の配列サイズを使うことで性能に何らかの有意差が生じるかどうかという点にあった。

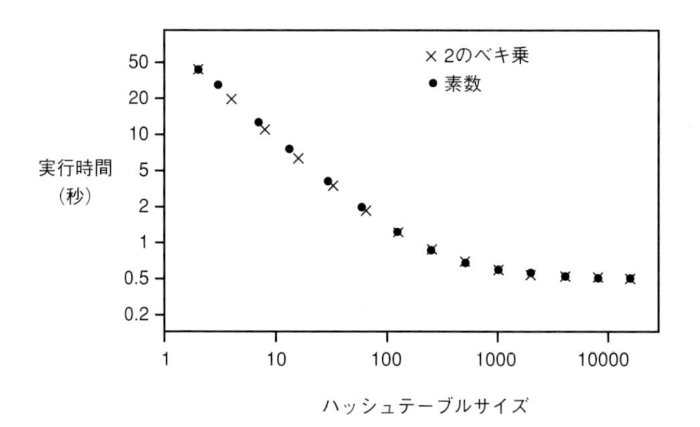

このグラフを見れば、この入力を使った場合の実行時間は要素数が1,000を超えるあたりからテーブルサイズに影響されなくなり、素数と2のベキ乗のテーブルサイズの間に有意な差は存在しないことがわかる。

問題7-2 自分のシステムにtimeコマンドがあるかどうかにかかわらず、clockまたはgetTimeを利用して自分用の時間計測機能を記述せよ。それが報告する時間と現実の時計の時間を比較せよ。マシンのそれ以外の活動が時間の計測にどのような影響を与えるだろうか。

問題7-3 前掲の最初のプロファイルでは、strchrが48,350,000回呼び出されているのにstrncmpは46,180,000回しか呼ばれていない。この差を説明せよ。

7.3 高速化の戦略

プログラムの高速化を目指して変更する前に、それが本当に遅すぎることを確かめ、時間計測ツールとプロファイラを使って時間が消費されている場所をつきとめること。現状が把握できたら、その後の戦略の選択肢は数多く存在する。以下ではそのほんの一部を有効性の高い順に紹介していこう。

より優れたアルゴリズムやデータ構造を利用しよう。プログラムを高速化する上でもっとも重要なファクタは、アルゴリズムとデータ構造の選択だ。効率の高いアルゴリズムとそうでないアルゴリズムとの間には天と地ほどの違いがある。我々のスパムフィルタの場合、データ構造の変更によって10倍の改善がもたらされた。新しいアルゴリズムによってO（n^2）からO（$n\log n$）へというように計算量のオーダーを減らせば、さらに大幅な改善を見込める。この話題については2章で取り上げたので、ここでは改めて説明しない。

計算量が本当に自分が思っている通りかどうかを確認すること。性能上のバグが隠れている可能性があるからだ。たとえば次のコードは一見すると文字列スキャン用の1次アルゴリズムに見えるが、実際には2次アルゴリズムだ。

```
?     for (i = 0; i < strlen(s); i++)
?         if (s[i] == c)
?             ...
```

sにn個の文字がある場合、strlenが呼び出されるたびに文字列のn個の文字がたどられ、しかもこのループはn回実行される。

コンパイラの最適化を有効に。コストなしでそれなりの改善が通常得られる変更に、コンパイラが提供している最適化機能を有効にすることがある。現在のコンパイラはかなり賢く、プログラマが自分で細かい変更を施す必要性は大幅に少なくなっている。

ほとんどのCとC++のコンパイラはデフォルトではそれほど最適化を実行せず、コンパイラオプションによって「オプティマイザ」(用語としては「改善機構（improver)」のほうが正確だろう）が有効になる。おそらく通常はそれをデフォルトにすべきだと思うが、最適化によってソースレベルデバッガがまごつく場合があるので、プログラマはプログラムのデバッグが済んだと確信したあとでオプティマイザを明示的に有効にしなければならない。

コンパイラによる最適化は、実行時間を数パーセントから2倍程度まで改善するのが普通だ。だが、逆にプログラムの速度を低下させることもあるので、自分の製品を出荷する前に改善の度合いを計測するようにしよう。我々はスパムフィルタの2種類のバージョンについて、最適化なしと最適化ありのコンパイル結果を比較してみた。最終バージョンの照合アルゴリズムを利用したテストセットでは、元の実行時間が8.1秒だったのに対して最適化を有効にした場合は5.9秒にまで短縮され、25パーセント以上の改善が見られた。一方、改良版の`strstr`を利用するバージョンでは、最適化による改善はまったく見られなかった。`strstr`はライブラリに組み込まれた時点ですでに最適化されていたからだ。オプティマイザが適用されるのは現在コンパイルされているソースコードに対してだけで、システムライブラリには適用されない。ただし、プログラム全体を分析して改善の余地を検証する、**グローバルオプティマイザ**が装備されたコンパイラもある。自分のシステムにこの種のコンパイラがあるなら、それを試してみよう。もう何サイクルか短縮できるかもしれない。

ひとつ注意してほしいのは、コンパイラが過激に最適化を実行すればするほど、コンパイルされたプログラムにバグが忍び込む危険性が高まる点だ。オプティマイザを有効にしたら、通常の修正作業の場合と同じように自分の回帰テストセットを実行し直してみること。

コードをチューニングしよう。データサイズがある程度大きい場合には、正しいアルゴリズムの選択が重要になる。さらに、アルゴリズムの改善はマシンやコンパイラや言語を問わず有効だ。しかし正しいアルゴリズムを採用しても依然として速度が問題になるなら、次にやってみる必要があるのはコードの**チューニング**だ。これは、ループや式の細かい部分を調整して処理の高速化を図ることを指す。

セクション7.1の最後に紹介したバージョンの`isspam`には、チューニングが施されていなかった。そこで以下では、ループをいじればさらに性能を改善できることを示そう。念のため、現状のバージョンを再掲しておく。

```
for (j = 0; (c = mesg[j]) != '\0'; j++) {
    for (i = 0; i < nstarting[c]; i++) {
        k = starting[c][i];
        if (memcmp(mesg+j, pat[k], patlen[k]) == 0) {
            printf("spam: match for '%s'\n", pat[k]);
            return 1;
        }
    }
}
```

この初期バージョンは、オプティマイザを使ってコンパイルした場合に我々のテストセットで6.6秒かかる。内側のループのループ条件中には配列インデックス（nstarting[c]）が置かれているが、これの値は外側のループが1回実行される間は一定だ。そのため、その値をローカル変数に保存すれば再計算せずに済むようになる。

```
for (j = 0; (c = mesg[j]) != '\0'; j++) {
    n = nstarting[c];
    for (i = 0; i < n; i++) {
        k = starting[c][i];
        ...
```

これによって実行時間は5.9秒に短縮された。約10パーセント高速化された計算になるが、これはチューニングによって改善できる典型的な比率と言える。ループ外に追い出せる変数はもう1個ある。starting[c]の値も一定なのだ。これの計算をループの外に追い出すことも高速化に寄与するように思えるが、我々のテストでは有意な差はまったく見られなかった。これもチューニングの典型的な事例だ。役に立つこともあれば役に立たないこともあり、どれが役に立つかは計測によって調べなければならない。しかも結果はコンパイラやマシンによってまちまちになる。

スパムフィルタにはこれ以外にもまだ変更の余地がある。内側のループはパターン全体を文字列と比較しているが、1文字目はすでにマッチしていることがアルゴリズムによって保証されている。そのため、memcmpを1バイト後の位置から開始するようにコードをチューニングできる。これを実際に試してみたところ、約3パーセントの改善が見られた。これはわずかだが、プログラムをたった3行（そのうちの1行は前処理の部分）修正するだけで済む。

関係ない部分を最適化するな。チューニングによって何の結果も得られないことがあるが、それはチューニングによる差が出ない部分に施されたからだ。自分が最適化しようとするコードで本当に時間が消費されている点を確認すること。次の話はどうもインチキくさいが、とりあえず紹介しておこう。とっくにつぶれたメーカーの初期のマシンがハードウェアパフォーマンスモニタで分析されていたときの話だ。数個の命令からなる同一のシーケンスの実行に、実行時間の50パーセントが費やされていることが発見された。そこでエンジニアたちは、そのシーケンスの機能を包含した特殊な命令を作ってシステムを再構築した。ところがまったく違いが見られない。彼らはオペレーティングシステムのアイドルループを最適化していたのだ。

プログラムを高速化するためにどれだけ労力を費やすべきだろうか。一番の基準は労力に十分見合う変化が生じるかどうかだ。目安として、プログラムを高速化するために費やされる個人の時間は、そのプログラムが廃棄されるまでに高速化によって節約される時間を超えてはならない。このルールにしたがって考えるなら、isspamに対するアルゴリズム上の改善は施す意味があった。作業に丸1日かかったものの、1日当たり数時間が節約された（現在も節約され続けている）からだ。内側のループから配列インデックスを追い出した効果はそれほど劇的ではなかったが、それでもこのプログラムは巨大なコミュニティに対するサービスを提供するのでチューニングする意味はあった。スパムフィルタやライブラリのような公共のサービスは、ほぼ例外なく最適化する価値があると言っていい。これに対してテストプログラムはほぼ例外なく高速化する価値はない。また1年間動作するプログラムなら、できる限りすべてのものを最適化しよう。そのプログラムが稼働し始めて1か月が経過した時点であっても、10パーセント改善する方法が見つかった場合には作り直す意義があるかもしれない。

競争の激しいプログラム（ゲーム、コンパイラ、ワードプロセッサ、スプレッドシート、データベースシステム）もこのカテゴリに入る。商業的な成功は、（少なくとも雑誌のベンチマークテストでの）最高速のプログラムにもたらされることが多いからだ。

重要なポイントは、変更を施すたびにプログラムの実行時間を計測して、常に改善されているのを確認することだ。場合によっては、プログラムの改善にそれぞれ寄与する2つの変更が干渉し合って、個々の効果を帳消しにしてしまうケースがある。また、時間計測メカニズムが信頼性に欠け、変更の効果に関して確実な結論を導き出すのが難しいケースもある。シングルユーザーのシステムであっても、不意に実行時間が変動する場合がある。内蔵タイマ（か少なくとも報告されてくる結果）の誤差が10パーセントだとするなら、10パーセント程度の改善しかもたらさない変更はほとんどノイズと見分けがつかない。

7.4 コードのチューニング

ホットスポットが見つかった場合に実行時間を短縮するテクニックは数多く存在する。ここではいくつかヒントを紹介するが、これらを応用するときには十分な注意が必要で、変更を施すたびに回帰テストを実行してコードが依然として機能することを確認するようにしてほしい。優れたコンパイラなら、こうしたテクニックの一部を自動的に行使してくれる点を忘れないこと。プログラムを複雑にしてしまうと、場合によってはかえってそうしたコンパイラの動作を妨げる結果になる。何を試す場合でも、必ず効果を測定してそれが役に立つかどうかを確認するようにしよう。

共通する式をまとめよう。同じ高価な演算が何回も登場するなら、それを1か所だけで実行して結果を記憶しておく。たとえば、同じ値を使って sqrt を立て続けに2回呼び出して距離を計算するマクロが1章に出てきたが、あのマクロは事実上次の計算を実行するようになっていた。

```
?     sqrt(dx*dx + dy*dy) + ((sqrt(dx*dx + dy*dy) > 0) ? ...)
```

この式の場合なら、平方根を1回だけ計算してその値を2か所で使うようにすればいい。

ループ内で実行される計算がそのループ中で変化するものに依存していない場合には、その計算をループ外に追い出してしまおう。たとえば我々は先ほど出てきた次のコードを、

```
for (i = 0; i < nstarting[c]; i++) {
```

以下のように書き直した。

```
n = nstarting[c];
for (i = 0; i < n; i++) {
```

高価な処理を安価な処理に置き換えよう。高価な処理を安価な処理に置き換える最適化を、**強さの低減**と呼ぶ。昔はこの用語は乗算を加算やシフトに置き換えるという意味に使われていたが、現在ではそんなことはあまり役に立たない。ただ、除算と剰余の計算は乗算に比べてはるかに遅いので、除算を逆数による乗算に置き換えたり、除数が2のベキ乗の場合にマスク演算で剰余を置き換えたりできるのであれば、改善される可能性はある。また、CやC++で配列インデックスをポインタに置き換えれば速くなるかもしれないが、ほとんどのコンパイラはこれを自動的にやってくれるようになっている。しかし関数呼び出しをもっと単純な計算に置き換える

ことは依然として効果がある。たとえば、平面上の長さは公式 sqrt(dx*dx+dy*dy) によって決まるので、2つの座標のうちのどちらが遠くにあるのかを判定するには、普通は平方根を2回計算することになる。しかしこれと同じことは、長さの平方を比較しても判定できる。

```
if (dx1*dx1+dy1*dy1 < dx2*dx2+dy2*dy2)
    ...
```

これはこの式の平方根を比較するのと同じ結果をもたらす。

似たような事例は、我々のスパムフィルタや grep のようなテキストパターン照合ツールにも出てくる。パターンの先頭にリテラル文字があるときは、とりあえずその文字を入力テキスト中で検索してみる。そうすれば、マッチするものが見つからなかった場合にもっと高価な検索メカニズムが一切実行されずに済むのだ。

ループは展開するか除去しよう。ループのセットアップと実行にはある程度のオーバーヘッドが必要になる。ループの本体がそれほど長くなく、繰り返しの回数がそれほど多くない場合には、個々の繰り返しを展開してしまったほうが効率が高まる可能性がある。たとえば次のループを

```
for (i = 0; i < 3; i++)
    a[i] = b[i] + c[i];
```

次のように展開するのだ。

```
a[0] = b[0] + c[0];
a[1] = b[1] + c[1];
a[2] = b[2] + c[2];
```

これによってループのオーバーヘッドが除去されるが、とりわけ分岐が除去されることの効果が大きい。最近のプロセッサの処理は、分岐によって実行フローが中断されると遅くなる傾向があるからだ。

ループがもっと長い場合にも、これと同じような変換を施せば繰り返しの回数を少なくしてオーバーヘッドを緩和させられる。

```
for (i = 0; i < 3*n; i++)
    a[i] = b[i] + c[i];
```

このコードは次のように変形できる。

```
for (i = 0; i < 3*n; i += 3) {
    a[i+0] = b[i+0] + c[i+0];
    a[i+1] = b[i+1] + c[i+1];
    a[i+2] = b[i+2] + c[i+2];
}
```

ただしこの手を使うためには、配列の長さがステップサイズの倍数でなければならない。そうでないとあまった要素を処理するコードを追加する必要があり、そこに間違いが忍び込む余地が生まれるし、効率も多少低下する。

頻繁に使われる値をキャッシュしよう。キャッシュされた値は計算し直す必要がない。キャッシングは**局所性**を利用している。局所性というのは、プログラム（や人間）が、古いデータや遠くのデータよりも最近アクセスされた項目や手近にある項目を再利用したがる傾向のことだ。コンピュータのハードウェアにもキャッシュがふんだんに利用されている。事実、コンピュータにキャッシュメモリを追加すると、マシンの見かけ上の速度が大幅に改善される場合がある。ソフトウェアにもこれと同じことが言える。たとえばWebブラウザはページや画像をキャッシュして、Internetからの低速なデータ転送を実行しなくて済むようにしている。我々が昔書いた印刷プレビュープログラムでは、$^1/_2$のような非アルファベット特殊文字をテーブルでルックアップしなければならなかった。統計をとってみたところ、特殊文字は、同一の文字を連続して並べてラインを描画するために使われるケースが多いことが判明した。そのため、一番最後に使われた1文字をキャッシュしただけで、我々のプログラムは通常の入力に対して格段に高速化された。

キャッシング処理を外部から見えないようにして、それがプログラムのほかの部分に高速化以外の影響を与えないようにするのが最良のやり方だ。だから印刷プレビュアの場合で言えば、文字描画関数のインターフェイスは変更されず、常に次の通りだった。

```
drawchar(c);
```

元のバージョンの`drawchar`は`show(lookup(c))`を呼び出していた。キャッシュバージョンは内部スタティック変数を利用して、直前の文字とその文字コードを記憶するようになっている。

```
if (c != lastc) { /* キャッシュを更新 */
    lastc = c;
    lastcode = lookup(c);
}
show(lastcode);
```

専用のアロケータを書こう。mallocやnewの呼び出しを大量に実行するメモリ割り当て部分が、プログラム中の唯一のホットスポットとなっているケースがよくある。その大半が同一サイズのブロックを要求する呼び出しであれば、汎用アロケータの呼び出しを専用アロケータの呼び出しに入れ換えることで大幅な高速化が見込める。この専用アロケータでは、mallocを1回呼び出して大きな配列を確保しておき、必要に応じて一度に1個ずつ項目を渡すという比較的安価な処理を実行する。解放された項目は、即座に再利用できるように**フリーリスト**に戻される。

要求サイズが似たり寄ったりなら、領域よりも時間を優先させて、常に最大の要求を満たすサイズを割り当てるという手法が使える。所定の長さ以下のすべての文字列について同じサイズを指定して割り当てを実行するようにすれば、短い文字列を扱う場合に効果がある。

アルゴリズムによってはスタックベースの割り当てを利用できる場合がある。スタックベースの割り当てでは、一連の割り当てが実行されたあとで、すべての割り当てが一度に解放される。この場合、アロケータは自分で1個の大きなチャンクを取得して、それをスタックとして扱うことになる。つまり、割り当てられた項目を必要に応じてプッシュして、最後にすべての項目を1回の処理でポップするのだ。一部のCライブラリには、この種の割り当てを実行するallocaという関数が用意されている（ただしこれは標準C関数ではない）。この関数はローカル呼び出しスタックをメモリソースとして利用するので、allocaを呼び出した関数がリターンする際にすべての項目が解放される。

入力と出力をバッファリングしよう。バッファリングによってトランザクションがまとめられることによって、頻繁に実行される処理が可能な限り小さなオーバーヘッドで実行されるようになり、オーバーヘッドの大きな処理はそれが必要なときにしか実行されないようになる。これによって処理のコストが複数のデータ値に分散する。たとえばCプログラムがprintfを呼び出した場合には、文字はバッファ中に溜めておかれて、バッファがいっぱいになるか明示的にフラッシュされるまではオペレーティングシステムに渡されない。さらにオペレーティングシステム自体もディスクへのデータの書き込みを遅らせる場合がある。これの短所は、データを使えるようにするためには出力バッファをフラッシュしなければならない点だ。最悪のケースでは、プログラムがクラッシュするとその時点でまだバッファに入っていた情報が失われてしまう。

特殊なケースは別個に処理しよう。同一サイズのオブジェクトを別個のコードで処理し、専用のアロケータを使用するようにすれば、汎用アロケータを使った場合に必要になる時間と領域のオーバーヘッドが減少するし、ついでにメモリの分断も緩和される。Infernoシステム用のグラフィックスライブラリでは、基本的なdraw関数はできる限りシンプルで単純なものになるように記述された。この関数がまともに機能するようになった時点で、さまざまなケース（プロファイリングによって選ばれた）に合わせた最適化が一度に1つずつ施された。こうすれば、いつでもシンプルなバージョンを基準にして最適化バージョンをテストできるようになる。しかし最終的にはほんの数種類のケースが最適化されたにすぎなかった。この描画関数に対する呼び出しの分布は文字の表示作業に著しく偏っていたため、わざわざすべてのケースに対して賢いコードを記述する意味がなかったからだ。

結果を事前に計算しておこう。必要になった時点ですぐ利用できるように値を事前に計算しておくと、プログラムの動作を高速化できる場合がある。スパムフィルタでも、strlen(pat[i])を事前に計算してpatlen[i]として配列に入れておく例が登場した。グラフィックスシステムでサインなどの数学関数を使って繰り返し計算する必要があるときでも、それを整数の角度のような離散値の集合について実行すれば済む場合であれば、360個のエントリを含んだテーブルを事前に計算しておいて（あるいはそれをデータとして与えて）、必要に応じてインデックスによってそれにアクセスするようにしたほうが高速になるだろう。これは領域を犠牲にして時間を優先させる例だ。コードの代わりにデータを使ったり、コンパイル時に計算を実行したりできる場面は数多く存在する。これによって時間を節約できるし、場合によっては領域の節約になることもある。たとえばisdigitのようなctype関数は、ほぼ例外なく、一連のテストをいちいち評価するのではなくビットフラグのテーブルをインデックスアクセスするように実装されている。

近似値を使おう。それほど正確さが問われないなら、低い精度のデータ型を使用しよう。古いマシンや小規模なマシン、あるいは浮動小数点をソフトウェアでシミュレートするマシンでは、倍精度演算よりも単精度演算のほうが速いことが多いので、doubleではなくfloatを使って時間を節約する。最近のグラフィックスプロセッサの中にも似たようなトリックを駆使するものがある。IEEEの浮動小数点規格では、計算結果が数値の表現可能範囲の下限に近づいたときに「美しくアンダーフロー」することが求められているが、これは計算上高くつく。イメージの場合にはこの機能は不要なので、ゼロに切り捨ててしまったほうが速いし、そうしてもまったく差し支えない。これによって数値がアンダーフローする際に時間が節約されるだけでなく、あらゆる演算用のハードウェアを単純化できる。また、整数のsinとcosルーチンを利用することも近似値の使用例と言える。

より低級な言語で書き直そう。プログラマ時間の点ではコストがかかるものの、低級な言語ほど効率が高くなる傾向が見られる。そのため、C++やJavaのプログラムのクリティカルな部分をCで書き直したり、インタープリタ用のスクリプトを言語コンパイラで作成したプログラムに置き換えたりすれば、はるかに高速に動作するようになる可能性がある。

場合によっては、マシンに依存するコードを使って大幅に高速化できることもある。しかしこれは最後の手段であり、軽率にやってはならない。これによって移植性が台なしになるし、今後のメンテナンスや修正作業が格段に大変になるからだ。アセンブリ言語で記述すべきコードは、ライブラリに埋め込まれる比較的小さな関数だけだと言っても過言ではない。`memset`や`memmove`、グラフィックス処理などがその典型的な例だ。その場合のアプローチとしては、まず高級言語でコードをなるべくきれいに書いて、6章で`memset`の場合について説明したようにそれをテストして、正しく動作することを確認する。これが、遅い代わりにどこでも動作する移植性のあるポータブルバージョンとなる。新しい環境に移行するときには、動くとわかっているこのバージョンをお手本にすればいい。アセンブリ言語バージョンを書くときには、ポータブルバージョンを基準に徹底的にそれをテストすること。バグが発生したら、疑わしいのは間違いなく移植性のないコードのほうだ。このことからも、比較用の実装を作っておくと安心できる。

問題 7-4 `memset`のような関数を高速化する方法のひとつに、バイト単位ではなくワード単位で書き込みを実行する手法がある。このほうがハードウェアに合うだろうし、ループのオーバーヘッドも1/4ないし1/8に減少する可能性がある。これの問題点は、ターゲットがワード境界上にない場合や長さがワードサイズの倍数でない場合に、さまざまな末端処理を実行しなければならなくなる点だ。この最適化を実行する`memset`を記述せよ。その性能を、既存のライブラリバージョンや単純なバイト単位でのループと比較せよ。

問題 7-5 短い文字列には専用アロケータを利用し、長い文字列には`malloc`を直接呼び出す、C文字列用のメモリアロケータ`smalloc`を記述せよ。それぞれのケースの文字列を表現する`struct`を定義する必要があるだろう。呼び出しを`smalloc`から`malloc`に切り替えるポイントをどのように判定したらいいだろうか。

7.5 メモリ効率

メモリはかつてもっとも貴重なコンピュータ資源だった。メモリは慢性不足状態で、乏しい資源から何とかして最大の成果を搾り出そうとして邪悪なコードが数多く書かれた。その実例として頻繁に引き合いに出されるのがあの悪名高き「2000年問題」だ。メモリが本当に乏しかった時代には、19を記憶するのに2バイト使用することすら贅沢すぎると思われていたのだ。これの原因が本当に領域の問題にあるのかどうかは別にして（日常生活では一般に西暦の上位2桁が省略されるが、人々のそうした日付の使い方がこの種のコードに反映されているだけなのかもしれない）、この問題は近視眼的な最適化作業に潜む危険性を示している。

それはともかく、時代は変わって主記憶も2次記憶も驚くほど安価になった。だから領域を最適化するときの最初のアプローチは速度の改善の場合と同じだ。**気にするな**。

それでもメモリ効率が問題になるケースは存在する。プログラムが利用可能なメインメモリに収まらないとプログラムの一部がページアウトされ、そのせいで我慢のならないほど性能が落ちることがあるからだ。新しいバージョンのソフトウェアがメモリを浪費するようになると、こういう目にあわされる。悲しい事実だが、ソフトウェアをバージョンアップした後で追加のメモリを購入するはめになることがよくある。

できる限り小さなデータ型を使って領域を節約しよう。メモリ効率を上げるひとつの手段は、現状のメモリをもっとうまく使うように小規模な変更を施すことだ。それにはたとえば、機能するぎりぎりの小さなデータ型を利用するやり方がある。これは要するに、データが収まる**ならば** int を short に置き換えるということで、実際にこのテクニックはよく2-Dグラフィックスシステムの座標に使われている。想定される範囲のスクリーン座標はすべて16ビットで処理できるからだ。double を float に置き換える場合もあるが、float は10進で6〜7桁程度しか記憶できないのが普通なので、精度が失われる危険性が潜んでいる。

この種のケースでは、printf の書式指定やとりわけ scanf 文などのような、それ以外の部分にも変更を施す必要がある。

これの論理的延長線上にあるアプローチは、情報を1バイトあるいはそれより少ないビット（可能なら1ビット）にエンコードすることだ。ただしCやC++のビットフィールドは使わないこと。これらは著しく移植性に欠けるし、大きい上に効率の悪いコードが生成される場合が多いからだ。代わりに、自分に必要な処理を、ワードやワードの配列中の個々のビットをシフト演算とマスク演算によって取得したりセットしたりする関数にカプセル化しよう。次に示すのは、ワードの中間に存在する連続したビットをひとまとめに返す関数だ。

```
/* getbits: 位置pからn個のビットを取得 */
/* ビットの番号は0（最下位）からの連番 */
unsigned int getbits(unsigned int x, int p, int n)
{
        return (x >> (p+1-n)) & ~(~0 << n);
}
```

この種の関数の動作が遅すぎるようだったら、この章ですでに紹介したテクニックを使って改善すればいい。C++の場合なら、演算子のオーバーロード機能を利用すれば、ビットアクセスを通常の添字によるアクセスに見せかけるのも可能だ。

簡単に再計算できるものを記憶するな。今紹介したような変更は効果が小さく、コードのチューニングに似ている。大幅な改善をもたらす可能性が高いのはデータ構造の改良で、おそらくはアルゴリズムの変更もそれにともなう。実例を紹介しよう。はるか昔の話だが、我々著者の1人は行列演算を実行しようとしていた同僚から相談を受けた。その行列は非常に大きく、行列をメモリに収めるためには、いちいちマシンをシャットダウンして機能限定版のオペレーティングシステムをロードし直さなければならなかった。こんな作業は悪夢以外の何物でもないので、その同僚は別の方法がないかと思って相談してきたのだ。どんな行列なのか尋ねたところ、それには整数値が収められており、**そのほとんどがゼロ**だということがわかった。ゼロでない成分は行列の成分の5パーセントにも満たない。このことから即座に思い浮かんだのは、ゼロでない行列成分だけを記憶して、`m[i][j]`のような個々の行列アクセスを`m(i,j)`という関数呼び出しに置き換える手法だ。データを記憶する方法は何種類か存在するが、おそらく一番簡単なのは、1行に1個ずつのポインタで構成される配列を用意して、それぞれのポインタによって、列番号とそれに対応する値で構成されるコンパクトな配列を指すやり方だろう。ゼロでない項目1個に必要な領域のオーバーヘッドは以前より大きくなるが、全体としてははるかに小さな領域で済むし、個別のアクセスは遅くなるものの、オペレーティングシステムをロードし直すのに比べれば圧倒的に高速だ。その同僚はこのヒントを採用して心の底から満足し、この物語はハッピーエンドに終わった。

我々自身も、これと同じ問題の現代版を解決するのに似たようなアプローチを使ったことがある。ある無線局設計システムでは、非常に広大な地理的範囲（1辺100～200キロメートル）にわたって、地形データと無線信号の強さを100メートル単位の分解能で表現する必要があった。これを巨大な矩形の配列として記憶するとターゲットマシンで利用できるメモリを超過してしまって、我慢のならないページング動作が引き起こされてしまう。しかし地形と信号の強さの値は広い地域にわたって等しくなる可能性が高いので、同一の値の地区を1個のセルにまとめる階層的な表現方法をとれば、この問題は扱いやすくなる。

この手の話のバリエーションはたくさんあるし表現方法もまちまちだが、どれも基本的な考え方は同じだ。共通する（1個ないし複数の）値を暗黙に記憶するかコンパクトな形式で記憶して、それ以外の値により多くの時間と空間を費やすこと。共通する値の出現頻度が高ければ、このやり方は非常にうまくいく。

プログラムの構成をよく考えて、複雑なデータの具体的な表現方法がプライベートデータ型を扱うクラスや関数群の中に隠蔽されるようにする必要がある。この点にあらかじめ配慮しておけば、表現方法を変更してもプログラムのほかの部分に影響を及ぼさずに済む。

領域の効率性が、情報の外面的な表現という点で（変換方法と格納方法の両面で）問題にされる場合もある。通常は何らかのバイナリ表現を利用するのではなく、情報をできる限りテキストとして保存するのがベストだ。テキストは移植性に富み、読みやすく、あらゆる種類のツールによって加工できるのに対して、バイナリ表現にはこうしたメリットがひとつもない。バイナリ表現の賛成者の論拠はたいてい「速度」だが、テキスト形式とバイナリ形式の間にそれほど著しい格差があるはずがないので、そうした話は少々疑ってかかる必要がある。

領域の効率は実行時間のコストをともなうケースが多い。以前あるアプリケーションで、大きなイメージを別のプログラムに転送しなければならなかったことがあった。PPMという単純な形式のイメージは1メガバイトのサイズになるのが普通だったので、圧縮されたGIF形式で転送できるようにそれをエンコードしたほうがはるかに速いだろうと我々は考えた。GIF形式のファイルなら50Kバイト程度で済むからだ。ところがGIFのエンコード作業とデコード作業には、小さくなったファイルを転送することで節約できる時間と同程度の時間がかかったため、結局何の得にもならなかった。おまけにGIF形式を処理するコードが約500行なのに対して、PPMのソースは10行程度で済む。そのためメンテナンスの手間を考えてGIFエンコーディング機能は除去され、そのアプリケーションはもっぱらPPMだけを使い続けることになった。もちろんこれが低速なネットワーク経由でファイルを送信しなければならない場合だったら、優先する条件は違ったはずだ。その場合には、GIFエンコーディングのほうがコスト効率の点ではるかに優れている。

7.6 性能の見積もり

プログラムがどのくらいの速度で動作するかを事前に見積もるのは難しいし、特定の言語の文やマシン命令のコストを見積もるのはなおさら難しい。ただ、言語やシステムの**コストモデル**を作るのは簡単だ。それによって重要な処理にどのくらいの時間がかかるのかを、少なくともおおざっぱには把握できる。

一般的なプログラミング言語でよく使われるアプローチに、代表的なコードシーケンスの実行時間を計測するプログラムを利用する方法がある。再現性のある結果の取得や無関係なオーバーヘッドの相殺などといった処理上の難しさもあるが、有益な情報をそれほど苦労せずに入手できる。たとえば我々が使っているC／C++用のコストモデルプログラムでは、個々の文のコストを見積もるために、何百万回も実行されるループにその文を入れて平均実行時間を計算するようになっている。250MHzのMIPS R10000では次のデータが生成される（演算ごとの実行時間はナノ秒単位）。

```
int 演算
  i1++                  8
  i1 = i2 + i3         12
  i1 = i2 - i3         12
  i1 = i2 * i3         12
  i1 = i2 / i3        114
  i1 = i2 % i3        114

float 演算
  f1 = f2               8
  f1 = f2 + f3         12
  f1 = f2 - f3         12
  f1 = f2 * f3         11
  f1 = f2 / f3         28

double 演算
  d1 = d2               8
  d1 = d2 + d3         12
  d1 = d2 - d3         12
  d1 = d2 * d3         11
  d1 = d2 / d3         58

数値変換
  i1 = f1               8
  f1 = i1               8
```

除算と剰余を除けば整数演算は高速だ。浮動小数点演算も整数と同等かそれ以上に高速に実行されているが、浮動小数点演算が整数演算よりもはるかに高くついた時代を知っている人にとっては、この結果は意外だろう。

これ以外の基本的な処理も非常に高速に実行される。次の最後の3行に示されている関数呼び出しもその例外ではない。

```
整数ベクタ演算
  v[i] = i                 49
  v[v[i]] = i              81
  v[v[v[i]]] = i          100

制御構造
  if (i == 5) i1++          4
  if (i != 5) i1++         12
  while (i < 0) i1++        3
  i1 = sum1(i2)            57
  i1 = sum2(i2, i3)        58
  i1 = sum3(i2, i3, i4)    54
```

だが、入出力はそれほど安価ではない。この点は、その他のほとんどのライブラリ関数についても言える。

```
入出力
  fputs(s, fp)                     270
  fgets(s, 9, fp)                  222
  fprintf(fp, "%d\n", i)          1820
  fscanf(fp, "%d", &i1)           2070

割り当て
  free(malloc(8))                  342

文字列関数
  strcpy(s, "0123456789")          157
  i1 = strcmp(s, s)                176
  i1 = strcmp(s, "a123456789")      64

文字列/数値変換
  i1 = atoi("12345")               402
  sscanf("12345", "%d", &i1)      2376
  sprintf(s, "%d", i)             1492
  f1 = atof("123.45")             4098
  sscanf("123.45", "%f", &f1)     6438
  sprintf(s, "%6.2f", 123.45)     3902
```

mallocとfreeの時間は、おそらく実際の性能の参考にはならないと思う。割り当てた直後に解放するというのは一般的なパターンの作業とは言えないからだ。

最後に数学関数の結果を示す。

```
数学関数
  i1 = rand()                      135
  f1 = log(f2)                     418
  f1 = exp(f2)                     462
  f1 = sin(f2)                     514
  f1 = sqrt(f2)                    112
```

もちろんこうした値はハードウェアによって違ってくるだろうが、何かの処理にどのくらいの時間がかかるかをおおざっぱに見積もったり、I/O と基本演算の相対的なコストを比較したり、式を書き直すべきかそれともインライン関数を使うべきかを決定する際に、おおまかな傾向を見るのに利用できるだろう。

性能の変動要因はたくさん存在する。そのひとつがコンパイラの最適化レベルだ。最近のコンパイラは、ほとんどのプログラマが見逃すような最適化の余地を発見できるようになっている。また、現在の CPU は非常に複雑なので、複数の命令の並列実行やパイプライン実行、必要になる前に命令やデータをフェッチすることなどといった CPU の機能を活用できるのは優秀なコンパイラに限られる。

性能の予測が難しい大きな理由は、コンピュータのアーキテクチャ自体にもある。メモリキャッシュによって速度に大きな差が出るし、非常に巧妙なハードウェア設計によってメインメモリがキャッシュメモリに比べてはるかに遅いという事実が覆い隠される。「400MHz」といったようなプロセッサのクロックレートそのものは、目安にはなるが、それですべてが決まってしまうわけではない。事実我々が使っている古い 200MHz Pentium マシンのうちの 1 台は、もっと古い 100MHz Pentium マシンよりもずっと遅い。後者には大容量の 2 次キャッシュが搭載されているのに対し、前者にはそれが一切搭載されていないためだ。また、同一の命令セットを採用しているプロセッサ同士でも、ある特定の処理を実行するのにかかるクロック数は世代によって違ってくる。

問題 7-6　自分の身近にある数種類のコンピュータやコンパイラの基本演算コストを見積もるテストセットを作成し、性能の類似性と相違について考察せよ。

問題 7-7　C++の高度な処理用のコストモデルを作成せよ。対象に含める機能としては、クラスオブジェクトのコピーと削除、メンバ関数の呼び出し、仮想関数、インライン関数、`iostream` ライブラリ、STL などが考えられる。これは自由課題なので、代表的な処理を少数選んでそれに専念すること。

問題 7-8　Javaについても同じことをせよ。

7.7 まとめ

正しいアルゴリズムさえ選択していれば、通常はプログラムを書くときに性能の最適化について気にする必要はほとんどない。しかし万が一最適化しなければならない場合には、性能を測定し、変更によってもっとも大きな違いが生じる少数の箇所に的を絞り、変更作業の正しさを検証し、再び計測する、というのが基本的なサイクルとなる。できるだけ早めに作業に見切りをつけること。また、実行時間と正しさの基準として、非常に単純なバージョンを残しておくこと。

プログラムの速度や消費メモリ量を改善しようとするときには、自分で性能を見積もったり記録したりできるように、ベンチマークテストや課題をいくつかこしらえておくといい。自分の作業に合った標準的なベンチマークテストがすでに存在するなら、それも利用しよう。比較的自立性の高いプログラムの場合なら「典型的な」入力を見つけるなり作るなりするのもひとつの方法で、それらはテストセットの一部としても利用できる。商用/研究システムのコンパイラやコンピュータなどのベンチマークセットも、最初はそういう形で誕生した。たとえばAwkには20個前後の小さなプログラムが付属するが、これらはよく使われる言語機能の大半をカバーしている。我々はこうしたプログラムを巨大な入力ファイルで実行してみて、同じ結果が生成されることと性能上のバグが一切忍び込んでいないことを確認している。さらに我々は、時間計測テストに利用できる巨大な標準データファイルセットも用意している。場合によっては、こうしたファイルに簡単に検証できる性質（たとえばサイズが10のベキ乗や2のベキ乗になっているなど）が備わっていると便利なケースもある。

ベンチマークの実行は、6章で我々が推奨したテスト機構と同じタイプの機構によって管理できる。時間計測テストが自動的に実行されるようにし、わかりやすく再現可能な出力になるように十分な情報を出力に含め、おおよその傾向と有意な違いを認識できるように記録をとるようにすること。

なお、優れたベンチマークテストを作成して実行するのはきわめて難しいし、ベンチマークで好成績を収めるように製品をチューニングする方法を企業が知らないわけではないので、どんなベンチマークの結果も割り引いて考えるのが賢明だろう。

7.8 参考文献

スパムフィルタの話は、Bob Flandrena と Ken Thompson のプログラムを下敷にしている。彼らのフィルタには高度な照合を実行するための正規表現機能が装備されており、一致した文字列にしたがってメッセージが自動的に分類される（紛れもなくスパム、ひょっとしたらスパム、スパムではない）ようになっている。

プロファイリングに関する Knuth の論文 “An Empirical Study of FORTRAN Programs” は「*Software - Practice and Experience*」（1, 2, pp.105-133, 1971年）に掲載された。この論文の眼目は、くずかごの中から発掘したプログラムや、計算機センターのマシンの閲覧を禁止されていないディレクトリで見つけたプログラムを対象に行なった統計分析にある。

Jon Bentley の『*Programming Pearls*』*1と『*More Programming Pearls*』（Addison-Wesley 社刊、1986 年と 1988 年）には、アルゴリズムとコードをチューニングして性能を改善する優れた実例がいくつか掲載されているほか、性能改善用の機構やプロファイルの使用に関する有益な話も掲載されている。（邦訳）『プログラマのうちあけ話 』Jon Bentley 著、野下浩平、古郡廷治共訳、近代科学社、1991

Rick Booth の『*Inner Loops*』（Addison-Wesley 社刊、1997 年）は PC プログラムのチューニングに関する優れた参考書だが、プロセッサの急速な進歩のせいで具体的な解説内容の細部があっという間に古臭くなってしまうのはやむを得ない。

John Hennessy と David Patterson によるコンピュータアーキテクチャに関する一連の著作（たとえば『*Computer Organization and Design: The Hardware/Software Interface*』*2 Morgan Kaufman 社刊、1997 年）では、現在のコンピュータの性能上の諸問題が詳細に考察されている。

---

*1 （邦訳）『プログラム設計の着想 』Jon Bentley 著、野下浩平訳 、近代科学社、1989

*2 （邦訳）『コンピュータの構成と設計：ハードウエアとソフトウエアのインタフェース 』John Hennessy、David Patterson 著、成田光彰訳、上・下、第 2 版、日経 BP 社、1999

The Practice of Programming CHAPTER 8

第8章　移植性

最後に、慣習と同様に標準化も強制に近い形で立ち現れることがある。しかし慣習と違って標準化は近代建築においては現在のテクノロジーの凝縮された成果として是認されてきたが、一方でその潜在的な支配力と非人間性が懸念されている。

Robert Venturi, *Complexity and Contradiction in Architecture*

正しく効率よく動作するソフトウェアを書くのは難しい。そのためいったんプログラムが1つの環境で動くようになったら、別のコンパイラやプロセッサやオペレーティングシステムに移行する際に再び同じような苦労はしたくないはずだ。理想は一切変更しなくてもプログラムが動作することだ。

この理想を**移植性**（portability）と言う。しかし現実には「移植性」はもっと弱い意味で使われ、プログラムを別の環境に移すときに最初から書き直すよりも修正するほうが楽だという概念を表しているケースが多い。必要な修正作業が少なくて済むほど、移植性は高い。

しかし、そもそもなぜ移植性に配慮しなければならないのかと思っている人もいるだろう。ソフトウェアが1種類の環境で動作する予定しかなく、動作条件が決まっているとしたら、わざわざ時間をかけてその適用範囲を広げる理由はどこにあるのだろうか。第1に、これはほとんど定理に近いが、成功を収めたあらゆるプログラムは予想外の使われ方をするし予定外の場面で使われる。元の仕様よりも汎用的になるようにソフトウェアを作成すれば、将来的にはメンテナンスの手間が減るし有用性も増す。第2に、環境は変化する。コンパイラやオペレーティングシステムやハードウェアがグレードアップされた時点で、機能が変化するかもしれないのだ。特殊な機能に依存する度合いが低いほどプログラムが破綻を来す可能性は低くなるし、変化する環境にも簡単に対応できるようになる。最後に、一番重要な点として、移植性のある（ポータブルな）プログラムはそうでないプログラムよりも優れたプログラムになる。プログラムをポータブルにするために投下される労力によってプログラムの設計と構造も向上するし、より徹底的にテストされるからだ。移植性のあるプログラミングをするためのテクニックは、優れたプログラミングをするためのテクニック全般と密接に関連しているのだ。

もちろん移植性の度合いは現実によって加減されなければならない。絶対にポータブルなプログラムなどというものは存在せず、まだ十分に多くの環境で試されていないプログラムが存在するにすぎない。それでも常に移植性を目標に掲げて、ほとんどの環境で変更なしに動作するソフトウェアの開発を目指すことは可能だ。たとえこの目標を完璧には達成できなくても、プログラムを作る際に移植性を確保するために費やした時間は、ソフトウェアを更新しなければならなくなったときに報われる。

我々が言いたいことをまとめるとこうなる。ソフトウェアを書くときには、準拠しなければならない各種の標準やインターフェイスや環境に共通する条件の枠内で動作するように心がけること。特殊なコードを追加して個々の移植性の問題を解決しようとするのではなく、新たな制約の範囲内で動作するようにソフトウェアを順応させること。移植性のないコードを使わざるを得ないときには、抽象化とカプセル化によってそれを限定し制御すること。共通する条件の枠内に留まり、システムに対する依存部分を局所化すれば、移植する上でより明瞭性と一般性の高いコードになるはずだ。

8.1 言語

標準に固執しよう。移植性のあるコードへの第1歩はもちろん高級言語でプログラミングすることで、その言語に標準があればその枠内でプログラミングすることだ。バイナリと違ってソースコードは移植に適している。ただし、標準的な言語であっても、コンパイラがプログラムをマシン命令に翻訳する方法が厳密に定義されているわけではない。広く使われている言語で、1種類しか実装が存在しない言語はほとんどない。普通はコンパイラの供給元が複数存在するし、オペレーティングシステムによってバージョンが違うし、進化とともに複数のリリースが公開される。それらがプログラマのソースコードをどう解釈するかはまちまちだ。

標準が厳密な定義と言えないのはなぜだろうか。場合によっては標準が不完全で、複数の機能が組み合わせられたときの動作が定義されていないことがある。また、わざと未定義にされている場合もある。たとえばCとC++の char 型は符号つきでも符号なしでもあり得るし、ちょうど8ビット長である必要もない。プログラマの苦労は増えるが、こうした点をコンパイラの開発者の手に委ねることで効率の高い実装を実現できる余地が生じるし、その言語が動作するハードウェアが限定されないようになる。また、政治的な利害や技術的な互換性の問題の妥協策として、詳細が定義されないままにされることもある。さらに、言語は難解だしコンパイラは複雑なので、解釈の誤りや実装上のバグも生じるだろう。

言語がまったく標準化されないケースもある。Cには1988年に制定された公式のANSI/ISO標準が存在するが、C++の場合、ISO C++標準がようやく承認されたのは1998年のことだ。本書の執筆時点では、現在使われているすべてのコンパイラがこの正式な仕様に準拠しているわけではない。また、Javaは新しい言語なので、標準化されるにはまだ何年もかかるだろう。言語の標準は、統一するのが不可能なほど相容れない実装がいろいろ登場し、それでもあえて犠牲を払って標準化する必要があるほどその言語が広く使われるようになってからでないと制定されないのが通例だ。それまでの期間も依然としてプログラムを書かなければならないし、複数の環境に対応しなければならない。

というわけで、リファレンスマニュアルや標準は厳密な仕様であるかのような印象を与えるが、これらは決して言語を完全に定義しているわけではないので、複数の実装の間で正しいけれども互換性のない解釈が生じる可能性がある。それどころか間違いが存在する場合もある。我々が最初にこの章を書いていたときにも、ちょっとした実例が見つかった。次の外部宣言はCでもC++でも不正だ。

```
?      *x[] = {"abc"};
```

1ダースほどのコンパイラをテストしてみたところ、xにcharの型指定子がないと正しく診断したコンパイラはほんのわずかで、大多数は型の不一致の警告を出力し(これは明らかに、言語の古い定義に基づいてxがintポインタの配列だと間違って推論しているため)、まったく文句を言わずに不正なコードを生成したコンパイラも2種類あった。

王道のプログラミングをしよう。上記の間違いを見逃すコンパイラが存在するのは残念だが、同時にこのことは移植性の重要な側面を示している。言語には多様な現実が許容される暗部(たとえばCとC++のビットフィールド)が存在するので、そこを避けるのが賢明だ。言語の定義にあいまいさがなく、十分に理解されている機能だけを使うこと。こうした機能は広く利用でき、どこでも同じように動作する可能性が高い。これを言語の**王道**(mainstream)と呼ぼう。

どれが王道なのかを判断するのは大変だが、王道からかなり外れた構文を見分けるのは簡単だ。//によるコメントやcomplexなどのようなCの最新機能だとか、nearやfarなどといったある特定のアーキテクチャ固有のキーワードは、まず間違いなくトラブルの元になる。「弁**語**士」(言語定義を読む専門家)に聞かなければわからないような異例な機能や不明確な機能は使わないこと。

以下の説明では、移植性のあるソフトウェアを書くのに一般に使われる汎用言語であるCとC++に話を限定する。C標準は生まれてから10年以上が経過し、言語は非常に安定しているが、新しい標準の制定作業が進行中であり、大きな変革期にさしかかっている。一方、C++標準はできたてほやほやなので、必ずしもすべての実装が標準に収束し切れていない。

Cの王道とは何か。この言葉は通常は言語のすでに確立された使用スタイルを示しているが、将来像を描いたほうがいい場合もある。たとえば、オリジナルバージョンのCでは関数プロトタイプは不要で、sqrtが関数だと宣言するには次のように書けばよかった。

```
?	double sqrt();
```

この場合、戻り値の型は定義されているが、変数の型は定義されていない。一方、ANSI Cにはすべてが次のように指定される関数プロトタイプが追加された。

```
	double sqrt(double);
```

ANSI Cコンパイラは以前の構文も受け入れなければならないことになっているが、それにもかかわらずプログラマは自分のすべての関数のプロトタイプを記述すべきだ。そうすればコードの安全性が確実に高まるし（関数呼び出しが完全に型チェックされる）、関数インターフェイスが変更されてもコンパイラが検出してくれる。コード中で次のように呼び出しているのに、

```
	func(7, PI);
```

funcのプロトタイプが存在しない場合には、コンパイラはfuncが正しく呼び出されているかどうかを検証できない可能性がある。後日ライブラリが変更されてfuncの引数が3個になったとしても、古いスタイルの構文によって関数の引数の型チェックが無効にされているせいで、ソフトウェアを修正する必要性を見落としてしまうかもしれない。

C++はCより大きな言語だし、標準が制定されたのも比較的最近の話なので、これの王道を見極めるのはCの場合より難しい。たとえば我々はSTLが王道になると予想しているが、すぐにはそうならないだろうし、現役の実装の中にはSTLをまったくサポートしていないものもある。

言語のトラブルスポットに気をつけよう。先ほど言ったように、通常はコンパイラ開発者の融通を図るために、標準には故意に定義されていない部分や明記されていない部分が残されている。以下に紹介するように、この種の動作はがっかりするほどたくさんある。

データ型のサイズ。C と C++の基本データ型のサイズは定義されていない。次の基本的なルールと、

```
sizeof(char) <= sizeof(short) <= sizeof(int) <= sizeof(long)
sizeof(float) <= sizeof(double)
```

char が最低 8 ビット長でなければならず、short と int が最低 16 ビット長で、long が最低 32 ビット長でなければならないことを除いて、一切何も保証されていない。ポインタ値が int に収まる必要すらない。

ある特定のコンパイラでのサイズは非常に簡単に調べられる。

```
/* sizeof: 基本型のサイズを表示 */
int main(void)
{
    printf("char %d, short %d, int %d, long %d,",
        sizeof(char), sizeof(short),
        sizeof(int), sizeof(long));
    printf(" float %d, double %d, void* %d\n",
        sizeof(float), sizeof(double), sizeof(void *));
    return 0;
}
```

我々がふだん使っているほとんどのマシンでは、出力結果は同じになる。

```
char 1, short 2, int 4, long 4, float 4, double 8, void* 4
```

しかしもちろんこれ以外の値になることもあり得る。一部の 64 ビットマシンでの結果は次のようになる。

```
char 1, short 2, int 4, long 8, float 4, double 8, void* 8
```

そして初期の PC のコンパイラでは次の結果になることが多かった。

```
char 1, short 2, int 2, long 4, float 4, double 8, void* 2
```

初期の PC のハードウェアは何種類かのポインタをサポートしており、この事態に対処するために far だの near だのといったポインタ修飾子が考案された。どちらも標準には存在しないが、この予約語の亡霊はいまだに現在のコンパイラにつきまとっている。自分のコンパイラに基本型のサイズを変更する機能が装備されている場合や、サイズの異なる別のマシンを持っている場合には、自分のプログラムをそうした条件下でもコンパイルしてテストしてみるようにしよう。

標準ヘッダファイル stddef.h には、移植性の向上に役立つ型がいくつか定義さ

れている。そのうち一番よく使われるのが size_t で、これは sizeof 演算子で返される無符号整数型だ。strlen などの関数はこの型の値を返すようになっており、malloc をはじめとして、この型の値を引数としてとる関数も数多く存在する。

こうした経験から学んだ教訓に基づいて、Java では byte は8ビット、char と short は16ビット、long は64ビットというように、基本データ型のサイズがすべてきちんと定義されている。

浮動小数点演算に関しては実にさまざまな潜在的問題があるが、それだけで1冊の本になってしまうので、本書では割愛する。しかし、さいわい現在のマシンのほとんどはIEEE標準に準拠した浮動小数点ハードウェアを装備しているので、浮動小数点演算の特性はかなり明確になっている。

評価順。CとC++では、式のオペランドと副作用と関数引数の評価順が定義されていない。だからたとえば次の代入で、

```
?       n = (getchar() << 8) | getchar();
```

2番目の getchar が最初に呼び出される可能性がある。書かれている通りの順序で式が実行されるとは限らないのだ。次の式では、

```
?       ptr[count] = name[++count];
```

count がインクリメントされるのは、それが ptr のインデックスとして使われる前かもしれないし後かもしれない。また、次の場合には

```
?       printf("%c %c\n", getchar(), getchar());
```

最初の入力文字が1文字目ではなく2文字目として表示される可能性がある。さらに次の場合には

```
?       printf("%f %s\n", log(-1.23), strerror(errno));
```

log が呼ばれる前に errno の値が評価されてしまう可能性もある。

一部の式に関しては、評価される時点についてのルールが存在する。定義により、すべての副作用と関数呼び出しの評価は、セミコロンが出現する位置か、それらを引数として使用する関数が呼び出される前に完了しなければならない。&&演算子と||演算子は左から右に評価されるが、評価される範囲は（副作用を含めて）真偽値を判定するのに必要な最短の範囲に限られる。?:演算子の場合にはまず条件が（副作用を含めて）評価され、その後の2つの式のどちらか一方だけが評価される。

Java の場合には、評価順がもっと厳密に定義されている。式は（副作用を含めて）

左から右に評価される必要がある。ただ、ある由緒正しいマニュアルには、この動作に「全面的に」依存するコードは書かないようにとのアドバイスが記載されている。Java のコードをいずれ C や C++に変換する可能性がある場合のことを考えると、これはまさに的を射たアドバイスと言えるだろう。C や C++ではそんなことは保証されていないからだ。言語間で変換するというのは移植性のテストとしては極端だが、それが理にかなっている場合もある。

char **の符号の有無**。C と C++では、char データ型が符号つきなのか符号なしなのかが指定されていない。この点は、int 値を返すルーチン getchar() を呼び出すコードのように、char と int を組み合わせたときにトラブルの原因となる場合がある。たとえば次のように書いた場合、

```
?       char c; /* intにすべき */
?       c = getchar();
```

文字が 8 ビット長で 2 の補数を使用するごく一般的なマシンでは、c の値は char が無符号なら 0〜255 の範囲になるが、char が符号つきだと-128〜127 になる。この点は、その文字を配列の添字として使う場合や、stdio で通常-1 と定義されている EOF に対してテストする場合に関わってくる。たとえば我々はセクション 6.1 で、元のバージョンにあった境界条件を 2〜3 修正したあとで次のコードを書いた。char が無符号だと、s[i] == EOF の比較は常に失敗する。

```
?       int i;
?       char s[MAX];
?
?       for (i = 0; i < MAX-1; i++)
?           if ((s[i] = getchar()) == '\n' || s[i] == EOF)
?               break;
?       s[i] = '\0';
```

getchar が EOF を返した場合には、値 255（つまり-1 が unsigned char に変換された結果の 0xFF）が s[i] に記憶される。s[i] が無符号だと、EOF と比較されるときにも 255 のままなので、比較は失敗する。

だが、char が符号つきであっても、このコードは正しくない。EOF との比較は成功するだろうが、有効な入力データである 0xFF というバイト値が EOF と区別がつかなくなり、ループが処理の途中で終了してしまうのだ。そのため char の符号にかかわらず、getchar の戻り値は必ず int に入れて EOF と比較できるようにしなければならない。このループの移植性のある書き方を次に示す。

```
int c, i;
char s[MAX];

for (i = 0; i < MAX-1; i++) {
    if ((c = getchar()) == '\n' || c == EOF)
        break;
    s[i] = c;
}
s[i] = '\0';
```

Javaにはunsignedという修飾語はなく、整数型は符号つきで、char型（16ビット）は無符号になる。

算術シフトと論理シフト。符号つきの値に対する>>演算子による右シフトは、算術シフトになる（シフト時に符号ビットのコピーが右に渡されていく）場合もあれば、論理シフトになる（シフトによって空いたビットにゼロが埋められる）場合もある。CとC++のこうした問題の教訓から、Javaでは>>は算術右シフトに予約されており、論理右シフト用には>>>という別個の演算子が提供されている。

バイト順。shortとintとlongのバイト順は定義されていない。だから最下位アドレスにあるバイトは最上位バイト（most significant byte）かもしれないし最下位バイト（least significant byte）かもしれない。これはハードウェア依存の問題であり、詳しくはこの章で後述する。

構造体やクラスのメンバの配置。構造体やクラスや共用体内部の項目の配置方法に関しては、メンバが宣言順にレイアウトされるということ以外は定義されていない。たとえば次の構造体で、

```
struct X {
    char c;
    int i;
};
```

構造体の先頭からのiのアドレスオフセットは2バイトかもしれないし、4バイトあるいは8バイトになる可能性もある。intを奇数の境界上に格納できるようになっているマシンは少ない。ほとんどのマシンではnバイト長のプリミティブデータ型はnバイト境界に格納される必要があり、たとえば通常8バイト長のdoubleなら8の倍数のアドレス位置に格納される。この事実を踏まえた上で、性能上の理由から配置方法を強制するなど、コンパイラ開発者がさらに細かい調整を施している場合もある。

連続したメモリ位置に構造体の要素が並んでいるなどと絶対に想定してはならない。配置上の制約によって「穴」が空くからだ。上記の struct X には、最低でも 1 バイトの未使用領域が含まれる。こうした穴があるせいで構造体はそのメンバのサイズの合計よりも大きくなる可能性があり、そのサイズはマシンによって変化する。構造体を記憶するメモリを割り当てるときには、sizeof(char) + sizeof(int) ではなく sizeof(struct X) バイトを要求しなければならない。

ビットフィールド。ビットフィールドはマシンに対する依存度が非常に高く、絶対に使うべきではない。

2〜3 のルールにしたがえば、これまでに説明してきたような数々の危険は回避できる。次のようなごく少数の慣用句的構文を除いて、副作用は利用しないこと。

```
a[i++] = 0;
c = *p++;
*s++ = *t++;
```

char を EOF と比較しないこと。型やオブジェクトのサイズを計算するときには必ず sizeof を使うこと。符号つきの値は絶対に右シフトしないこと。格納したい値の範囲に対してデータ型が十分に大きいことを確認すること。

複数のコンパイラで試してみよう。プログラマは自分が移植性の問題について理解していると思いがちだ。しかしコンパイラはプログラマが認識していない問題を検出してくれるし、プログラムが別々のコンパイラによって別々の解釈を下されることもあるので、ぜひコンパイラの支援機能を活用しよう。コンパイラの警告をすべて有効にしてみる、同一のマシンや別々のマシンで複数のコンパイラを使って試してみる、さらに C プログラムを C++コンパイラに食わせてみる。

コンパイラが受けつける言語の仕様はコンパイラによって違いがあるので、たとえ構文的に正しくても、自分のプログラムがひとつのコンパイラでコンパイルできるからと言って安心はできない。しかし自分のコードが複数のコンパイラで通ればかなり有望だ。我々は本書のすべての C プログラムを、3 種類の互いに無縁なオペレーティングシステム（Unix、Plan 9、Windows）上で 3 種類の C コンパイラと 2 種類の C++コンパイラを使ってコンパイルした。これは鼻柱を折られるような体験だったが、人間がどれほど綿密に検査しても発見できないような移植上の問題点が何十個も見つかった。修正するのはどれも簡単だった。

もちろんコンパイラ自体が移植性の問題を引き起こす場合もある。未定義の動作についてコンパイラによって異った判断が下されるケースがあるからだ。しかしそれでも上記のやり方は我々に希望を与えてくれる。システムや環境やコンパイラの間の違いを増幅させるような形でコードを書くのではなく、我々は何とかしてそうした違いとは関係なしに動作するソフトウェアを作ろうと努力している。要するに我々は、バリエーションがありそうな機能や性質に近寄らないようにしているのだ。

8.2 ヘッダとライブラリ

ヘッダとライブラリは基本的な言語を補強するサービスを提供する。代表的な例が入出力で、これはCならstdio、C++ならiostream、Javaならjava.ioによって提供されている。厳密にはこれらは言語の機能とは言えないが、言語それ自体とペアで定義されているし、その言語をサポートすると称する環境には当然装備されていると思われている。しかしライブラリは非常に幅広い活動範囲をカバーしており、オペレーティングシステムの問題を扱わなければならない場合も多いため、依然として移植性に欠ける要素がライブラリに内在している可能性がある。

標準ライブラリを使おう。ここでも言語そのものに対するのと同じ普遍的なアドバイスが通用する。標準に固執すること。実績のある、十分に確立された標準のコンポーネントの中に留まること。Cの場合には、入出力、文字列操作、文字クラスのテスト、メモリ割り当てなど、さまざまな作業を実行する関数の標準ライブラリが定義されている。こうした関数だけを使ってオペレーティングシステムとのやり取りを実行するようにすれば、コードを別のシステムに移植した場合でも、動作が変わらず、そこそこの性能で動くようになる可能性が高くなる。しかし、だからといって安心してはならない。ライブラリには数多くの実装があるが、標準で定義されていない機能を含む実装も一部に存在するからだ。

ANSI Cには文字列コピー関数strdupが定義されていないが、この関数は標準準拠を自称する環境も含めてほとんどの環境で提供されている。経験豊かなプログラマでも、いつもの癖でstrdupを使ってそれが非標準関数だと気がつかないことがある。そうすると、この関数を提供していない環境に将来移植されたときに、プログラムがコンパイルに失敗する結果になる。この手の問題は、ライブラリによってもたらされる移植上の障害の代表選手だ。これを解決する手段は、標準に固執して、自分のプログラムを多種多彩な環境でテストすること以外にない。

ヘッダファイルやパッケージ定義には、標準関数に対するインターフェイスが宣言されている。ただしヘッダには1つ問題がある。1つのファイルで複数の言語に対応しようとしているせいで、中身が読みづらい場合が多いのだ。たとえばstdio.hのような1個のヘッダファイルが、ANSI C以前のコンパイラや、ANSI Cコンパイラや、さらにはC++コンパイラにまで対応している事例をよく見かける。こうしたケースでは、#ifや#ifdefのような条件コンパイル疑似命令がファイル中に雑然と散りばめられている。プリプロセッサ言語はそれほど柔軟性が高くないので、ファイルが入り組んで読みづらくなり、間違いが忍び込んでしまっている場合もある。

次に示すのは我々が使っているシステムのヘッダファイルの一部だが、読みやすく整形してあるので普通のヘッダファイルよりはましに見える。

```
?     # ifdef _OLD_C
?         extern int fread();
?         extern int fwrite();
?     # else
?     #  if defined(__STDC__) || defined(__cplusplus)
?           extern size_t fread(void*, size_t, size_t, FILE*);
?           extern size_t fwrite(const void*, size_t, size_t, FILE*);
?     #  else /* not __STDC__ || __cplusplus */
?           extern size_t fread();
?           extern size_t fwrite();
?     #  endif /* else not __STDC__ || __cplusplus */
?     # endif
```

この例は比較的きれいだが、それでもこういった構造のヘッダファイル（やプログラム）が複雑でメンテナンスしづらいことがわかると思う。コンパイラや環境ごとに別々のヘッダを使ったほうが簡単になるはずだ。そうすると複数のファイルを管理しなければならなくなるが、それぞれのファイルは特定のシステム専用のファイルとして自立するし、厳密にANSI Cに準拠した環境でstrdupを使うといったような間違いを犯す可能性も減る。

また、プログラマのプログラム中にある関数と同じ名前の関数がヘッダファイル中で宣言されているために、ヘッダファイルが名前空間を「汚染する」場合もある。たとえば本書の警告メッセージ表示関数weprintfは当初wprintfという名前だったが、新しいC標準を先取りしてこの名前の関数をstdio.h中で定義している環境がいくつか見つかった。そのため我々は、自分たちの関数がそうしたシステムでコンパイルできるようにするために、また将来に備えるためにも関数名を変更する必要があったのだ。この問題が仕様の正当な変更によってではなく不適切な実装によって引き起こされているのだったとしたら、ヘッダをインクルードする際に次のように名前を定義し直す手もあった。

```
?       /* 一部のstdioはwprintfを使っているので、その定義を無効にする */
?       # define wprintf stdio_wprintf
?       # include <stdio.h>
?       # undef wprintf
?       /* 我々のwprintf()を利用するコードがこれ以降に続く */
```

これによってヘッダファイル中に出現するwprintfがすべてstdio_wprintfにマップされ、我々のバージョンの邪魔をしないようになる。これで名前を変更することなしに自分のwprintfを使えるようになるが、少々面倒だし、このプログラムにリンクされるライブラリが、我々のバージョンを正式なwprintfだと勘違いして呼び出してしまう危険性もある。1個の関数だけならわざわざこんな面倒なことをする必要はないだろうが、中には環境を大幅に変更してしまうシステムもあり、そういうケースではコードをきれいに保つために過激な手段に頼らざるを得ない。その際には必ずコメントをつけて何をする構文なのかを明記するようにし、条件コンパイルを追加したりして事態をさらに悪化させないこと。wprintfを定義している環境があったら、それがすべての環境で定義されていると仮定しよう。そうすれば修正作業が将来にわたって効果を発揮するようになり、#ifdef文をメンテナンスする必要もなくなる。戦うより身をかわすほうが場合によっては簡単だし、そのほうが確実に安全なので、我々もそれにしたがって名前をweprintfに変更することにしたのだ。

クリーンな環境を使い、ルールを守ろうと心がけている場合でも、自分が馴染んでいる何らかの特性があらゆる場所で通用すると暗黙に想定したせいで、つい足を外に踏み出してしまうことがよくある。たとえばANSI Cでは、6種類のシグナルがsignalで捕捉できると定義されている。しかしPOSIX標準には19種類のシグナルが定義されているし、ほとんどのUnixシステムでは32種類かそれ以上のシグナルがサポートされている。非ANSIシグナルを使いたい場合には機能と移植性が両立しないのは明らかだし、どちらを重視する必要があるのかは自分自身で判断しなければならない。

これ以外にも、オペレーティングシステムやネットワークのインターフェイスであるとかグラフィックスインターフェイスなど、プログラミング言語の定義に含まれていない標準が数多く存在する。POSIXのように複数のシステムに通用する標準もあるが、Microsoft Windowsのさまざまな APIのように1種類のシステムに固有の標準もある。この場合にも先ほどと同様のアドバイスがあてはまる。幅広く使用されている確立された標準を選択し、もっとも中心的でもっともよく利用される側面だけに固執するなら、プログラムの移植性は確実に高まる。

8.3 プログラムの構成

移植性を確保するための代表的なアプローチは2種類存在する。ここではそれを「結び」と「交わり」と呼ぼう。結びのアプローチとは、特定のシステムそれぞれの最良の機能を利用し、ローカルな環境の特性に基づいてコンパイルとインストール作業を条件実行するやり方だ。このアプローチにしたがって記述されたコードはすべてのシナリオの和集合となり、それによって個々のシステムの長所が利用される。これの欠点は、インストールプロセスのサイズと複雑さが増大し、コンパイル時の条件命令のせいでコードが複雑になることにある。

どこでも利用できる機能だけを使おう。我々が推奨するアプローチは交わりのアプローチだ。すべてのターゲットシステムに存在する機能だけを利用すること。どこでも使えるとは限らない機能は使用しない。これのデメリットは、普遍的に利用できる機能に限定することによってターゲットシステムの範囲やプログラムの機能が制限されてしまう可能性があり、環境によっては性能が損なわれる場合もあることだ。

この2つのアプローチを比較してみるため、結びのコードを利用する例と、それを考え直して交わりを利用する例を紹介しよう。結びのコードは表向きの目的とは裏腹に設計上移植性を欠いているのに対し、交わりのコードは移植性があるだけでなく通常はよりシンプルになることがわかってもらえるはずだ。

ここでは小さな例として、何かの理由で標準ヘッダファイル stdlib.h が存在しない環境に対処する場合を考えてみる。

```
?     # if defined (STDC_HEADERS) || defined (_LIBC)
?     # include <stdlib.h>
?     # else
?     extern void *malloc(unsigned int);
?     extern void *realloc(void *, unsigned int);
?     # endif
```

この自衛スタイルは、これがときどき使われる程度なら許容範囲内だが、頻繁に登場するようだと問題だ。しかもこのコードでは、stdlib 中にあるこれ以外の何個の関数に同様の条件コードを使用することになるのかという問題がはぐらかされている。たとえば malloc と realloc を使うのであれば、間違いなく free も必要になるはずだ。また、unsigned int が、malloc と realloc の引数の正しい型である size_t と同じでなかったらどうするのか。そもそも STDC_HEADERS や _LIBC が定義されていることや、それが正しく定義されていることはどうやったらわかるのか。別の名前が使われている環境があって、その結果この代用コードが有効になってしまうようなことがないと断言できるだろうか。この種の条件コードはすべて完全性（と移植性）を欠いている。いずれはこの条件にマッチしないシステムが出現するからだ。そのときには`#ifdef`を編集しなければならなくなる。条件コンパイルを使わずに問題を解決できるとしたら、この面倒なメンテナンス作業はいらなくなるはずだ。

だが、この実例が解決しようとしているのはあくまでも現実の問題であり、1発ですべて解決する方法がある。我々の趣味にかなっているのは標準ヘッダが存在すると想定してしまうことだ。存在しないとしても我々の責任ではない。万が一存在しない場合には、自分のソフトウェアにヘッダファイルを付属させて出荷し、そのヘッダファイルでANSI Cの定義通りに`malloc`と`realloc`と`free`を定義したほうが簡単だろう。そうすればコードのあちこちに絆創膏を貼って歩かなくても、このファイルをインクルードするだけで済んでしまう。これによって、必要なインターフェイスが常に利用できるという前提でコーディングできるようになる。

条件コンパイルは避けよう。`#ifdef`などのプリプロセッサ疑似命令による条件コンパイルは、情報がソースのあちこちに分散しがちで管理するのが大変になる。

```
?     # ifdef NATIVE
?         char *astring = "convert ASCII to native character set";
?     # else
?     # ifdef MAC
?         char *astring = "convert to Mac textfile format";
?     # else
?     # ifdef DOS
?         char *astring = "convert to DOS textfile format";
?     # else
?         char *astring = "convert to Unix textfile format";
?     # endif /* ?DOS */
?     # endif /* ?MAC */
?     # endif /* ?NATIVE */
```

この部分に関して言えば、最後に`#endif`をいくつも積み重ねるよりも、個々の定義のあとに`#elif`を置いたほうがいいと思う。しかし本当の問題は、その意図とは裏腹にこのコードが著しく移植性を欠いている点にある。このコードはシステムによって違う動作をするし、新しい環境が出現するたびに新たな`#ifdef`を追加しなければならないからだ。次のように言い回しにもっと普遍性のある文字列を1個使うほうが簡単だし、完璧に移植性があるし、伝わる情報量も決して引けを取らない。

```
char *astring = "convert to local text format";
```

このメッセージはあらゆるシステムで同一なので、条件コードは一切いらなくなる。

コンパイル時の制御フロー（#ifdef 文で決定される）を実行時の制御フローと組み合わせると、事態はさらに悪化する。非常に読みづらくなるからだ。

```
?     # ifndef DISKSYS
?         for (i = 1; i <= msg->dbgmsg.msg_total; i++)
?     # endif
?     # ifdef DISKSYS
?         i = dbgmsgno;
?         if (i <= msg->dbgmsg.msg_total)
?     # endif
?         {
?             ...
?             if (msg->dbgmsg.msg_total == i)
?     # ifndef DISKSYS
?                 break; /* no more messages to wait for */
?             about 30 more lines, with further conditional compilation
?     # endif
?         }
```

明らかに無害な場合でも、条件コンパイルをもっと美しい手段を使って書き直せるケースはたくさんある。たとえば、次のようにデバッグ用のコードを制御するのに#ifdef が使われることがよくあるが、

```
?     # ifdef DEBUG
?         printf(...);
?     # endif
```

普通の if 文に定数の条件を組み合わせるやり方で代用できるはずだ。

```
enum { DEBUG = 0 };
...
if (DEBUG) {
    printf(...);
}
```

大半のコンパイラの場合には、DEBUG がゼロならコードは一切生成されないが、無視されるコードの構文はきちんとチェックされる。これに対して#ifdef を使うと構文エラーが表面化しないので、将来#ifdef が有効になった時点でコンパイルが失敗する事態があり得る。

ときどき、条件コンパイルによって大規模なコードブロックが除外されるようになっているコードを見かける。

```
# ifdef notdef /* 未定義のシンボル */
    ...
# endif
```

あるいは

```
# if 0
    ...
# endif
```

だが、コンパイル時に条件によって別のファイルが使われるようにすれば、こうした条件コードを一切不要にできるケースが多い。これについては次のセクションで取り上げよう。

新しい環境に適応するようにプログラムを修正しなければならない場合に、最初にとりあえずプログラム全体をコピーしたりしないように。代わりに現存のソースに手を加えること。どうせコードの本体に変更を施す必要が出てくるだろうし、コピーのほうを編集すると、あっという間にまったく違うバージョンが何種類もできあがってしまう結果になりがちだからだ。できる限り、プログラムにソースが1種類しか存在しないようにしよう。ある特定の環境に移植する際に変更しなければならない点を見つけたら、それがあらゆる環境で通用するような変更方法を考えること。必要なら内部のインターフェイスを変更すればいい。しかしその際にはもちろんコードの統一性を維持して、`#ifdef`も使わずに済ますこと。これによってコードは年月とともに分化していくのではなく、それとは逆に移植性が高まっていく。結びを広げるのではなく、交わりを狭める必要があるのだ。

我々はこれまで条件コンパイルに否定的な見解を示し、これによって生じる問題の事例を紹介してきた。だが一番厄介な問題についてはまだ触れていない。条件コンパイルはほとんどテスト不可能なのだ。`#ifdef`は、1つのプログラムを2種類の別々にコンパイルされたプログラムに変身させる。そうしたすべてのバリエーションがコンパイルされてテストされているとは断定できない。1つの`#ifdef`ブロックに変更を施す場合に、その変更をほかのブロックにも施す必要があったとしても、その変更箇所は`#ifdef`が有効になる環境でしか検証できない。同様の変更をそれ以外の環境用のコードに施さなければならない場合には、それをテストできないのだ。しかも新たな`#ifdef`ブロックを追加したときには、変更箇所を隔離してほかにどんな条件が満たされればそこに到達するのかを判断したり、この問題を修正しなければならない箇所がほかにないかどうかを判断するのが難しくなってしまう。そしてさらに、条件的に除外されるものがコード中に含まれていると、コンパイラはそれを調べてくれない。まったくナンセンスなことが書いてあっても、たまたま運の悪いユーザーがその条件が有効になる環境でコードをコンパイルしようとするまで、我々はまったく気がつかない。次のプログラムは_MACが定義されているときにはコンパイルされるが、そうでなければ失敗する。

```
# ifdef _MAC
     printf("This is Macintosh\r");
# else
     ほかのシステムではこの文で構文エラー
# endif
```

というわけで、我々の趣味にかなっているのは、ターゲットとなるすべての環境に共通する機能だけを使うことだ。そうすればすべてのコードをコンパイルできるしテストできる。移植上の問題があったら、我々は条件コードを追加するのではなくその問題が回避されるようにコードを書き直す。これによって移植性が着実に高まるし、プログラム自体も複雑化していくのではなしに改善されていく。

大規模なシステムの中には、ローカル環境に合わせてコードを調整する設定スクリプトつきで配布されているシステムがある。そのスクリプトはコンパイル時にヘッダファイルやライブラリの位置、ワードのバイト順、型のサイズ、動かないとわかっている実装（驚くほど多い）などといった環境の特性をテストして、設定用のパラメータを生成するか、その状況に合った設定ファイルを生成するメイクファイルを出力する。こうしたスクリプトは、場合によってはソフトウェア配布パッケージ中でかなりのサイズを占めるほど大きく複雑で、動作し続けるようにするために継続的なメンテナンスが必要になる。たしかにこうしたテクニックが必要な場合もあるが、移植性が高く#ifdefが存在しないコードほど設定作業もインストールも簡単になり、信頼性も高まる。

問題 8-1　次のような条件ブロックにくくられたコードを、自分のコンパイラがどのように処理するか調査せよ。

```
const int DEBUG = 0;
/* または enum { DEBUG = 0 }; */
/* または final boolean DEBUG = false; */

if (DEBUG) {
     ...
}
```

どんな状況で構文がチェックされるだろうか。どんなコードが生成されるだろうか。複数のコンパイラを使えるなら、その結果を比較してみること。

8.4 隔離

我々はあらゆるシステムで変更なしにコンパイルできる1種類のソースがあればいいと思っているが、それは現実的ではないかもしれない。だからと言って移植性に欠けるコードをプログラムのあちこちに撒き散らすのは間違いだ。これは条件コンパイルがもたらす問題のひとつだ。

システム依存のコードは別個のファイルに。システムによって異なるコードが必要な場合には、システムごとにファイルを1個ずつ用意して、違っている部分はそうした別個のファイルにまとめるようにしよう。たとえばテキストエディタSamは、UnixやWindowsやその他数種類のオペレーティングシステムで動作する。こうした環境に対するシステムインターフェイスは大きく異なるが、Samの大半のコードはどの環境でも同一だ。ある特定の環境におけるシステムの違いは1つのファイルに捕獲される。Unixシステム用のシステムインターフェイスコードは`unix.c`で提供され、Windows環境用には`windows.c`が使われる。こうしたファイルによってオペレーティングシステムに対する移植性のあるインターフェイスが実装され、違いが隠蔽される。Samは実際には専用の仮想オペレーティングシステムをターゲットにして記述されており、その仮想オペレーティングシステムが現実のさまざまなシステムに移植されるようになっている。そして移植性のない数種類のちょっとした処理は、200行ほどのCコードで記述されたローカルなシステムコールによって実装されている。

こうしたオペレーティングシステムのグラフィックス環境は、互いにほとんど関連性がない。この問題に対処するために、Samではグラフィックス処理用に移植性のあるライブラリが用意された。特定のシステムに合わせてコードをハックすることに比べると、こうしたライブラリを作成するのははるかに骨が折れるが（たとえばX Windowシステムに対するインターフェイスコードは、Samのそれ以外の部分の合計サイズの半分ほどもある）、長い目で見れば労力はかえって少なくて済む。しかも2次的なメリットとしてこのグラフィックスライブラリはそれ自体有益で、実際に独立して使用されており、ほかの何種類かのプログラムの移植性を高めるのに役立っている。

Samは古いプログラムだ。現在ならOpenGLやTcl/Tk、Javaなどといった移植性のあるグラフィックス環境がさまざまなプラットフォームで利用できる。専用のグラフィックスライブラリではなくこれらを使ってコードを書けば、プログラムの有用性がさらに広がるだろう。

システム依存部分はインターフェイスの裏に隠蔽しよう。プログラムの移植性のある部分と移植性のない部分に境界を設ける上で、強力なテクニックとなるのが抽象化だ。ほとんどのプログラミング言語に付属するI/Oライブラリにその好例が見られる。オープン／クローズや読み出し／書き込みの対象となる2次記憶はファイルとして抽象化され、その物理的な位置や構造は表面的には一切指定されない。このインターフェイスを忠実に遵守するプログラムは、それを実装しているすべてのシステムで動作する。

Samの実装にも抽象化の別の事例が見られる。Samではファイルシステムとグラフィックス処理用のインターフェイスが定義されており、プログラムはそのインターフェイスの機能のみを使用する。インターフェイス自体は、その土台となるシステムで利用可能な機能を存分に駆使している。このやり方だとシステムによって大幅に違う実装を用意する必要が出てくる場合もあるが、このインターフェイスを使用する側のプログラムはそれとは隔離されており、移植の際に変更される必要は一切ない。

移植性に対するJavaのアプローチは、このやり方をどこまで推進できるかを示す好例と言える。Javaプログラムは「仮想マシン」での処理に翻訳される。仮想マシンは、本物のあらゆるマシンで動作するように実装可能な疑似的なコンピュータだ。そしてJavaのライブラリによって、グラフィックスやユーザーインターフェイス、ネットワーキングなどといった下位のシステムの機能に対する統一的なアクセス手段が提供されており、このライブラリの機能がローカルシステムで提供される機能にマップされる。理論上は、1つのJavaプログラムが（翻訳された後であっても）変更なしにどこででも動作するようになる。

8.5 データ交換

テキストデータは簡単に別のシステムに移行できるので、システム間で任意の情報をやり取りするもっとも単純で移植性のある手段となる。

データ交換にはテキストを。テキストはほかのツールでも扱いやすいし、想定外の方法で処理するのも簡単だ。たとえば、プログラムの出力が別のプログラムの入力として完璧と言えない場合にはAwkやPerlのスクリプトを使って調整できるし、行を取捨選択するのにはgrepが使えるし、自分の愛用のエディタを使えばもっと複雑な変更を施せる。テキストファイルの仕様をドキュメント化するのも非常に簡単で、それほど詳しいドキュメントがいらない場合もある。人間が読めるからだ。テキストファイルにコメントを入れれば、そのデータを処理するのに必要なソフトウェアのバージョンを指示できる。たとえばPostScriptファイルの1行目には、次のようにエンコード方法が示されている。

```
%!PS-Adobe-2.0
```

これに対してバイナリファイルには専用のツールが必要だし、同一のマシン上のファイルであっても組み合わせて使えるケースはめったにない。任意のバイナリデータをテキストに変換し、データが壊れる危険性を低くして送れるようにするプログラムが数多く存在し、幅広く使われている。Macintoshシステム用にはbinhexがあるし、Unix用にはuuencodeとuudecodeがあり、MIMEエンコーディングによってバイナリデータをメールメッセージに入れて転送できるようにするツールもいろいろ存在する。9章では、バイナリデータを転送するためにポータブルな形でエンコードするパック/アンパックルーチンのファミリを紹介する。こうしたツールが数多く存在するということ自体、バイナリ形式の問題点を物語っている。

依然として解消されないテキスト交換にまつわる腹立たしい問題がひとつある。PCシステムでは各行の末尾に復帰'\r'と改行'\n'がつくのに対し、Unixシステムでは改行だけが使われる。復帰はTeletypeという古代の装置の名残りで、Teletypeには印字機構を行の先頭に戻すための復帰（CR）動作と、それとは別個に印字機構を次行に前進させる改行（LF）動作が存在していた。

現代のコンピュータには行頭に戻すべきキャリッジ機構などどこにもないのに、いまだにほとんどのPCソフトウェアはこの組み合わせ（一般にCRLFと呼ばれており、「クァリフ」と発音する）がすべての行末にあることを前提にしている。復帰コードがないファイルは1つの長大な行として解釈されてしまう場合があり、行数や文字数の表示が間違っていたり不意に変化したりする。中には復帰コードがなくても美しく対応できるソフトウェアもあるが、大半はそうなっていない。しかしPCだけが悪いわけではない。互換性向上の一連の流れのおかげで、HTTPなどの最新のネットワーク標準にも行のデリミタにCRLFが採用されてしまっているのだ。

我々のアドバイスは、標準インターフェイスを使用して、CRLFがどんなシステムでも統一的に扱われるようにすることだ。つまり、入力時に\rを除去して出力時にそれを元通りに追加する（PCの場合）か、さもなければ\rを一切生成しない（Unixの場合）ようにする。ファイルを相互にやり取りしなければならない場合には、一方の形式のファイルを他方の形式に変換するプログラムが必要不可欠になる。

問題 8-2 ファイルからよけいな復帰コードを除去するプログラムを記述せよ。また、個々の改行コードに復帰コードを追加して、それを復帰と改行に置き換える第2のプログラムを記述せよ。こうしたプログラムはどうやってテストすればいいだろうか。

8.6 バイト順

先ほど触れたデメリットがあるにもかかわらず、バイナリデータが必要な場合もある。バイナリデータのほうが格段にコンパクトにできるしデコードも高速に実行できる可能性があるため、こうした性質によってバイナリデータはコンピュータネットワークの多くの問題にとって必要不可欠な存在となっている。だが、バイナリデータには重大な互換性の問題がある。

現代のすべてのマシンは8ビットバイトを使用する。少なくともこの点だけは議論の余地がない。ところがバイトより大きなあらゆるオブジェクトの表現方法はマシンによって異なるので、特定の表現方法に依存するのは間違いだ。短い整数（通常は16ビットつまり2バイト）なら、下位バイトが上位バイトよりも低いアドレスに記憶される（リトルエンディアン）場合もあれば、高いアドレスに記憶される（ビッグエンディアン）場合もある。マシンがどちらを選択するかは任意で、両方をサポートしているマシンすらある。

そういうわけで、ビッグエンディアンのマシンとリトルエンディアンのマシンは、メモリをワードのシーケンスと見なす場合は同じ順序で解釈するが、ワード内のバイトは反対の順序で解釈する。次の図の0の位置で始まる4個のバイトは、ビッグエンディアンマシンでは16進整数`0x11223344`を、リトルエンディアンマシンでは`0x44332211`を表現している。

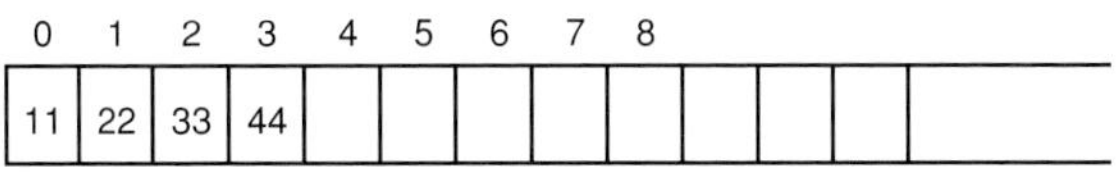

0	1	2	3	4	5	6	7	8			
11	22	33	44								

実際のバイト順を確認するため、次のプログラムを実行してみてほしい。

```
/* byteorder: long のバイトデータを表示 */
int main(void)
{
    unsigned long x;
    unsigned char *p;
    int i;

    /* 11 22 33 44 => ビッグエンディアン */
    /* 44 33 22 11 => リトルエンディアン */
    /* 64 ビット long の場合には x = 0x1122334455667788UL; */

    x = 0x11223344UL;
    p = (unsigned char *) &x;
    for (i = 0; i < sizeof(long); i++)
        printf("%x ", *p++);
    printf("\n");
    return 0;
}
```

32 ビットのビッグエンディアンマシンでは次のようになるが、

```
11 22 33 44
```

リトルエンディアンマシンでは次の結果になり、

```
44 33 22 11
```

PDP-11（埋め込みシステムではいまだに見かけるヴィンテージ 16 ビットマシン）だと次のようになる。

```
22 11 44 33
```

64 ビット long を使用するマシンでも、定数を大きくすればこれと似たような結果が得られる。

くだらないプログラムだと思うかもしれないが、ネットワーク接続のようなバイト幅のインターフェイスを介して整数を送信したい場合には、最初に送信すべきバイトを選択しなければならない。この選択は、本質的にはビッグエンディアン／リトルエンディアンの判定なのだ。別の言い方をするなら、次のコードで暗に実行されることを

```
fwrite(&x, sizeof(x), 1, stdout);
```

上記のプログラムは明示的に実行していることになる。あるコンピュータから int（や short や long）を書き出して、それを別のコンピュータで int として読むのは決して安全とは言えない。

たとえば送信側のコンピュータが次のコードで書き出し、

```
unsigned short x;
fwrite(&x, sizeof(x), 1, stdout);
```

受信側のコンピュータがそれを次のコードで読んだときに

```
unsigned short x;
fread(&x, sizeof(x), 1, stdin);
```

この2つのマシンのバイト順が違っていたら x の値が維持されなくなる。x が 0x1000 として出かけたのに、0x0010 として到着する可能性があるのだ。

この問題には、条件コンパイルと「バイトスワッピング」によって次のような感じで対処されるケースが多い。

```
?      short x;
?      fread(&x, sizeof(x), 1, stdin);
?      # ifdef BIG_ENDIAN
?      /* バイトをスワップ */
?      x = ((x&0xFF) << 8) | ((x>>8) & 0xFF);
?      # endif
```

しかし多くの2バイト整数や4バイト整数がやり取りされる場合には、このアプローチでは効率よく対処できなくなる。別の位置に渡されていく際に、バイトが実際には複数回スワップされることになるからだ。

short にとって悪い状況なら、それより長いデータ型だともっと悪くなる。バイトの組み合わせがその分増加するからだ。それに加えて構造体メンバ間の可変長のパディングだの、データ配置の制約だの、古いマシンの魔訶不思議なバイト順だのといった話を考え合わせると、これが手に負えない問題に思えてくる。

データ交換には固定のバイト順を使おう。解決策はある。移植性のあるコードを使ってバイトを所定の順序で書き出し、

```
unsigned short x;
putchar(x >> 8);        /* 上位バイトを書き出す */
putchar(x & 0xFF);      /* 下位バイトを書き出す */
```

それを一度に1バイトずつ読み出して組み立て直すのだ。

```
unsigned short x;
x = getchar() << 8;     /* 上位バイトを読み出す */
x |= getchar() & 0xFF; /* 下位バイトを読み出す */
```

構造体メンバの値をパディングを除いて所定の順序で一度に1バイトずつ書くようにすれば、このアプローチは構造体にも応用できる。どういうバイト順を選ぶかはどうでもよく、とにかく一貫した順序を使用すればいい。唯一の条件は、送信側と受信側が転送時のバイト順と個々のオブジェクトのバイト数について合意することだ。次の章では、一般的なデータのパック処理とアンパック処理を内包したルーチンを1組紹介する。

一度に1バイトずつの処理だと高くつくように感じられるかもしれないが、そもそもI/Oにパッキングとアンパッキングが必要になるようなケースでは、相対的なコストは取るに足らない大きさだと言える。X Windowシステムを考えてみてほしい。Xではクライアントはネイティブなバイト順でデータを書き出し、サーバはクライアントが送ってきたものをアンパックしなければならない。これによってクライアント側では数個分の命令を節約できるにせよ、サーバは同時に複数の種類のバイト順に対応する必要があるために、大きく複雑になってしまう（ビッグエンディアンのクライアントとリトルエンディアンのクライアントが同時に存在するのは決して珍しいことではない）。その結果、節約できるコストとは比較にならないほど複雑さとコードのコストが増大する。しかもこれはグラフィックス環境の話であり、バイトをパックするのにかかるオーバーヘッドは、それによってエンコードされるグラフィックス処理の実行に比べれば無視できる程度でしかない。

X Windowシステムはクライアントのバイト順をネゴシエートするようになっており、サーバは両方の順序に対応できなければならない。これとは対照的にPlan 9オペレーティングシステムでは、ファイルサーバ（やグラフィックスサーバ）に送られるメッセージのバイト順が定義されており、データは前述のような移植性のあるコードによってパック/アンパックされる。実際の実行時間に及ぼす影響は検知できない程度で、I/Oに比べればデータをパックするのにかかるコストは微々たるものにすぎない。

JavaはCやC++より高級な言語であり、バイト順は完全に隠蔽されている。ライブラリには`Serialize`というインターフェイスがあり、これによってデータ項目がデータ交換用にパックされる方法が定義される。

しかしCやC++を使う場合には、その作業を自分でやらなければならない。一度に1バイトずつのアプローチの重要な点は、8ビットバイトを使用するあらゆるマシンで`#ifdef`なしに問題が解決されることだ。これについては次の章でもっと詳しく説明しよう。

それでも、たいていの場合の最善の解決策は情報をテキスト形式に変換することだ。この方法は（CRLF の問題を除いて）完全な移植性があるし、表現方法に関するあいまいさが一切ない。ただ、これが常に正しい解になるとは限らない。時間や領域がきわめて重視される場合があるし、データ（とくに浮動小数点数）によっては、printf や scanf 経由で渡される際の丸め処理のせいで精度が低下してしまうことがあるからだ。浮動小数点値を正確に交換しなければならないのであれば、書式機能の優秀な I/O ライブラリを利用すること。こうしたライブラリは実在するが、読者の現在の環境には装備されていないかもしれない。浮動小数点値をバイナリでポータブルに表現するのはきわめて難しいが、注意すればその作業はテキストによって実現できる。

標準関数を使ってバイナリファイルを処理する場合に、厄介な移植上の問題が1つ存在する。バイナリファイルは次のようにバイナリモードでオープンする必要がある。

```
FILE *fin;

fin = fopen(binary_file, "rb");
c = getc(fin);
```

'b' を省略した場合、Unix システムでは通常はまったく違いがないが、Windows システムだと入力に最初に control-Z（8 進の 032、16 進の 1A）が出現した時点で読み出しが終了してしまうのだ（strings プログラムでこれが発生する事例を 5 章で紹介した）。それとは逆にバイナリモードでテキストファイルを読んだ場合には、入力時に\r が除去されず、出力時に\r が生成されない結果になる。

8.7 移植性とバージョンアップ

移植性の問題でもっとも歯がゆい思いをさせられる原因は、システムソフトウェアが稼働期間中に変更を施されることだ。こうした変更はシステムのどんなインターフェイスにも施される可能性があり、それによってプログラムの既存のバージョン同士の間で無用の非互換性が生じてしまう。

仕様を変えるなら名前を変えよう。我々のお気に入りの（と言うのも変だが）実例に、Unix の echo コマンドの性質の移り変わりがある。このコマンドは、当初の設計では引数をそのままエコーするだけだった。

```
% echo hello, world
hello, world
%
```

ところがechoが多くのシェルスクリプトの重要部品となるにつれて、書式つきの出力を生成する必要性が出てきた。その結果echoは、ややprintf風に引数を**解釈する**ように変更された。

```
% echo 'hello\nworld'
hello
world
%
```

この新しい機能は便利だが、echoコマンドがエコー以外何もしないと思っているあらゆるシェルスクリプトで移植性の問題を引き起こす。たとえば次のコマンドの動作は、使っているechoのバージョンに依存するようになってしまった。

```
% echo $PATH
```

この変数にたまたまバックスラッシュが含まれていると（DOSやWindowsではあり得る）、それがechoに解釈されてしまう可能性があるのだ。これの違いは、文字列strにパーセント記号が含まれている場合のprintf(str)とprintf("%s", str)の出力の違いに似ている。

我々が紹介したのはechoの長篇物語のほんの一部にすぎないが、それでも基本的な問題はこの中に示されている。システムに対する変更によって**意図的に**違う動作をする別々のソフトウェアバージョンが生まれると、**意図しない**移植上の問題が引き起こされる場合があるのだ。しかもこの問題に対処するのは非常に難しい。新しいバージョンのechoに別の名前がつけられていたなら、発生するトラブルは大幅に少なくて済んだはずだ。

もっと露骨な例として、sumというUnixコマンドを考えてみよう。これはファイルのサイズとチェックサムを表示するコマンドで、情報転送が成功したかどうかを検証するために開発された。

```
% sum file
52313 2 file
%
% file を別のマシンにコピー
%
% telnet othermachine
$
$ sum file
52313 2 file
$
```

転送後のチェックサムも同じなので、それなりの自信を持って新旧のコピーが同一だと判断できる。

その後、システムが細胞分裂を繰り返し、バージョンが何度も突然変異し、アルゴリズムとしてチェックサムは完璧でないと考える人が出てきた結果、sum はもっと優れたアルゴリズムを使うように修正された。しかし同じ見解を抱いた人がほかにもいて、それとは別の優れたアルゴリズムを sum に吹き込んだ。そういったことがいろいろあって、現在では複数のバージョンの sum が存在し、それぞれが違った答えを出すようになっている。我々は1つのファイルを手近なマシンにコピーして、sum の計算結果を確認してみた。

```
% sum file
52313 2 file
%
% file をマシン2にコピー
% file をマシン3にコピー
% telnet machine2
$
$ sum file
eaa0d468 713 file
$ telnet machine3
>
> sum file
62992 1 file
>
```

このファイルは壊れているのだろうか、それとも別々のバージョンの sum があるだけなのだろうか。たぶんその両方だろう。

このように、sum は移植性の崩壊を示す完全無欠の事例となった。ソフトウェアを別のマシンにコピーする作業を支援するのが目的のプログラムなのに、互換性のない別々のバージョンが存在するせいで、本来の目的には役に立たなくなってしまったのだ。

オリジナルの sum は自分の単純な仕事を立派にこなした。ローテクなチェックサムアルゴリズムでも十分だったのだ。これを「修正」したことで多少は優れたプログラムになったのかもしれないが、見違えるほど優秀なプログラムになったわけではないし、ましてや互換性を捨て去るだけの価値はなかった。問題は機能が拡張されたことにあるのではなく、互換性のないプログラムに同じ名前がついていることにある。この変更によってもたらされたバージョンの問題によって、我々は今後も長く悩まされることになるだろう。

既存のプログラムやデータとの互換性を維持しよう。ワードプロセッサのようなソフトウェアの新しいバージョンがリリースされる場合、以前のバージョンで作成されたファイルも読み込めるようになっているのが一般的だ。それが誰もが期待する動作だろう。当初想定されていなかった機能が追加されたときには、ファイル形式も進化しなければならない。ところが、以前のファイル形式で**書き込む**手段が新しいバージョンに用意されていない場合がある。そのため新機能を使わなかったとしても、新しいバージョンのユーザーは自分のファイルを以前のバージョンを使っているユーザーと交換できなくなってしまい、その結果すべての人がアップグレードを余儀なくされるのだ。技術上の手抜かりにせよマーケティング戦略にせよ、こういった設計はきわめて残念だ。

プログラムが以前の仕様を満たしていることを**後方互換性**と言う。プログラムを変更する場合には、以前のソフトウェアとそれに依存するデータが破綻しないようにすること。変更箇所を詳しくドキュメント化し、元の動作を復元する手段を用意するようにしよう。もっとも重要な点は、自分が予定している変更とそれによってもたらされる非互換性のコストとを比較して、それが本当に改善と言えるかどうかを考えることだ。

8.8 国際化

アメリカに住んでいる人は、英語だけが言語ではなく、ASCII だけが文字セットではなく、$だけが通貨記号ではなく、日付は日からも記述できるし時刻は 24 時間でも表現できる、といったような事実を忘れがちだ。移植性を幅広くとらえれば、言語や文化の境界を超えてプログラムの移植性を高めるということも一面では移植性の問題と言えるだろう。これはかなり大きなテーマだが、ここでは 2〜3 の基本的なポイントだけを取り上げる。

国際化（internationalization）とは、特定の文化的な環境を想定せずにプログラムを動作させることを表す用語だ。文字セットからインターフェイスのアイコンの解釈に至るまで、これには数多くの問題が存在する。

ASCII を前提にするな。世界のほとんどの地域で使われる文字セットは ASCII よりも充実している。ctype.h の標準文字テスト関数は、通常はこうした違いを隠蔽している。

```
if (isalpha(c)) ...
```

これは特定の文字エンコード法に依存しないし、文字数が a〜z よりも多かったり少なかったりするロケール（地域）でも、プログラムがそのロケールでコンパイルされれば正しく動作する。もちろん isalpha という名前を見ればこの関数の起源がわかるが、アルファベットが一切存在しない言語もある。

ヨーロッパのほとんどの国々では、0x7F までの値（7 ビット）しか定義されていない ASCII エンコーディングに文字を追加して自国の言語の文字を表現している。西ヨーロッパ全体で一般に使われている Latin-1 エンコーディングは ASCII の上位セットであり、80〜FF のバイト値がシンボルやアクセントつきの文字に割り当てられている。たとえば E7 はアクセントつきの文字ç を表す。boy という英単語は ASCII（か Latin-1）では 62 6F 79 という 3 バイトの 16 進値で表現されるのに対し、フランス語の garçon は Latin-1 で 67 61 72 E7 6F 6E で表現される。その他の言語でもこれ以外の記号が定義されているが、ASCII で使われていない残りの 128 種類の値には全部収まり切らないので、80〜FF のバイトに割り当てられる文字に関して相容れない標準がいろいろ存在する。

8 ビットにまったく収まらない言語もある。アジアの主要言語には数千種類もの文字が存在し、中国と日本と韓国で使われるどのエンコード法でも 1 文字に 16 ビットが使用される。そのため、ある言語で記述された文書を別の言語用にセットアップされたコンピュータで読み込む際に、重大な移植上の問題が発生する。文字が元の状態のまま送られてきたとすると、中国語の文書をアメリカのコンピュータで読むためには最低でも特殊なソフトウェアとフォントが必要になる。中国語と英語とロシア語を同時に使おうと思ったら、とてつもない障害が待ち受けている。

Unicode 文字セットはこの状況を改善しようとする試みで、全世界の全言語に単一のエンコード法を提供する。Unicode は ISO 10646 標準の 16 ビットサブセットと互換性があり、1 文字に 16 ビットを使用し、00FF 以下の値は Latin-1 に対応している。そのため garçon という単語は 0067 0061 0072 00E7 006F 006E という一連の 16 ビット値で表現され、キリル文字のアルファベットは 0401〜04FF の範囲の値を占め、表意文字を使用する言語は 3000 以降の大きなブロックを占有している。

Unicodeはあらゆる有名な言語（と多くのそれほど有名でない言語）を表現できるので、国境を超えて文書をやり取りする場合や多言語テキストを保存する場合にこれはうってつけのエンコード法だろう。Unicodeは Internetで普及しつつあるし、これを標準形式として採用しているシステムすらある。たとえばJavaでは文字列のネイティブな文字セットとしてUnicodeが使われているし、Plan 9とInfernoではファイルやユーザーの名前も含めてオペレーティングシステム全体でUnicodeが使用されている。Microsoft Windows もUnicode文字セットをサポートしているが、それが必須条件ではない。大半のWindowsアプリケーションは依然としてASCIIと一番相性がいいが、プログラミングの現場は急速にUnicodeに向かっている。

だが、Unicodeによってもたらされた問題もある。文字が1バイトに収まらなくなったので、Unicodeのテキストにバイト順の混乱が生じるようになったのだ。この問題を避けるため、通常Unicode文書は別のプログラムに送られたりネットワーク経由で送信される前に、UTF-8というバイトストリームエンコーディングに変換される。この場合個々の16ビット文字は、転送されるために1バイトか2バイトか3バイトのシーケンスとしてエンコードされる。ASCII文字セットには`00`〜`7F`の値が使われるが、どれもすべてUTF-8を使えば1バイトに収まるので、UTF-8はASCIIに対して過去互換になっている。`80`〜`7FF`の値は2バイトで表現され、`800`以上の値は3バイトで表現される。`garçon`という単語は、UTF-8では`67 61 72 C3 A7 6F 6E`というバイト列で表現される。Unicodeの値`E7`つまり文字`ç`は、UTF-8では`C3 A7`という2バイトで表現されるようになっている。

UTF-8とASCIIに互換性がある点は非常にありがたい。これによって、テキストを解釈せずにただのバイトストリームとして扱うプログラムで、どんな言語で書かれたUnicodeテキストだろうと処理できるようになるからだ。我々は、UTF-8でエンコードされたロシア語とギリシャ語と日本語と中国語のテキストで3章のマルコフプログラムを試してみたが、何の問題もなく動作した。単語がASCIIのスペースやタブや改行で区切られているヨーロッパ諸語の場合には、十分にナンセンスな出力が得られた。それ以外の言語でもっとこのプログラムの趣旨にかなった出力を得るためには、単語解析規則を変更する必要があるだろう。

CとC++は、16ビット以上の整数である「ワイド文字」と、Unicodeをはじめとする大規模な文字セットの文字を処理できるワイド文字対応の関数をサポートしている。ワイド文字の文字列リテラルは`L"..."`と記述されるが、この種の文字列リテラルによってさらに移植性の問題が生じる。ワイド文字定数を使うプログラムは、その文字セットを利用するディスプレイで表示させなければ検証できないのだ。マシン間でポータブルな形で転送するには文字をUTF-8などのバイトストリームに変換しなければならないので、Cにはワイド文字とバイトを相互に変換する関数が提供されている。しかしそこではどんな変換方法が使われているのだろうか。文字セットの解釈とバイトストリームエンコーディングの定義はライブラリに隠蔽されており、そこから取り出すのは難しい。こういう状況には控え目に言っても不満を感じる。いつの日か明るい時代がやってきて、どんな文字セットを使うべきかについて全員の意見が一致するようになる可能性もないとは言えないが、バイト順の問題を引きずって、我々がその混乱に依然として苦しめられているシナリオのほうが現実的だろう。

英語を前提にするな。インターフェイスの開発者が肝に銘じておかなければならないのは、あることを表現するのに必要な文字数はたいてい言語によって大幅に異なる点だ。そのため、画面にも配列にも十分なスペースを用意しておかなければならない。

エラーメッセージに関してはどうだろうか。最低でも、限られた人間同士でしか通じない業界用語やスラングは絶対避けよう。まずはエラーメッセージをシンプルな言い回しで書いてみること。別の言語に翻訳するときに簡単に入れ換えられるように、すべてのメッセージのテキストを1か所に集めておくテクニックがよく使われる。

また、北米でしか使われないmm/dd/yy（月/日/年）という日付形式のように、文化に依存する要素もたくさんある。ソフトウェアが別の国で使われる見込みが少しでもあるなら、この種の依存は避けるか必要最低限に留めなければならない。グラフィカルインターフェイスのアイコンも文化に依存することが多い。地元の人間にも意味不明のアイコンが多いので、文化的背景の異なる人たちはなおさら困るだろう。

8.9 まとめ

コードの移植性は、実現に向けて努力する意味が十分にある目標だ。プログラムを別のシステムに移す作業や、プログラムが進化したり土台となるシステムが変更されても動作し続けるようにするための作業に、無駄な時間が膨大に費やされているからだ。だが、移植性はただで手に入るわけではなく、実装上の配慮と、ターゲットとなり得るすべてのシステムに存在する移植上の問題に関する知識が必要になる。

この章では、移植性を実現する2種類のアプローチを結びと交わりという用語で表した。結びのアプローチは、できる限り多くのコードを併合し、条件コンパイルなどのメカニズムを駆使してすべてのターゲットで動作するバージョンを書くやり方だ。これには数多くの欠点がある。必要なコードの量が増えるし、たいていはコードの複雑度も増大するし、メンテナンスが大変で、テストもしづらい。

交わりのアプローチは、コード中のできる限り多くの部分がすべてのシステムで変更なしに動作するように記述するやり方だ。やむを得ないシステム固有のコードは単一のソースファイルにカプセル化され、それがプログラムと下位のシステムとのインターフェイスとして機能する。交わりのアプローチにも弱点はあり、効率やさらには機能も十分に実現できない可能性があるが、長い目で見ればそうしたコストよりもメリットのほうが大きくなる。

8.10 参考文献

プログラミング言語の解説書は腐るほどあるが、決定版と言えるほど厳密なリファレンスはほとんど存在しない。手前味噌を承知で言えばBrian KernighanとDennis Ritchieの『*The C Programming Language*』*1（Prentice Hall社刊、1988年）を挙げたいところだが、ただしこれは標準に代わるものではない。現在第4版が出ているSam HarbisonとGuy Steeleの『*C: A Reference Manual*』*2（Prentice Hall社刊、1994年）には、Cの移植性について優れたアドバイスが載っている。CとC++の正式な標準はISO（International Organization for Standardization：国際標準化機構）から入手できる。Javaの正式な標準にもっとも近いものとしては、James Gosling、Bill Joy、Guy Steele共著の『*The Java Language Specification*』*3がある。

Rich Stevensの『*Advanced Programming in the Unix Environment*』*4（Addison-Wesley社刊、1992年）はUnixプログラマ向けの優れた参考書で、Unixの流派間で生じる移植上の問題について非常に詳しく解説されている。

POSIX（Portable Operating System Interface）はUnixベースのコマンドとライブラリを定義した国際標準で、標準環境、アプリケーションのソースコードレベルでの移植性、I/Oとファイルシステムとプロセスに対する統一的なインターフェ

---

*1　(邦訳)『プログラミング言語C：ANSI規格準拠』Brian Kernighan、Dennis Ritchie著、石田晴久訳、2版、共立出版、1989

*2　(邦訳)『新・詳説C言語：H&Sリファレンス 』Samuel Harbison、Guy Steele著、斎藤信男監訳、ソフトバンク、1994

*3　(邦訳)『Java言語仕様』James Gosling、Bill Joy、Guy Steele著、村上雅章訳、アジソン・ウェスレイ・パブリッシャーズ・ジャパン、1997

*4　(邦訳)『詳解UNIXプログラミング 第3版』W. Richard Stevens、Stephen A. Rago著、大木敦雄訳、翔泳社、2014

イスが定められている。この標準は、IEEE が発行している一連の書籍で解説されている。

「ビッグエンディアン」はもともと Jonathan Swift が 1726 年に考案した造語だ。Danny Cohen の“On holy wars and a plea for peace”(『*IEEE Computer*』、October 1981)はバイト順に関する面白い物語で、これによって「エンディアン」という用語がコンピュータの世界に持ち込まれた。

Bell 研究所で開発された Plan 9 システムでは移植性が最優先されている。このシステムは、`#ifdef` 不要の 1 つのソースファイルをさまざまなプロセッサでコンパイルできるほか、一貫して Unicode 文字セットを利用している。最近のバージョンの Sam は Unicode を使っているが、幅広くさまざまなシステムで動作する(Sam の最初の解説は“The Text Editor sam”、『*Software - Practice and Experience*』、17, 11, pp.813-845, 1987)。Unicode などの 16 ビット文字セットを扱う場合の問題点は、Rob Pike と Ken Thompson の論文“Hello, World or Καλημέρα κόσμε or こんにちは世界”(『*Proceedings of the Winter 1993 USENIX Conference*』、San Diego, 1993, pp.43-50)で解説されている。UTF-8 エンコーディングが最初に登場したのもこの論文だ。この論文は Bell 研の Plan 9 Web サイトからも入手できる(現行バージョンの Sam もここにある)。

Plan 9 の経験をもとに開発された Inferno システムは Java とやや似たところがあって、現実のどんなマシンでも実装可能な仮想マシンが定義されており、この仮想マシン用の命令に翻訳される言語(Limbo)が提供され、ネイティブな文字セットとして Unicode が採用されている。さらに、さまざまな商用システムに対するポータブルなインターフェイスを提供する仮想オペレーティングシステムも含まれている。Inferno については、Sean Dorward、Rob Pike、David Leo Presotto、Dennis M. Ritchie、Howard W. Trickey と Philip Winterbottom による“The Inferno Operating System”(『*Bell Labs Technical Journal*』、2, 1, Winter, 1997)に解説されている。

The Practice of Programming — CHAPTER 9

第9章　記法

おそらく人間によるあらゆる創造物の中でもっとも驚くべきものは言語である。

Giles Lytton Strachey, *Words and Poetry*

プログラムの書きやすさは、正しい言語を選択するかどうかによって大幅に違ってくる。経験豊富なプログラマが、Cとその一族などの汎用言語だけでなく、プログラマブルシェルやスクリプト言語や多くのアプリケーション専用言語も自分のレパートリーに加えているのはそのためだ。

良き記法の影響力は、伝統的なプログラミングばかりでなく特殊な問題の領分にも及ぶ。正規表現を利用すれば文字列クラスの定義を簡潔に書けるようになるし（暗号のように見えることもあるが）、HTMLを使えば対話的なドキュメントのレイアウトを定義でき、その際にJavaScriptなど別の言語で書いたプログラムを埋め込める。PostScriptは、文書全体（たとえば本書）をスタイルつきのプログラムとして表現する。スプレッドシートやワードプロセッサにはたいていVisual Basicのようなプログラミング言語が内蔵されており、それによって式を評価したり、情報にアクセスしたり、レイアウトを制御したりできるようになっている。

普通の作業を実行するときに自分が書いているコードが多すぎるような気がしたり、その作業がうまく表現しづらかったりする場合には、間違った言語を使っている可能性がある。正しい言語が現存しないのであれば、それを自分で作ってみるいいチャンスと言えるかもしれない。言語を創作すると言っても、必ずしもJavaに代わるものを開発するという意味ではない。扱いづらい問題は、記法を工夫すればあっさり解決できることが多いからだ。その例に`printf`ファミリの書式文字列がある。これは出力される値の表示方法をコントロールする簡潔で表現力豊かな手段となっている。

この章では記法によってどのように問題を解決できるかを説明し、自分独自の専用言語を実装する際に利用できる代表的なテクニックを紹介しよう。さらに、プログラムによって別のプログラムを記述する手法の可能性も探っていく。言うまでもなくこれは記法の極端な応用例だが、応用できる場面は意外に多いし、多くのプログラマが思っているよりはるかに簡単に実現できる。

9.1 データの書式化

我々がコンピュータに向かって言いたいこと（「この問題を解決せよ」）と仕事をさせるために言わなければならないこととの間には、常にギャップが存在する。このギャップは狭ければ狭いほど望ましい。優れた記法を利用すれば言いたいことが言いやすくなるし、うっかり間違ったことを言ってしまう危険性も低下する。場合によっては優れた記法によって新しい視点がもたらされ、難しすぎて不可能だと思っていた問題を解決できるようになったり、新しい発見が得られたりすることもある。

狭い領分に使われる専用の記法が**小言語**だ。これらは優れたインターフェイスとなるばかりでなく、それを実装するプログラムをすっきりさせるのにも役立つ。その好例がprintfの制御シーケンスだろう。

```
printf("%d %6.2f %-10.10s\n", i, f, s);
```

書式文字列の個々の%は、printfの次の引数の値を挿入する位置を示している。オプションフラグとフィールド幅の指定がそれに続き、期待されるパラメータの種類が最後の文字によって示される。この記法は簡潔で直観的で書きやすく、実装は単純明快だ。これに代わるC++の機能（iostream）やJavaの機能（java.io）は、特殊な記法が使えないので少々不便に感じられるものの、ユーザー定義型に対応しているほか、型チェック機能も装備されている。

一部の標準的でないprintfの実装では、組み込みの変換セットに自分独自の変換指定子を追加できるようになっている。これはほかのデータ型の出力変換を実行したいときに便利だ。たとえばコンパイラを開発する場合なら行番号とファイル名に%Lを使うと便利だろうし、グラフィックスシステムなら座標に%Pを、矩形に%Rを使ったりできるだろう。4章で紹介した、文字と数字からなる暗号めいた株価取得用の文字列にもこれと同じアイデアが発揮されており、簡潔な記法によって各種の株価データを配置できるようになっている。

では、CやC++でこれと同様の実例を作ってみよう。仮に、さまざまなデータ型を組み合わせたパケットを別のシステムに送信したいとする。8章で説明したように、もっともクリーンな方法はテキスト表現に変換することだ。だが標準的なネットワークプロトコルの場合には、おそらくは効率やサイズの点からバイナリ形式が望ましいだろう。移植性があり効率的で使いやすいパケット処理コードは、どのように記述すればいいだろうか。

話を具体的にするために、システム間で8/16/32ビットのデータ項目からなるパケットを送信したいと思ってほしい。ANSI Cによれば、charには少なくとも8

ビット、shortには16ビット、longには32ビットを常に格納できることになっているので、こうしたデータ型を使って値を表現することにしよう。パケットにはいろいろなタイプがあり、タイプ1は次のように1バイトのタイプ指定子と、2バイトのカウントと、1バイトの値と4バイト長のデータ項目で構成されるとする。

0x01	cnt_1	cnt_0	val	$data_3$	$data_2$	$data_1$	$data_0$

また、パケットタイプ2には1個のshortと2個のlongデータワードが含まれるとする。

0x02	cnt_1	cnt_0	$dw1_3$	$dw1_2$	$dw1_1$	$dw1_0$	$dw2_3$	$dw2_2$	$dw2_1$	$dw2_0$

この場合の1つのアプローチは、存在するパケットタイプごとにパック関数とアンパック関数を書くことだ。

```
int pack_type1(unsigned char *buf, unsigned short count,
        unsigned char val, unsigned long data)
{
    unsigned char *bp;

    bp = buf;
    *bp++ = 0x01;
    *bp++ = count >> 8;
    *bp++ = count;
    *bp++ = val;
    *bp++ = data >> 24;
    *bp++ = data >> 16;
    *bp++ = data >> 8;
    *bp++ = data;
    return bp - buf;
}
```

現実のプロトコルの場合にはこの種のルーチンが数十種類必要になるだろうが、どれも目的は同じだ。こうしたルーチンは基本データ型（shortやlongその他）を処理するマクロや関数を使えば簡単になると思うが、その場合でも、似たようなコードを繰り返し記述するのは間違えやすいし、読みづらいし、メンテナンスも大変になる。

このコードに反復的な性質があるということは、記法を応用するヒントとなる。printfのアイデアを借用すれば、パケットのレイアウトを示す短い文字列によって個々のパケットを表現する小さな指定用言語を定義できる。パケット中の連続する要素は、8ビット文字ならc、16ビットshort整数ならs、32ビットlong整数ならlでエンコードする。そうすれば、たとえば上の例で作ったパケットタイプ1なら、タイプを示す先頭のバイトを含めてcsclという書式文字列で表現できる。これによって単一のpack関数を使って任意のタイプのパケットを生成できるようになり、先ほどのパケットなら次のように生成できる。

```
pack(buf, "cscl", 0x01, count, val, data);
```

我々の書式文字列にはデータ定義しか含まれていないので、printfで使われる%文字はいらない。

現実的には、パケットの先頭にある情報によって受信側にパケットのデコード方法を知らせることになるだろうが、ここではパケットの1バイト目をレイアウトの判定に利用できると仮定しよう。送り手はデータをこの形式でエンコードして送信する。受け手はパケットを読んで1バイト目を取り出し、それを利用してそれ以降のデータをデコードする。

ではpackの実装を紹介しよう。packは書式にしたがって引数をエンコードし、それをbufに入れる。パケットバッファ中のバイトを含めてすべての値を無符号にしたのは、符号拡張にともなう問題を避けるためだ。また、宣言が短くなるように、次のように慣習的なtypedefを使っている。

```
typedef unsigned char uchar;
typedef unsigned short ushort;
typedef unsigned long ulong;
```

sprintfやstrcpyなどの関数と同様に、packでも結果を収めるバッファが十分に大きいと仮定している。この点を保証するのは呼び出し側の責任だ。また、書式と引数リストが一致するかどうかという点に関しても、とくに検証していない。

```
# include <stdarg.h>

/* pack: バイナリ項目をbufにパックし、長さを返す */
int pack(uchar *buf, char *fmt, ...)
{
    va_list args;
    char *p;
    uchar *bp;
    ushort s;
    ulong l;
```

```
    bp = buf;
    va_start(args, fmt);
    for (p = fmt; *p != '\0'; p++) {
        switch (*p) {
        case 'c': /* char */
            *bp++ = va_arg(args, int);
            break;
        case 's': /* short */
            s = va_arg(args, int);
            *bp++ = s >> 8;
            *bp++ = s;
            break;
        case 'l': /* long */
            l = va_arg(args, ulong);
            *bp++ = l >> 24;
            *bp++ = l >> 16;
            *bp++ = l >> 8;
            *bp++ = l;
            break;
        default: /* 不正な型指定文字 */
            va_end(args);
            return -1;
        }
    }
    va_end(args);
    return bp - buf;
}
```

このpackルーチンでは、4章に出てきたeprintfの場合よりもstdarg.hヘッダが存分に活用されている。連続する引数はマクロva_argによって抽出されるが、これの最初のオペランドはva_startの呼び出しによってセットアップされるva_list型の変数で、2番目のオペランドは引数の**型**だ（va_argが関数ではなくマクロになっているのはそのため）。'c'と's'はそれぞれcharとshortの値を示す引数だが、これらの値はintとして抽出されなければならない。Cの仕様により、省略パラメータ...によって表現された場合のcharとshortの引数は、intに昇格するからだ。

これで個別のpack_typeルーチンは自分の引数を整理してpackを呼び出すだけになり、次のように1行で済むようになる。

```
/* pack_type1: タイプ1のパケットをパック */
int pack_type1(uchar *buf, ushort count, uchar val, ulong data)
{
    return pack(buf, "cscl", 0x01, count, val, data);
}
```

アンパックする場合も同じやり方をすればいい。つまり個々のパケット形式を分解するのに別々のコードを書くのではなく、書式文字列を指定して1種類のunpackを呼び出すのだ。これによって変換作業が1か所に集中するようになる。

```
/* unpack: パックされた項目をbufから抽出し、長さを返す */
int unpack(uchar *buf, char *fmt, ...)
{
    va_list args;
    char *p;
    uchar *bp, *pc;
    ushort *ps;
    ulong *pl;

    bp = buf;
    va_start(args, fmt);
    for (p = fmt; *p != '\0'; p++) {
        switch (*p) {
        case 'c': /* char */
            pc = va_arg(args, uchar*);
            *pc = *bp++;
            break;
        case 's': /* short */
            ps = va_arg(args, ushort*);
            *ps = *bp++ << 8;
            *ps |= *bp++;
            break;
        case 'l': /* long */
            pl = va_arg(args, ulong*);
            *pl = *bp++ << 24;
            *pl |= *bp++ << 16;
            *pl |= *bp++ << 8;
            *pl |= *bp++;
            break;
        default:  /* 不正な型指定文字 */
            va_end(args);
            return -1;
        }
    }
    va_end(args);
    return bp - buf;
}
```

unpackはscanfと同じように呼び出し側に複数の値を返さなければならないので、結果が格納される変数のポインタを引数としてとる。関数値としてパケット中のバイト数を返すようになっているため、その値をエラーチェックに利用できる。

このコードは無符号の値を使っているし、しかも ANSI C で定義されているデータ型のサイズを守っているので、short や long のサイズが異なるマシン同士でもデータをポータブルに転送できる。pack を利用するプログラムが（たとえば）32 ビットで表現できない値を long として送信しようとしない限り、その値は受信側に正しく届く。我々は実際には値の下位 32 ビットを転送している。もっと大きな値を送る必要があるなら、新しい形式を定義すればいいだろう。

unpack を呼び出すタイプ別アンパックルーチンは簡単だ。

```
/* unpack_type2: タイプ 2 パケットをアンパックして処理 */
int unpack_type2(int n, uchar *buf)
{
    uchar c;
    ushort count;
    ulong dw1, dw2;

    if (unpack(buf, "csll", &c, &count, &dw1, &dw2) != n)
        return -1;
    assert(c == 0x02);
    return process_type2(count, dw1, dw2);
}
```

unpack_type2 を呼び出すためには、まず最初にタイプ 2 パケットを受け取ったことを認識しなければならない。それには受信側に次のような感じのループを用意すればいい。

```
while ((n = readpacket(network, buf, BUFSIZ)) > 0) {
    switch (buf[0]) {
    default:
        eprintf("bad packet type 0x%x", buf[0]);
        break;
    case 1:
        unpack_type1(n, buf);
        break;
    case 2:
        unpack_type2(n, buf);
        break;
    ...
    }
}
```

だが、このプログラミングスタイルだとコードがだらだら長くなりがちだ。もっと簡潔なやり方は、関数ポインタのテーブルを用意して、タイプによってインデックス指定されるアンパックルーチンをテーブルエントリとして記述することだ。

```
int (*unpackfn[])(int, uchar *) = {
    unpack_type0,
    unpack_type1,
    unpack_type2,
};
```

テーブル中のそれぞれの関数は、パケットを解析して結果をチェックし、さらにそのパケットに対する処理を実行することになる。このテーブルによって、受信側の作業は単純明快になる。

```
/* receive: ネットワークからパケットを読んで処理する */
void receive(int network)
{
    uchar type, buf[BUFSIZ];
    int n;
    while ((n = readpacket(network, buf, BUFSIZ)) > 0) {
        type = buf[0];
        if (type >= NELEMS(unpackfn))
            eprintf("bad packet type 0x%x", type);
        if ((*unpackfn[type])(n, buf) < 0)
            eprintf("protocol error, type %x length %d",
                type, n);
    }
}
```

個々のパケット用の処理コードは簡潔で、1か所にまとまっており、メンテナンスもしやすい。受信側はプロトコル自体からも十分に独立しており、クリーンで高速なコードになっている。

この実例は、ある商用ネットワークプロトコル用の実際のコードを下敷にしている。コードの作者がこのアプローチに気づいた結果、重複が多く問題が頻発していた数千行のコードは一気に数百行にまで短縮され、簡単にメンテナンスできるサイズになった。記法のおかげで混乱が劇的に整理されたのだ。

問題 9-1 pack と unpack を修正して、short と long のサイズが違うマシン同士でも符号つきの値を正しく転送できるようにせよ。符号つきのデータ項目を指定できるようにするには、書式文字列をどう修正したらいいだろうか。コードをテストするために、たとえば32ビット long を使用するマシンから 64 ビット long のマシンに-1 が正しく転送されるのをチェックするにはどうしたらいいだろうか。

問題 9-2 文字列を処理できるように pack と unpack を拡張せよ。考えられる手法のひとつとして、文字列の長さを書式文字列に含めるやり方がある。また、連続して出現する項目をカウントによって処理できるようにこれらを拡張せよ。これが文字列のエンコーディングとどう関連するだろうか。

問題 9-3 先ほどの C プログラムの関数ポインタテーブルは、C++の仮想関数メカニズムの核心となる機能だ。この便利な記法を利用できるように、pack と unpack と receive を C++で書き直せ。

問題 9-4 最初の引数によって指定された書式にしたがって 2 番目以降の引数を表示する、コマンドラインバージョンの printf を記述せよ。すでにこれを組み込み機能として装備しているシェルもある。

問題 9-5 スプレッドシートプログラムや Java の DecimalFormat クラスのような書式指定（必須の桁と省略可能な桁、小数点とカンマの位置などを表すパターンにしたがって数値を表示する）を実装する関数を記述せよ。たとえば次の書式は、

```
# # ,# # 0.00
```

小数点以下を 2 桁表示し、小数点以上は最低でも 1 桁表示し、千の位のあとにはカンマを置き、万の位まで空白で埋める形式で数値を表現する指定だ。だからたとえば 12345.67 なら 12,345.67、0.4 なら_____0.40（この場合の下線は空白を表す）として表示される。詳しい仕様については、DecimalFormat かスプレッドシートのドキュメントを参照すること。

9.2 正規表現

pack と unpack の書式指定子は、パケットのレイアウトを定義する非常に単純な記法だ。今度はそれよりやや複雑だが、はるかに表現力豊かなテキストパターン指定用の記法、**正規表現**の話題を取り上げよう。本書ではこれまでにも詳しい説明抜きでときどき正規表現を使ってきたので、もうそれほど細かく説明しなくても理解

できると思う。ただ正規表現はUnixプログラミング環境には浸透しているものの、ほかのシステムではそれほど広く使われていないので、このセクションでは正規表現の実力の一端をお目にかけよう。正規表現ライブラリが身近にない人のために、基本的な実装も紹介するつもりだ。

正規表現には何種類かの流派があるが、リテラル文字のパターンを表現する手段という点では基本的にはどれも同じで、繰り返しや選択肢、さらには数字や文字などの文字クラスを指定できるようになっている。おなじみの例として、コマンドラインプロセッサやシェルでファイル名のパターンにマッチさせるのに使用する、いわゆる「ワイルドカード」がある。通常*は「文字の任意の並び」の意味に解釈されるので、たとえば次のコマンドに使われているパターンなら、

```
C:\> del *.exe
```

“.exe”が最後につく任意の文字列をファイル名とするすべてのファイルと一致する。よくあることだが、細かい点はシステムによって違うし、プログラムによっても異なる場合がある。

プログラムによって異なるなどと言うと正規表現が場当たり的なメカニズムのように聞こえるかもしれないが、実際にはこれは形式文法を備えた言語であり、この言語で話される1文字1文字には厳密な意味がある。しかも正規表現は実装が適切ならきわめて高速に動作するが、理論と工学的な実践の組み合わせによって大きな差が出る。2章でほのめかしたように、これは特化したアルゴリズムが威力を発揮する実例と言える。

正規表現とは、マッチする文字列集合を定義する文字シーケンスのことだ。ほとんどの文字はそれ自体の文字とマッチするにすぎないので、abcという正規表現はこの文字の並びがどこに出現しようとそれにマッチする。それに加えて、繰り返しやグループ化や位置を示す**メタ文字**がいくつか存在する。Unixの一般的な正規表現では、^は文字列の先頭を表し、$は末尾を表すので、たとえば^xは文字列の先頭にあるxにのみマッチし、x$は文字列の末尾にあるxにのみマッチし、^x$は1文字のxだけで構成される文字列にのみマッチし、^$なら空文字列にマッチする。

文字“.”はあらゆる文字とマッチするので、x.yはxayやx2yなどにマッチするが、xyやxabyにはマッチせず、^.$は任意の1文字で構成される文字列とマッチする。

角かっこ[]でくくられた文字集合はかっこ内にある任意の1文字とマッチするので、[0123456789]は1桁の数字にマッチする。これは[0-9]のように略記できる。

こうした基本要素を丸かっこと組み合わせればグループ化でき、|と組み合わせ

れば二者択一の意味になり、*なら0回以上の繰り返し、+は1回以上の繰り返し、?なら0回か1回の繰り返しの意味になる。そして\は、メタ文字の前につけてその特殊な意味を取り消すのに使われる。だから*ならリテラルの*、\\ならリテラルのバックスラッシュになる。

一番有名な正規表現ツールは、これまでにも何度か出てきたプログラム grep だろう。このプログラムは記法の価値をきわめてよく示す実例だ。grep は入力ファイルの1行1行に正規表現を適用し、それにマッチする文字列を含んだ行を表示する。この単純な仕様に正規表現のパワーが加味されて、grep は数多くの日常的な作業を片づける能力を身につけている。以下の例で、grep の引数に使われている正規表現の構文が、ファイル名の指定に使用されるワイルドカードと異なる点に注意してほしい。この違いには用途の違いが反映されている。

クラス Regexp はどのソースファイルで使われているのか？

```
% grep Regexp *.java
```

どれが実装しているのか？

```
% grep 'class.*Regexp' *.java
```

Bob からのメールをどこに保存したのか？

```
% grep '^From:.* bob@' mail/*
```

このプログラムのソースは空行を除いて何行か？

```
% grep '.' *.c++ | wc
```

grep にフラグを指定すれば、マッチした行の行番号やマッチした行数を表示させたり、大文字小文字を区別せずにマッチさせたり、反対の動作をさせたり（パターンにマッチしない行を選択）するなど、基本動作のバリエーションをいろいろ実行させられるようになる。そのため grep は用途が非常に幅広く、ツールベースのプログラミングの代表的な存在となっている。

残念ながら、すべてのシステムに grep やそれに相当するツールが用意されているわけではない。しかし正規表現ライブラリ（通常は regex または regexp）が付属するシステムもあるので、それを利用すれば grep 風のツールを開発できる。両方とも利用できない場合でも、完全な正規表現言語のそれなりのサブセットを実装するのは簡単だ。以下に正規表現の実装例と、それとペアになる grep の実装を紹介しよう。話を簡単にするためにメタ文字に関しては^と$と.と*だけをサポートすることにし、*は直前の１個のピリオドか１文字のリテラル文字の繰り返しを指定するものとする。このサブセットは全般的な表現をプログラミングする手間を最小に抑えながら、正規表現のパワーの大部分を備えている。

ではまずマッチ関数そのものから見ていこう。これの役目は、テキスト文字列が正規表現とマッチするかどうかを判定することだ。

```
/* match: text 中で regexp を検索 */
int match(char *regexp, char *text)
{
    if (regexp[0] == '^')
        return matchhere(regexp+1, text);
    do { /* 文字列が空でも調べる */
        if (matchhere(regexp, text))
            return 1;
    } while (*text++ != '\0');
    return 0;
}
```

正規表現の先頭に^があったら、正規表現のそれ以降の内容にテキストの先頭部分がマッチしていなければならない。先頭に^がないときにはテキストを順にたどっていって、任意の位置でテキストが正規表現とマッチするかどうかを matchhere を使って調べる。マッチするものが見つかったら、その時点で作業を終える。do-while を使っている点に注意してほしい。正規表現は空文字列にマッチする可能性があるので（たとえば$は行末の空文字列とマッチするし、.*はゼロを含む任意の数の文字とマッチする）、テキストが空であっても matchhere を呼び出さなければならない。

大半の作業は再帰関数 matchhere で実行される。

```
/* matchhere: text の先頭にある regexp を検索 */
int matchhere(char *regexp, char *text)
{
    if (regexp[0] == '\0')
        return 1;
    if (regexp[1] == '*')
        return matchstar(regexp[0], regexp+2, text);
    if (regexp[0] == '$' && regexp[1] == '\0')
        return *text == '\0';
    if (*text!='\0' && (regexp[0]=='.' || regexp[0]==*text))
        return matchhere(regexp+1, text+1);
    return 0;
}
```

正規表現が空だったら正規表現の末尾に達したので、マッチするものを見つけたことになる。正規表現の末尾に$があるときには、テキストも末尾にある場合にしかマッチしない。正規表現の先頭にピリオドがあるときには、あらゆる文字にマッチする。それ以外の場合には、正規表現はテキスト中でそれ自体にマッチする普通の文字で始まっている。だから正規表現の途中に出てくる^や$は、メタ文字ではなくリテラル文字として解釈される。

パターンと文字列が1文字マッチしたあとでmatchhereが自分自身を呼び出している点に注目しよう。そのため、再帰の深さは最大でパターンの長さと等しくなる。

注意を要するのは、正規表現がx*のようなアスタリスクつきの文字で始まっているケースだ。この場合はmatchstarを呼び出し、その際に最初の引数としてアスタリスクのオペランド（x）を、それ以降の引数としてアスタリスクのあとに続くパターンとテキストを渡す。

```
/* matchstar: textの先頭にあるc*regexpを検索 */
int matchstar(int c, char *regexp, char *text)
{
    do { /* *はゼロ回以上の繰り返しにマッチ */
        if (matchhere(regexp, text))
            return 1;
    } while (*text != '\0' && (*text++ == c || c == '.'));
    return 0;
}
```

ここでもdo-whileを使っているが、それはこの場合もやはり正規表現x*がゼロ個の文字とマッチできるようにするためだ。このループは、アスタリスクのオペランドとマッチする限り文字位置を順次ずらしていって、その都度それ以降のテキストが正規表現の残りの部分とマッチするかどうかをチェックしている。

この実装はたしかに単純だが、きちんと動作するし、コードは30行にも満たない。この例から、正規表現を利用できるようにするのに決して高度なテクニックはいらないことがわかるだろう。

あとでこのコードを拡張するアイデアを紹介するつもりだが、その前にmatchを利用するgrepを書こう。メインルーチンは次の通り。

```
/* grep main: ファイル中で正規表現を検索 */
int main(int argc, char *argv[])
{
    int i, nmatch;
    FILE *f;

    setprogname("grep");
    if (argc < 2)
        eprintf("usage: grep regexp [file ...]");
    nmatch = 0;
    if (argc == 2) {
        if (grep(argv[1], stdin, NULL))
            nmatch++;
    } else {
        for (i = 2; i < argc; i++) {
            f = fopen(argv[i], "r");
            if (f == NULL) {
                weprintf("can't open %s:", argv[i]);
                continue;
            }
            if (grep(argv[1], f, argc>3 ? argv[i] : NULL) > 0)
                nmatch++;
            fclose(f);
        }
    }
    return nmatch == 0;
}
```

C プログラムの慣習では、成功時にはゼロを、さまざまな失敗にはゼロ以外の値を返すことになっている。Unix バージョンと同様に我々の grep でもマッチする行を発見したことを成功だと定義しているので、マッチするものが見つかったらゼロを、見つからなければ 1 を、エラーが発生したら（eprintf によって）2 を返している。こうしたステータスの値はシェルなどの別のプログラムでテストできる。

関数 grep は 1 個のファイルでスキャンを実行し、1 行 1 行について match を呼び出す。

```
/* grep: ファイル中で正規表現を検索 */
int grep(char *regexp, FILE *f, char *name)
{
    int n, nmatch;
    char buf[BUFSIZ];

    nmatch = 0;
    while (fgets(buf, sizeof buf, f) != NULL) {
        n = strlen(buf);
        if (n > 0 && buf[n-1] == '\n')
            buf[n-1] = '\0';
        if (match(regexp, buf)) {
            nmatch++;
            if (name != NULL)
                printf("%s:", name);
            printf("%s\n", buf);
        }
    }
    return nmatch;
}
```

メインルーチンはファイルをオープンできなくてもプログラムを終了させない。こういう設計にしたのは、次のように実行したときに、ディレクトリ中に読めないファイルが存在するケースがよくあるためだ。

```
% grep herpolhode *.*
```

grepの処理を途中で打ち切ると、問題のファイルを除外するためにユーザーがファイル名を1個1個手で打ち込まざるを得なくなってしまう。それよりも、障害を報告してgrepの処理を継続させたほうがいい。また、grepはファイル名とマッチする行を表示するが、標準入力か1個だけのファイルから読んでいる場合にはファイル名を表示しない点に注目。妙な設計だと思うかもしれないが、これは経験に基づく設計であり、grepの慣習的な使われ方を反映している。入力が1個しか与えられなかった場合のgrepの任務は通常は行を抽出することなので、ファイル名を出力しても邪魔になるだけだ。しかし多くのファイルで検索するように指示された場合の任務はたいてい何かが出現する行をすべて見つけ出すことなので、ファイル名の情報が役に立つ。次のコマンドを

```
% strings markov.exe | grep 'DOS mode'
```

次のように実行した場合と比べてみよう。

```
% grep grammer chapter*.txt
```

こうした特色もgrepの普及に貢献しており、自然で有意義なツールを作成するには記法を人間工学と組み合わせなければならないことを示している。

我々のmatchの実装は、マッチするものが見つかると即座にリターンするようになっている。grepならこのデフォルトの動作で差し支えない。しかしテキストエディタで置き換え（検索置換）機能を実装する場合には、**最左最長**マッチングのほうが望ましい。たとえば“aaaaa”というテキストで、パターンa*はテキストの先頭にあるヌル文字列にマッチするが、それよりも5個のa全部にマッチしたほうが自然に感じられるはずだ。matchで最左最長文字列を見つけるようにするためには、matchstrが**欲張りな**動作をするように書き直さなければならない。つまり、テキストの1文字1文字を左から右に調べていくのではなく、アスタリスクのオペランドにマッチする最長の文字列をスキップして、文字列の残りの部分がパターンの残りの部分とマッチしなかった場合には、後戻りする必要がある。要するに、右から左に動作する必要があるのだ。最左最長マッチングを実行するバージョンのmatchstarを次に示す。

```
/* matchstar: c*regexpを最左最長検索 */
int matchstar(int c, char *regexp, char *text)
{
    char *t;

    for (t = text; *t != '\0' && (*t == c || c == '.'); t++)
        ;
    do { /* *はゼロ回以上の繰り返しにマッチ */
        if (matchhere(regexp, t))
            return 1;
    } while (t-- > text);
    return 0;
}
```

grepの場合には、どちらのマッチングだろうと関係ない。単にマッチするものが存在するかどうかをチェックして、その行全体を表示するだけだからだ。最左最長マッチングのほうが作業量が多くなるのでgrepには向かないが、置換処理を実行する場合にはこれが必要不可欠になる。

正規表現をサポートしているにもかかわらず、我々のgrepはシステム付属のバージョンにひけをとらない。入力がaaaaaaaaacだった場合のa*a*a*a*a*bのように、異常な正規表現によって指数的ふるまいが引き起こされる可能性もあるが、この指数的ふるまいは一部の市販の実装にも見られる。Unixのegrepというgrepの一種にはもっと高度なマッチングアルゴリズムが採用されており、部分マッチが失敗した場合でもバックトラックしないことによってリニアな性能を確保している。

すべての正規表現を扱えるように match を拡張してみてはどうだろうか。その場合には、アルファベット文字にマッチする [a-zA-Z] のような文字クラスやメタ文字の引用機能（たとえばリテラルのピリオドを検索するため）、かっこを使ったグループ化、選択（「abc または def」）といった機能を追加することになる。最初の手順は、パターンをもっとスキャンしやすい表現にコンパイルして match を助けてやることだ。文字クラスを文字と比較するたびに解析するのは高くつくからだ。事前にビットベクタベースの表現を用意しておけば、文字クラスの効率は格段に向上するだろう。かっこや選択を含めてすべての正規表現をサポートすると実装がかなり複雑にならざるを得ないが、実装する際にはこの章で後述するテクニックをいくつか応用できる。

問題 9-6 通常のテキストを検索する場合の match の性能を strstr と比較せよ。

問題 9-7 matchhere の非再帰バージョンを書いて、性能を再帰バージョンと比較せよ。

問題 9-8 grep にオプションを追加せよ。代表的なオプションとしては、マッチの意味を逆にする-v、アルファベットの大文字と小文字を区別せずにマッチさせる-i、出力に行番号を含める-n などがある。行番号はどのように表示すべきだろうか。マッチしたテキストと同じ行に表示すべきだろうか。

問題 9-9 match に+演算子（1 回以上）と?演算子（0 回か 1 回）を追加せよ。a+bb?というパターンなら、1 文字以上の a に 1 文字か 2 文字の b が続く文字列という意味になる。

問題 9-10 match の現在の実装では、^と$は正規表現の先頭あるいは末尾以外の位置では特殊な意味を失い、*もリテラル文字かピリオドの直後に置かれていないときには特殊な意味が無効にされるようになっている。しかしそれよりも、前にバックスラッシュをつけてメタ文字を引用できる設計のほうが便利だろう。バックスラッシュがこのように処理されるように match を手直しせよ。

問題 9-11 match に文字クラスを追加せよ。文字クラスは、角かっこでくくられた文字のどれか1文字に対するマッチを表す。任意の小文字にマッチする [a-z] のような範囲指定を追加し、数字**以外の**任意の文字にマッチする [^0-9] のような意味を逆転させる機能を追加すればもっと便利になる。

問題 9-12 最左最長バージョンの matchstar を使用し、マッチしたテキストの先頭と末尾の文字位置を返すように match 変更せよ。それを利用してプログラム gres を開発せよ。gres は grep に似ているが、次のようにパターンにマッチしたテキストを新しいテキストに置換してからすべての入力行を表示する。

```
% gres 'homoiousian' 'homoousian' mission.stmt
```

問題 9-13 Unicode 文字の UTF-8 文字列に使えるように match と grep を修正せよ。UTF-8 と Unicode は ASCII の上位セットなので、この変更には上位互換性がある。検索されるテキストだけでなく正規表現も UTF-8 に対して正しく動作しなければならない。文字クラスはどのように実装したらいいだろうか。

問題 9-14 テスト用の正規表現と検索対象のテスト文字列を生成する、正規表現用の自動テスタを記述せよ。可能なら、基準の実装として既存のライブラリを利用すること。ひょっとすると既存のライブラリにもバグが見つかる可能性がある。

9.3 プログラマブルツール

特殊用途の言語を中心に据えているツールは数多く存在する。grep プログラムは、正規表現やその他の言語を使ってプログラミング上の問題を解決するツール群の一例にすぎない。

初期の実例のひとつに、コマンドインタープリタないしジョブコントロール言語があった。よく使うコマンドシーケンスをファイルに記述しておける機能は早くから実現されており、そのファイルを入力としてコマンドインタープリタつまり**シェル**のインスタンスを実行できるようになっていた。その後すぐに、パラメータや条件実行、ループ、変数などといった伝統的なプログラミング言語の装飾がシェルに施されることになる。プログラミング言語との大きな違いは、データ型が1種類（文字列）しか存在せず、有益な処理を実行する独立したプログラムがシェルプログラムの演算子として使われる傾向があったことだ。現在ではシェルプログラミングの人気が下火になり、コマンド環境では Perl、グラフィカルユーザーインターフェイス環境ではプッシュボタンなどに地位を譲ることが多いが、それでも今なお単純な部品から複雑な処理を構築する効果的な手段であることには変わりがない。

Awk もプログラマブルツールの実例で、これは入力ストリームの取捨選択と加工を目的としたパターン-アクション型の小さな専用言語だ。3 章で見たように、Awk は入力ファイルを読んで、個々の行を自動的に`$1`から`$NF`（`NF`はその行に存在するフィールド数）までのフィールドに分解する。多くの一般的な作業に適した動作がデフォルトとして組み込まれているため、便利なプログラムを 1 行で書くのも可能だ。たとえば次の Awk プログラムは、それぞれの入力行の「単語」を 1 行に 1 語ずつ表示する。

```
#  split.awk: 入力を分解して 1 行に 1 語ずつ表示
{ for (i = 1; i <= NF; i++) print $i }
```

それとは逆の例として、それぞれの出力行に単語を詰め込む（最大 60 文字まで）`fmt`の実装を紹介しよう。空行は段落の区切りとして扱われる。

```
#  fmt.awk: 1 行当たり 60 文字に整形

/./ { for (i = 1; i <= NF; i++) addword($i) } #  空でない行
/^$/ { printline(); print "" }                #  空行
END { printline() }

function addword(w) {
    if (length(line) + 1 + length(w) > 60)
        printline()
    if (length(line) == 0)
        line = w
    else
        line = line " " w
}

function printline() {
    if (length(line) > 0) {
        print line
        line = ""
    }
}
```

我々はこの fmt をメールメッセージなどの短い文書の段落を整形するのによく利用するし、3章のマルコフプログラムの出力を清書するのにも使っている。

プログラマブルツールは、狭い領域の問題の解を自然な形で表現するために設計された小さな言語に起源を持つケースが多い。その好例として数式組版用の Unix ツール eqn がある。これの入力用言語は数学者が式を声に出して言うときの読み方に近く、たとえば $\frac{\pi}{2}$ なら pi over 2 と記述される。TEX もこれと同じアプローチにしたがっていて、この式の TEX による記法は\pi \over 2 になる。自分が解決しようとしている問題に自然な記法や一般的な記法があるときには、それをそのまま使うか、少なくともそれをベースにするようにしよう。まったく新規に考案したりはしないこと。

Awk はもともと、正規表現を利用して電話の通話量の記録から異常なデータを抽出するプログラムにヒントを得て開発されたが、変数や式やループなどといった機能があるため、Awk は真正のプログラミング言語となっている。一方 Perl と Tcl は、小さな言語の使い勝手と表現力に大きな言語のパワーを組み合わせるように最初から設計されている。これらはテキスト処理に使われるケースが多いものの、実際には汎用言語だ。

こうしたツールは、プログラムの決まり切った「筋書き」(script) を実行できるにすぎなかった初期のコマンドインタープリタから発展してきた経緯から、**スクリプト言語**と総称されている。スクリプト言語では正規表現をクリエイティブに利用できるようになっており、それをパターンマッチングに利用できる（特定のパターンが出現したことを認識する）だけでなく、加工するテキストの範囲を表現するのにも利用できる。その実例が、以下に紹介する Tcl プログラムの2か所に出てくる regsub（正規表現置換）コマンドで見られる。このプログラムは4章に出てきた株価取得プログラムをほんの少し汎用化したもので、指定された最初の引数を URL として使用するようになっている。1番目の置換コマンドは http://という文字列があったらそれを除去し、2番目のコマンドは最初の/を空白に置き換える。これによって引数が2つのフィールドに分解される。lindex は、文字列からフィールド (先頭は0) を抽出するコマンドだ。また、[] でくくられたテキストは Tcl コマンドとして実行されて、その結果得られたテキストに置き換えられる。$x は変数 x の値に置き換えられる。

```
#  geturl.tcl: URL から文書を取得
#  入力の形式は、[http://]abc.def.com[/...]

regsub "http://" $argv "" argv  ;    #  http://があれば削除
regsub "/" $argv " " argv       ;    #  最初の/を空白に

set so [socket [lindex $argv 0] 80] ;#  ネットワークに接続
set q "/[lindex $argv 1]"

puts $so "GET $q HTTP/1.0\n\n"  ;    #  要求を送信
flush $so
while {[gets $so line] >= 0 && $line != ""} {} ;#  ヘッダをスキップ
puts [read $so] ;                    #  応答全体を読んで出力
```

このスクリプトによって膨大な出力が生成される場合が多いが、その大半は<と>でくくられたHTMLタグだ。Perlはテキスト置換が得意なので、これの次のツールとして、正規表現と置換を駆使してタグを除去するPerlスクリプトを使うことにしよう。

```
#  unhtml.pl: HTML タグを除去

while (<>) {              #  入力行を連結してすべての入力を
    $str .= $_;           #  1個の文字列にまとめる
}
$str =~ s/<[^>]*>//g;     #  <...>を削除
$str =~ s/ / /g;     #    を空白に置換
$str =~ s/\s+/\n/g;       #  空白を抑制
print $str;
```

この例はPerl語を話さない人にはチンプンカンプンだろう。次の構文は

```
$str =~ s/regexp/repl/g
```

正規表現`regexp`にマッチ（最左最長）する`str`中のテキストを、文字列`repl`に置換する。最後の`g`は「グローバル」を表し、マッチする最初の文字列だけでなく、マッチするすべての文字列に対して動作を実行するという意味だ。メタ文字シーケンス`\s`は空白文字（スペースやタブや改行など）の略記で、`\n`は改行を表す。“` `”は2章に出てきたのと同様のHTML文字で、分割禁止空白文字を表している。

これらをすべて組み合わせれば、賢くはないがきちんと機能するWebブラウザを1行のシェルスクリプトで実現できるようになる。

```
#  web: Webページを取得し、HTMLは無視してテキストを整形
geturl.tcl $1 | unhtml.pl | fmt.awk
```

このスクリプトは、Webページを取得し、制御情報や書式情報をすべて捨て、独自のルールにしたがってテキストを清書する。これはWebからテキストページをとってくる手軽な手段となる。

この例では、Tcl、Perl、Awkというようにそれぞれ得意分野を持つ別々の言語を段階的に組み合わせ、さらにそれぞれの言語の中で正規表現を使っている点に注目してほしい。記法のパワーは、個別の問題にふさわしい記法を利用することで得られる。Tclはネットワーク経由でテキストを取得するのがとくに得意だし、PerlとAwkはテキストの編集や整形に向いている。そして正規表現は、言うまでもなく検索や修正の対象とするテキスト部分を指定するのに適している。こうした言語は、単独で使われた場合よりも組み合わせて使われたときのほうがさらに威力を発揮する。適切な記法を利用するメリットが得られる場合には、作業を部品単位に分解してみるといいだろう。

9.4 インタープリタ、コンパイラ、仮想マシン

プログラムはどのようにしてソースコードの形から実行に移されるのだろうか。`printf`やこれまでに紹介した非常に単純な正規表現などのような単純な言語なら、ソースコードから直接実行できる。これは簡単だし、必要なセットアップ時間も非常に短い。

セットアップ時間と実行速度の間にはトレードオフが存在する。複雑な言語の場合には、一般的にはソースコードを実行に都合のいい効率的な内部表現に変換するのが望ましい。最初にソースコードを処理するのに少々時間がかかるが、この点は実行が高速化されることで補償される。変換作業と実行作業を単一のプログラムに組み込んで、それによってソーステキストの読み込みと変換と実行を行なうプログラムを**インタープリタ**と言う。AwkとPerlは、ほかの多くのスクリプト言語や特殊用途の言語と同様にインタープリタだ。

3番目の方式は、プログラムが動作する特定のコンピュータに合った命令を生成するやり方で、コンパイラがこれに当たる。事前にもっとも多くの処理と時間が必要になるが、その後の実行は最高速になる。

しかしこれ以外の方式も存在する。たとえばこのセクションで取り上げるように、任意の本物のコンピュータでシミュレート可能な、架空のマシン（**仮想マシン**）用の命令にプログラムをコンパイルするやり方がある。仮想マシンには、従来のイン

タープリタやコンパイラの長所が数多く備わっている。

言語が単純なら、プログラムの構造を解析して内部形式に変換するのにそれほど処理がかからない。しかし言語に複雑な要素（宣言、ネスト構造、文や式の再帰的定義、演算子の優先順位など）が含まれている場合には、入力を解析して構造を判定するのにかなり手間がかかる。

構文解析用のパーサは、自動パーサジェネレータの助けを借りて記述されることが多い。こうしたジェネレータはコンパイラ-コンパイラとも呼ばれ、yacc や bison などがある。この種のプログラムは、**文法**と呼ばれる言語の記述を翻訳し、それを（通常は）C や C++のプログラムとして生成する。そしてそれがコンパイルされれば、言語の文を内部表現に変換するプログラムとなる。文法から直接パーサを生成することも、優れた記法のパワーを示す実例と言えるだろう。

パーサによって通常生成される表現はツリーであり、これは演算子を含む内部ノードとオペランドを含むリーフで構成される。

```
a = max(b, c/2);
```

この文によって、たとえば次のような解析木（構文木）が生成される。

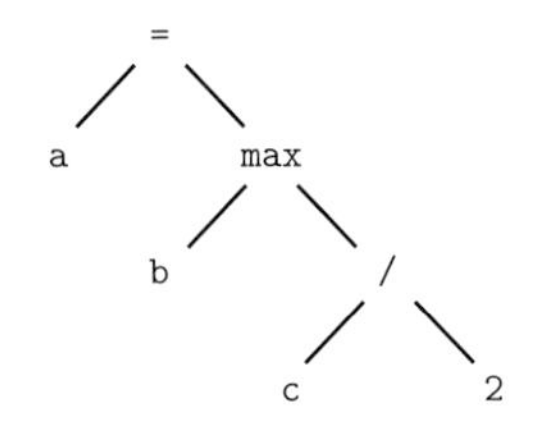

解析木の作成と処理には、2 章で紹介したツリーアルゴリズムの多くが応用できる。

いったんツリーができあがれば、その先にはさまざまな手法が存在する。Awk で採用されているもっともダイレクトなやり方は、ツリーを直接たどっていって、その都度ノードを評価する方法だ。整数式ベースの言語用にこうした評価ルーチンの簡易版を記述するとすれば、次のように後順走査を実行することになる。

```
typedef struct Symbol Symbol;
typedef struct Tree Tree;

struct Symbol {
    int value;
    char *name;
};
```

```
struct Tree {
    int op;          /* 演算コード */
    int value;       /* 数値なら値 */
    Symbol *symbol; /* 変数ならシンボルエントリ */
    Tree *left;
    Tree *right;
};

/* eval: バージョン1: ツリー式を評価 */
int eval(Tree *t)
{
    int left, right;
    switch (t->op) {
    case NUMBER:
        return t->value;
    case VARIABLE:
        return t->symbol->value;
    case ADD:
        return eval(t->left) + eval(t->right);
    case DIVIDE:
        left = eval(t->left);
        right = eval(t->right);
        if (right == 0)
            eprintf("divide %d by zero", left);
        return left / right;
    case MAX:
        left = eval(t->left);
        right = eval(t->right);
        return left>right ? left : right;
    case ASSIGN:
        t->left->symbol->value = eval(t->right);
        return t->left->symbol->value;
    /* ... */
    }
}
```

最初のほうに並んでいるケースでは定数や値のような単純な式が評価され、その後のケースでは算術式が評価されている。これ以外にも、特殊な処理や条件式やループを実行するケースを記述することになるはずだ。制御構造を実装するためには、制御フローを表現する追加情報（ここでは取り上げない）がツリーに必要になる。

pack と unpack の場合のように、この素朴な switch 文は関数ポインタのテーブルを使って書き直せる。個々の演算子の処理は switch 文中の処理とほとんど同じだ。

```
/* addop: 2つのツリー式の合計を返す */
int addop(Tree *t)
{
    return eval(t->left) + eval(t->right);
}
```

関数ポインタのテーブルでは、この演算を実行する関数に次のように演算子を関連づける。

```
enum { /* 演算コード: Tree.op */
    NUMBER,
    VARIABLE,
    ADD,
    DIVIDE,
    /* ... */
};

/* optab: 演算子関数テーブル */
int (*optab[])(Tree *) = {
    pushop,    /* NUMBER */
    pushsymop, /* VARIABLE */
    addop,     /* ADD */
    divop,     /* DIVIDE */
    /* ... */
};
```

評価関数では、演算子を関数ポインタのテーブルに対するインデックスとして利用して適切な関数を呼び出す。このバージョンでは別の関数が再帰的に呼び出される。

```
/* eval: バージョン2: 演算子テーブルによってツリーを評価 */
int eval(Tree *t)
{
    return (*optab[t->op])(t);
}
```

どちらのバージョンの eval も再帰的に動作する。再帰を回避する手段はいろいろ存在し、たとえば呼び出しスタックを完全にフラットに展開してしまう**織り糸コード**という賢いテクニックもある。一番巧妙な手法は、関数を配列に入れて、それを順番にたどってプログラムを実行することによって再帰を一切不要にしてしまうやり方だ。この配列が、小さな特定用途のマシンによって実行される命令シーケンスとなる。

ただし、計算中に部分的に評価された値を表現するためのスタックは依然として必要になる。これによって、関数の形態がこのように変化しても、関数をすっきり変換できるようになる。要するに我々は、命令が小さな関数であり、オペランドは独立したオペランドスタックに記憶される**スタックマシン**を作成するのだ。これは本物のマシンではないが、本物のマシンのようにプログラミングできるし、インタープリタとして簡単に実装できる。

この場合はツリーをたどって評価するのではなく、ツリーをたどってプログラム実行用の関数配列を生成することになる。この配列には命令が使用する定数や変数（シンボル）などのデータ値も格納されるので、配列の要素の型は共用体にしなければならない。

```
typedef union Code Code;
union Code {
    void (*op)(void); /* 演算子なら関数 */
    int value;        /* 数値なら値 */
    Symbol *symbol;   /* 変数ならシンボルエントリ */
};
```

次に紹介するのは、関数ポインタを生成して、それを上記の項目からなる配列 code に格納するルーチンだ。generate は式の戻り値を返すのではなく（これは生成されたコードが実行されたときに計算される）、次に生成される処理を指す code のインデックスを戻り値として返す。

```
/* generate: ツリーをたどって命令を生成 */
int generate(int codep, Tree *t)
{
    switch (t->op) {
    case NUMBER:
        code[codep++].op = pushop;
        code[codep++].value = t->value;
        return codep;
    case VARIABLE:
        code[codep++].op = pushsymop;
        code[codep++].symbol = t->symbol;
        return codep;
    case ADD:
        codep = generate(codep, t->left);
        codep = generate(codep, t->right);
        code[codep++].op = addop;
        return codep;
```

```
        case DIVIDE:
            codep = generate(codep, t->left);
            codep = generate(codep, t->right);
            code[codep++].op = divop;
            return codep;
        case MAX:
            /* ... */
        }
    }
```

a=max(b,c/2) という文なら、次のようなコードが生成される。

```
    pushsymop
    b
    pushsymop
    c
    pushop
    2
    divop
    maxop
    storesymop
    a
```

演算子関数はスタックを操作し、オペランドのポップと結果のプッシュを実行する。

このインタープリタは、プログラムカウンタにしたがって関数ポインタの配列をたどるループになっている。

```
    Code code[NCODE];
    int stack[NSTACK];
    int stackp;
    int pc; /* プログラムカウンタ */

    /* eval: バージョン3: 生成されたコードの式を評価 */
    int eval(Tree *t)
    {
        pc = generate(0, t);
        code[pc].op = NULL;

        stackp = 0;
        pc = 0;
        while (code[pc].op != NULL)
            (*code[pc++].op)();
        return stack[0];
    }
```

我々が考案したスタックマシンでは、本物のマシンならハードウェアで発生する動作がこのループによってソフトウェアでシミュレートされている。代表的な2種類の演算子のコードを次に示そう。

```
/* pushop: 数値をプッシュ - 値はコードストリーム中の次のワード */
void pushop(void)
{
    stack[stackp++] = code[pc++].value;
}

/* divop: 2つの式の比を計算 */
void divop(void)
{
    int left, right;

    right = stack[--stackp];
    left = stack[--stackp];
    if (right == 0)
        eprintf("divide %d by zero\n", left);
    stack[stackp++] = left / right;
}
```

ゼロによる除算のチェックがgenerateではなくdivopで実行される点に注目。

条件実行や分岐やループは、演算子関数の内部でプログラムカウンタを変更することによって関数配列中の別の位置に分岐するという形で処理される。たとえば**goto**ならpc変数の値が必ずセットされ、条件分岐なら条件が真の場合にのみpcがセットされる。

codeはもちろんこのインタープリタの内部でのみ使われる配列だが、仮に、生成されたプログラムをファイルに保存したい場合を想像してみよう。その際に関数アドレスを書き出したりすると、移植性に欠け、一時的にしか利用できない結果が出力されることになる。しかしたとえばaddopには1000、pushopには1001といった感じで関数を表現する定数を書き出すようにすれば、プログラムを読み込んで解釈する際にそれらを翻訳して関数ポインタに戻せるようになる。

この手順で生成されるファイルの中身を覗いてみたとするなら、我々の小さな言語の基本演算子を実装した仮想マシンの命令ストリームに見えるはずだ。generate関数は、実際には言語をこの仮想マシンの命令に翻訳するコンパイラなのだ。仮想マシンは昔流行したアイデアだが、JavaとJava Virtual Machine（JVM）によって最近再び脚光を浴びるようになった。仮想マシンによって、高級言語で記述されたプログラムに基づいてポータブルで効率的な表現を簡単に生成できるようになるからだ。

9.5 プログラムを記述するプログラム

generate関数のおそらくもっとも特筆すべき点は、これがプログラムを記述するプログラムだということだろう。この関数は、別の（仮想）マシン用の実行可能な命令ストリームを出力するからだ。これはソースコードをマシン命令に翻訳するという形でコンパイラがいつもやっている作業なので、発想自体は別段珍しいものではない。事実、プログラムを記述するプログラムはいろいろな形で存在している。

一般的な例のひとつにWebページ用のHTMLの動的な生成がある。HTMLは制約はあるにせよ一応言語だし、JavaScriptのコードもこれに挿入できるようになっている。Webページが即席で生成される場合にはPerlかCプログラムが使用されることが多く、その具体的な内容（検索結果や特定対象向けの広告）は到着する要求によって決定される。また我々は、本書のグラフや図表、数式、索引を作るのに専用の言語を使っている。さらにPostScriptも、ワードプロセッサや作図プログラムやそれ以外のさまざまなものによって生成されるプログラミング言語の実例と言える。本書の制作作業の最終段階では、本書全体は57,000行のPostScriptプログラムとして表現されている。

文書は静的なプログラムだが、任意の分野の問題に対する記法としてプログラミング言語を使用するというアイデアはきわめて強力だ。大昔のプログラマは、自分たちのプログラムをすべてコンピュータに書かせることを夢見ていた。おそらくそれは今後も夢でしかないだろうが、実際には現在のコンピュータは我々に代わって日常的にプログラムを書いてくれている。従来はそうしたプログラムがまったくプログラムとみなされていなかったにすぎないのだ。

プログラム生成プログラムの代表選手は、高級言語をマシンコードに翻訳するコンパイラだ。だが、一般的なプログラミング言語にコードを翻訳できると便利な場合も多い。たとえば前のセクションで触れたように、パーサジェネレータは言語の文法の定義を、その言語を解析するCプログラムに変換する。Cはこのような一種の「高級アセンブリ言語」的な使われ方をすることが多い。初期のModula-3やC++のように、コンパイラがCコードを生成し、そのコードが標準的なCコンパイラでコンパイルされるようになっていた汎用言語もある。このアプローチにはいくつかメリットがある。プログラムが基本的にはCプログラムと同程度の速さで動作するようになるので効率性が高いし、Cコンパイラが存在するあらゆるシステムにコンパイラを載せられるので移植性も高い。この点は、これらの言語が初期の段階で普及するのにおおいに貢献した。

また別の例として、Visual Basicのグラフィカルインターフェイスでは、ユーザーがマウスでメニューから選択して画面上に配置したオブジェクトを初期化するのに、一連のVisual Basicの代入文が生成されるようになっている。これ以外にも、ユーザーインターフェイスコードがマウスクリックによって生成される「ビジュアル」開発システムや「ウィザード」が装備されている言語はいろいろ存在する。

プログラムジェネレータのパワーにもかかわらず、そして優れた実例が数多く存在するにもかかわらず、この概念は正当に評価されているとは言えず、個人のプログラマに使われることはめったにない。しかしちょっとした場面でプログラムによってコードを生成できるケースはいくらでもあるので、そのメリットを活用して自分の役に立てるといいと思う。以下ではCやC++のコードを生成する例をいくつか紹介しよう。

Plan 9オペレーティングシステムは、名前とコメントを含んだヘッダファイルに基づいてエラーメッセージを生成するようになっている。その際にコメントはクォートでくくられた文字列に機械的に変換され、列挙子の値によってアクセス可能な配列に格納される。次にヘッダファイルの構造を示す。

```
/* errors.h: 標準エラーメッセージ */

enum {
    Eperm,  /* Permission denied */
    Eio,    /* I/O error */
    Efile,  /* File does not exist */
    Emem,   /* Memory limit reached */
    Espace, /* Out of file space */
    Egreg   /* It's all Greg's fault */
};
```

これを入力として与えれば、シンプルなプログラムによって次のようなエラーメッセージ用の宣言を生成できる。

```
/* machine-generated; do not edit. */

char *errs[] = {
    "Permission denied", /* Eperm */
    "I/O error", /* Eio */
    "File does not exist", /* Efile */
    "Memory limit reached", /* Emem */
    "Out of file space", /* Espace */
    "It's all Greg's fault", /* Egreg */
};
```

このアプローチにはいくつかメリットがある。まず、enum値とそれによって表現される文字列との関係が一目瞭然で、自然言語を切り離して別個に扱うのが簡単になる。また、情報が1回しか登場せず、その「ただ1つの真実」に基づいてほかのコードが生成されるので、1か所だけで情報をメンテナンスすれば済む。そういう場所が複数あると、そのうち必ず食い違いが生じてしまうだろう。さらに、ヘッダファイルが変更されても、その都度簡単に.cファイルを作り直して再コンパイルできるようになる。エラーメッセージを変更しなければならないときでも、ヘッダファイルを修正してオペレーティングシステムをコンパイルするだけで済んでしまうのだ。そうすればメッセージが自動的に更新される。

これのジェネレータプログラムはどんな言語でも記述できるが、Perlのような文字列処理言語を使うと作業が楽になる。

```
#  enum.pl: enum+コメントからエラーメッセージを生成 */

print "/* machine-generated; do not edit. */\n\n";
print "char *errs[] = {\n";

while (<>) {
    chop; #  改行を除去
    if (/^\s*(E[a-z0-9]+),?/) {   #  最初の単語はE...
        $name = $1;               #  名前を保存
        s/.*\/\* *//;            #  /*までを削除
        s/ *\*\///;              #  */を削除
        print "\t\"$_\", /* $name */\n";
    }
}

print "};\n";
```

ここでも正規表現が活躍している。まず、最初のフィールドに識別子らしき文字列とカンマが存在する行が選択されている。最初の置換によってコメント中の空白でない最初の文字までがすべて削除され、2番目の置換によってコメントの終了マークとその前に空白があればそれもすべて削除される。

Andy Koenigは、コンパイラのテスト作業の一環として、コンパイラがプログラムのエラーを捕捉したかどうかをチェックするための便利なC++コードの記述方法を考案した。それは、コンパイラの診断を引き起こすはずのコード部分に、期待されるメッセージを記述した魔法のコメントをつけることだ。それぞれの行には（通常のコメントと区別するため）///で始まるコメントと、その行によって出力される診断メッセージにマッチする正規表現を記述しておく。たとえば次の2種類のコードでは、きちんと診断が生成されなければならない。

```
int f() {}
    /// warning.* non-void function .* should return a value
void g() {return 1;}
    /// error.* void function may not return a value
```

我々が使っているC++コンパイラに2番目のテストをかけると、上記の正規表現と一致した期待されるメッセージが表示される。

```
% CC x.c
"x.c", line 1: error(321): void function may not return a value
```

こうした個々のコードがコンパイラに与えられて、期待される診断メッセージとその出力が比較される（この手順はシェルプログラムとAwkプログラムの組み合わせによって制御される）。比較に失敗した場合には、そのテストで期待される出力とコンパイラの出力の間に食い違いが生じたことになる。コメントは正規表現なので出力結果の多少のばらつきには対応できるし、必要に応じて許容する度合を調整できる。

コメントに意味を持たせるというのは決して新しいアイデアではない。その例はPostScriptにも見られる。PostScriptの通常のコメントは%で始まるが、%%で始まるコメントには慣習上ページ数や版面のサイズ、フォント名などに関する追加情報を記述できることになっている。

```
%%PageBoundingBox: 126 307 492 768
%%Pages: 14
%%DocumentFonts: Helvetica Times-Italic Times-Roman
            LucidaSans-Typewriter
```

Javaでは、/**で始まり*/で終わるコメントは、それに続くクラス定義のドキュメントを作成するのに利用される。こうした自己ドキュメントコードの大規模な形が**文芸的プログラミング**だ。これは、あるプロセスでは読むのに自然な順序でプログラムが表示され、別のプロセスではそれがコンパイルに適した順序に整列されるというように、プログラムとそのドキュメントを統合することを表す概念だ。

上記のすべての例に見られる重要なポイントは、記法の役割と言語の混合使用とツールの利用だ。これらを組み合わせることによって、個々のコンポーネントの威力がさらに増大する。

問題 9-15 コンピュータの世界に昔から伝わる遊びのひとつに、実行されると自分自身をソース形式でそっくりそのまま忠実にコピーするプログラムを書くことがある。これはプログラムを記述するプログラムの特殊ケースだ。自分の愛用の言語をいくつか使ってこれにトライしてみよ。

9.6 マクロによるコード生成

少しレベルを下げて考えれば、コンパイル時にマクロにコードを記述させるのも可能だ。本書では一貫してマクロと条件コンパイルの使用に警告を発してきた。これらは非常に問題の多いプログラミングスタイルを助長するからだ。しかしこれらにもそれなりの使い道はあり、テキスト置換がまさしく問題の正しい解になる場合もある。その1つの例は、繰り返し使用される定型のプログラム部品をC/C++マクロプリプロセッサを使って組み立てることだ。

たとえば7章の基本言語構文の速度を見積るプログラムは、Cプリプロセッサによって構文を定型コードに包み込むやり方でテストを作成している。このテストのエッセンスは、タイマを起動し、コードを何回も実行し、タイマを停止し、結果を報告するループに、テスト対象のコードを包むことにある。繰り返し出現するコードはすべて少数のマクロに閉じ込められ、計時対象のコードは引数として渡される。代表的なマクロは次のような形になっている。

```
# define LOOP(CODE) {                   \
    t0 = clock();                       \
    for (i = 0; i < n; i++) { CODE; } \
    printf("%7d ", clock() - t0);      \
}
```

バックスラッシュによってマクロの本体を複数の行にわたって書けるようになる。このマクロは基本的には次のような「文」で使われる。

```
    LOOP(f1 = f2)
    LOOP(f1 = f2 + f3)
    LOOP(f1 = f2 - f3)
```

これ以外に初期化用の文が使われることもあるが、基本的な時間計測コードはこうした引数1個のコードで表現され、それがかなりの分量のコードに展開される。

マクロ処理は製品コードを生成するのにも使える。かつてBart Locanthiは、ある2次元グラフィックス演算子の効率重視バージョンを書いたことがある。`bitblt`または`rasterop`と呼ばれるこの演算子は、数多くの引数が複雑に組み合わせられるようになっているせいで高速化するのが難しい。丹念なケーススタディによってLocanthiはこの引数の組み合わせを個々のループにまとめ、別々に最適化できるようにした。そして上記の性能テストの例と同様に、個々のケースはマクロ置換によって生成され、すべてのバリエーションとともに1個の巨大なスイッチ文の中に配置された。元のソースコードは数百行だったが、それがマクロ処理によって展開されると数千行にもなった。マクロ展開されたこのコードは最適化されているとは言いがたかったが、問題の難しさを考えれば現実的だし、生成するのも非常に簡単だった。しかも高性能なコードと同様に、移植性も比較的高かった。

問題 9-16 問題7-7では、C++のさまざまな処理のコストを計測するプログラムを記述した。このセクションのアイデアを応用して、そのプログラムの別のバージョンを記述せよ。

問題 9-17 問題7-8ではJava用のコストモデルを作成したが、Javaにはマクロ機能がない。そこでこの問題を解決するために、自分の好きな（1つないし複数の）言語を使って、Javaバージョンのプログラムを生成して実行時間の計測を自動化するプログラムを記述せよ。

9.7 オンザフライコンパイル

前のセクションではプログラムを記述するプログラムについて解説した。どの実例でも、生成されるプログラムはソース形式であり、コンパイルされるか解釈されなければ実行できない。しかしソースではなくマシン命令を生成すれば、そのままで実行可能なコードを生成できる。これを「オンザフライ」あるいは「ジャストインタイム」コンパイルと呼ぶ。前者のほうが古い用語だが、JITという略語を含めて後者の用語のほうがよく使われる。

コンパイルされたコードには必ずしも移植性があるわけではない（1種類のプロセッサでしか動作しない）が、動作はきわめて高速だ。次の式を考えてみよう。

```
max(b, c/2)
```

この計算は`c`を評価して2で除算し、その結果を`b`と比較して大きいほうを選択しなければならない。この章で紹介した仮想マシンを使ってこの式を評価する場合には、`divop`中のゼロによる除算のチェックは不要になる。2はゼロにはなり得ないので、チェックする意味がないからだ。しかし我々が紹介したどの仮想マシンの実装方法でも、このチェックを取り除く手立てはない。どの実装の除算演算も除数をゼロと比較している。

こういう場合に役に立つのがコードの動的な生成だ。あらかじめ定義しておいた処理をそのまま展開するのではなく、この式のコードを直接生成するようにすれば、ゼロでないとわかっている除数に対するゼロ除算チェックを回避できる。だが実際にできることはそれだけではない。max(3*3, 4/2) のように式全体が一定なら、コードを生成する際に 1 回だけ評価して、それを 9 という定数値に置き換えてしまえばいいのだ。この式がループ中に登場する場合にはループが一巡するたびに時間を節約できるし、ループが相当な回数実行されるのであれば、式を解析してそれ用のコードを生成するのに必要なオーバーヘッドは十分に補われる。

記法はあくまでも問題を表現する一般的な手段にすぎないが、ここで重要なのは、その記法用のコンパイラでは具体的な計算の細かい部分のコードをカスタマイズできるということだ。たとえば正規表現用の仮想マシンなら、リテラル文字にマッチする次のような演算子を用意することになる。

```
int matchchar(int literal, char *text)
{
    return *text == literal;
}
```

しかしある特定のパターン用のコードを生成する場合には、与えられる literal の値は固定なので（たとえば 'x' ）、代わりに次のようなオペレータを利用できるはずだ。

```
int matchx(char *text)
{
    return *text == 'x';
}
```

さらに、個々のリテラル文字の値に専用のオペレータをあらかじめ定義しておくのではなく、今手もとにある正規表現に現実に必要なオペレータ用のコードだけを生成したほうが物事が単純になる。この発想をあらゆる処理に広げれば、現在の正規表現をその表現に最適化された専用のコードに翻訳するオンザフライコンパイラを書けるはずだ。

Ken Thompson はまさにこの方法によって 1967 年に IBM 7094 上に正規表現を実装した。彼のバージョンは、正規表現に含まれるさまざまな処理を小さなブロック単位の 7094 バイナリ命令として生成し、それらを互いに組み合わせたものを通常の関数のように呼び出すことによってプログラムを実行するようになっていた。これと同様のテクニックは、グラフィックスシステムで画面更新用の具体的な命令シーケンスを生成する場合にも応用できる。グラフィックスシステムでは特殊なケースが非常に多く発生するので、それらをすべて事前に記述しておいたり汎用的なコードに条件テストを入れたりするよりも、発生した個々のケースに合わせてコードを動的に生成するほうが効率が向上する。

本物のオンザフライコンパイラを開発する手順を説明するには、特定の命令セットの細部に深入りせざるを得なくなる。本書ではそこまで深く説明しないが、いくらかページを割いてこうしたシステムの仕組みを紹介するのも無駄ではないだろう。このセクションの残りの部分からは、実装上の細かい話ではなくこれの発想や考え方を読み取ってほしい。

我々の仮想マシンは、最終的には次のような構造になっていた。

```
Code code[NCODE];
int stack[NSTACK];
int stackp;
int pc; /* プログラムカウンタ */
    ...
    Tree *t;

    t = parse();
    pc = generate(0, t);
    code[pc].op = NULL;
    stackp = 0;
    pc = 0;
    while (code[pc].op != NULL)
        (*code[pc++].op)();
    return stack[0];
```

このコードをオンザフライコンパイル用にするには、いくつか変更を施さなければならない。まず、code 配列を、関数ポインタの配列ではなく実行可能な命令の配列にする。命令の型を char にするか int にするか long にするかはコンパイルの対象となるプロセッサによるが、ここではそれが int だとしよう。コードが生成されたら我々はそれを関数として呼び出す。プロセッサ自身の実行サイクルによって勝手にコードが順にたどられていくので、仮想プログラムカウンタは不要になる。そして計算が完了すれば通常の関数のようにリターンする。また、マシン用のオペランドスタックを別個に管理するやり方のほかに、プロセッサ自身のスタックを使う手もある。どちらのアプローチにもメリットはあるが、我々はそのまま別個のスタックを使うことにし、コード自体のディテールに専念することにした。これによって実装は次のような感じになる。

```
typedef int Code;
Code code[NCODE];
int codep;
int stack[NSTACK];
int stackp;
    ...
    Tree *t;
    void (*fn)(void);
    int pc;

    t = parse();
    pc = generate(0, t);
    genreturn(pc);         /* 関数リターンシーケンスを生成 */
    stackp = 0;
    flushcaches();         /* メモリとプロセッサを同期させる */
    fn = (void(*)(void)) code; /* 配列を関数のポインタにキャスト */
    (*fn)();               /* 関数を呼び出す */
    return stack[0];
```

generateが終了すると、生成されたコードからevalに制御を戻すための命令がgenreturnによって配置される。

関数flushcachesは、生成されたばかりのコードをプロセッサが実行できるようにするのに必要な手順を示している。現代のマシンが高速に動作する理由の一端は、命令用とデータ用のキャッシュが搭載されていることと、連続した多くの命令の実行をオーバーラップさせる内部**パイプライン**が存在することにある。こうしたキャッシュやパイプラインは命令ストリームが静的だと思っているので、実行直前に我々がコードを生成したりするとプロセッサが混乱する可能性がある。だから新たに生成された命令をCPUが実行するためには、その前にCPUのパイプラインとキャッシュを空にしておかなければならないのだ。この点はマシンに大きく依存する処理なので、flushcachesの実装は具体的なコンピュータのタイプによって違ってくるはずだ。

(void(*)(void)) codeという変わった表現は、生成された命令を含んだ配列のアドレスを関数ポインタに変換するキャストであり、これによってそのコードを関数として呼び出せるようになる。

コードを生成すること自体は技術的にそれほど難しい作業ではないが、効率よく生成するには相当な手腕が必要だ。ここではまず基本的な部品から作っていこう。以前と同じように、code配列とそれに対するインデックスはコンパイル作業中保持される。話を単純にするために、先ほどと同様にこれらは両方ともグローバルだとしよう。そうすれば命令を生成する関数は次のように書ける。

```
/* emit: 命令をコードストリームに追加 */
void emit(Code inst)
{
    code[codep++] = inst;
}
```

命令自体は、プロセッサに依存するマクロか、命令ワードのフィールドを埋めることによって命令を組み立てる小さな関数によって定義できる。ここでは仮に、スタックから値をポップしてプロセッサレジスタに入れるコードを生成する popreg という関数と、レジスタ中の値を取り出してスタックにプッシュするコードを生成する pushreg という関数があるとしよう。その場合、我々の改訂された addop 関数ではこの2つの関数が下のように利用されることになる。ここでは、命令を表す定数（ADDINST など）と命令のレイアウトを示す定数（形式を表すさまざまな位置用の SHIFT）があらかじめ定義されているとする。

```
/* addop: generate ADD instruction */
void addop(void)
{
    Code inst;

    popreg(2);    /* スタックをレジスタ2にポップ */
    popreg(1);    /* スタックをレジスタ1にポップ */
    inst = ADDINST << INSTSHIFT;
    inst |= (R1) << OP1SHIFT;
    inst |= (R2) << OP2SHIFT;
    emit(inst);  /* ADD R1, R2 を出力 */
    pushreg(2);  /* レジスタ2の値をスタックにプッシュ */
}
```

これはまだほんの出発点にすぎない。本物のオンザフライコンパイラを書くのであれば、最適化を施す必要があるだろう。たとえば定数を加算する場合なら、その定数をいちいちスタックにプッシュしてポップして加算したりする必要などなく、直接そのまま加算するだけで済む。これと同じように考えていけば、オーバーヘッドをかなり減らしていける。しかしこのリストのままの addop でも、以前に書いたバージョンに比べればはるかに高速に動作する。さまざまな演算子が関数呼び出しとして配置されているわけではないからだ。演算子を実行するコードはメモリ中に単独の命令ブロックとしてレイアウトされ、命令の順次実行はすべてプロセッサの本物のプログラムカウンタがやってくれる。

generate 関数は仮想マシンバージョンそっくりに見える。しかしこちらの場合には、定義済みの関数ポインタではなく本当のマシン命令が生成される。効率の高いコードを生成するためには、除去できる定数を探すなどの最適化作業に多少手間をかける必要がある。

駆け足でコード生成について見てきたが、ここでは現実のコンパイラに使われているテクニックのほんのさわりを説明したにすぎないし、まったく紹介しなかったテクニックも数多く存在する。また、現在のCPUの複雑な仕組みから生じる問題の大半についても割愛した。しかし、プログラムによって問題の記述を分析して、それを効率よく解決する特定用途のコードを生成できるということはわかってもらえたと思う。こうしたアイデアを応用すれば、猛烈な速度で動作するgrepを書いたり、自分で考案した小さな言語を実装したり、特殊用途の計算用に最適化された仮想マシンを設計して作成したり、さらにはちょっとした手助けがあれば自分の興味のある言語のコンパイラを書いたりできるようになるだろう。

正規表現はC++のプログラムとは大きく違っているが、どちらも問題を解決するための記法にすぎない。正しい記法を選択すれば多くの問題はもっと解決しやすくなる。それに、記法を設計して実装するのはとても楽しい作業だ。

問題 9-18 max(3*3, 4/2)のように定数しか含まない式を式の値に置き換える機能があれば、オンザフライコンパイラはもっと高速なコードを生成できるようになる。こうした式を見つけたときに、その値をどのように計算したらいいだろうか。

問題 9-19 オンザフライコンパイラはどのようにテストしたらいいだろうか。

9.8 参考文献

Brian KernighanとRob Pikeの『*The Unix Programming Environment*』*1(Prentice Hall社刊、1984年)には、Unixが非常に得意とする、ツールを駆使したコンピュータ利用アプローチが詳しく解説されている。同書の8章では、簡単なプログラミング言語の完全な実装がyaccの文法から実行可能コードに至るまで紹介されている。

Don Knuthの『*TEX: The Program*』(Addison-Wesley社刊、1986年)には、複雑なテキスト清書プログラムの全ソースコード(Pascalで約13,000行)が「文芸的プログラミング」のスタイルで掲載されている。ここでは解説とプログラムテ

*1 (邦訳)『UNIXプログラミング環境』Brian W. Kernighan、Rob Pike著、石田晴久監訳、野中浩一訳、アスキー、1985

キストが統合されており、ドキュメントを清書するのにもコンパイル可能なコードを取り出すのにもプログラムが利用されるようになっている。Chris Fraser と David Hanson の『*A Retargetable C Compiler: Design and Implementation*』（Addison-Wesley 社刊、1995 年）では、それと同じことが ANSI C コンパイラについて行われている。

Java 仮想マシンについては、Tim Lindholm と Frank Yellin の『*The Java Virtual Machine Specification, 2nd Edition*』*2（Addison-Wesley 社刊、1999 年）に解説されている。

この章で出てきた Ken Thompson のアルゴリズム（もっとも初期のソフトウェア特許のひとつ）は、“Regular Expression Search Algorithm”（「*Communications of the ACM*」, 11, 6, pp.419-422, 1968）に解説されている。正規表現については、Jeffrey E. F. Friedl の『*Mastering Regular Expressions*』*3（O'Reilly 社刊、1997 年）に詳しい。

2 次元グラフィックス処理用のオンザフライコンパイラは、Rob Pike、Bart Locanthi、John Reiser による“Hardware/Software Tradeoffs for Bitmap Graphics on the Blit”（「*Software - Practice and Experience*」、15, 2, pp. 131-152, 1985 年 2 月）に解説されている。

---

*2　（邦訳）（原書初版に対応）『Java 仮想マシン仕様』Tim Lindholm、Frank Yellin 著、野崎裕子訳、アジソン・ウェスレイ・パブリッシャーズ・ジャパン、1997

*3　（邦訳）『詳説正規表現』Jeffrey E.F.Friedl 著、歌代和正監訳、春遍雀来、鈴木武生共訳、オライリー・ジャパン、1999

エピローグ

人が歴史から学ぶことができたなら、歴史は我々にいかなる教訓を与えてくれるだろうか。だが、我々の目は感情と利害に覆われ、経験のもたらす光明も船尾にともるカンテラにすぎず、我々の背後に遠ざかる波を照らすだけなのだ。

Samuel Taylor Coleridge, *Recollections*

コンピュータの世界は常に変化し続けており、そのペースはさらに加速しているように思われる。プログラマは新しい言語や新しいツールや新しいシステムに対応しなければならないし、もちろん以前のものとの互換性を欠く変更にも対処しなければならない。プログラムはますます巨大化し、インターフェイスはますます複雑になり、納期はますます短くなる。

しかしある程度安定した定数もあり、過去の教訓や発想が未来に役立つ場合がある。本書の根本的なテーマはこうした永続性のある概念に基づいている。

簡潔性と**明瞭性**は何よりも重要だ。これ以外のものはすべてここから派生すると言っても過言でない。有効な手段の中でもっとも単純なものを選ぶこと。十分な速度が見込めるもっとも単純なアルゴリズムと、作業に足りるもっとも単純なデータ構造を採用し、それらを組み合わせてきれいで明快なコードを書くこと。性能を計測した結果もっと巧妙な処理が必要なことが証明されない限り、それらを複雑にしてはならない。そして少なくとも複雑度の増加よりメリットのほうが大きいことを示す十分納得できる根拠が存在するのでない限り、インターフェイスはスリムで控え目なものにしておかなければならない。

簡潔性と関連することの多い概念に**一般性**がある。これによって、個別のケースごとに繰り返し問題を解決するのではなく、1回ですべてを解決できるようになるからだ。これはまた、移植性に対する正しいアプローチでもある。システム間の違いを増幅していくのではなく、すべてのシステムで機能する単一の一般解を見つけること。

進化がその次に来る。最初から完璧なプログラムを作るのは不可能だ。正しい解を発見するのに必要な洞察力は、思考と経験の組み合わせによってのみ得られる。頭の中で考えるだけでは優れたシステムは生まれないし、ハッキングからだけでも生まれない。ここではユーザーからの反応が重要な意味を持つ。プロトタイプの作成、実験、ユーザーのフィードバック、そして改良というサイクルがもっとも効果的だ。我々が個人的に使用する目的で作るプログラムはろくに進化しないことも多い。だが、我々が他人から購入する巨大なプログラムは目まぐるしく変化するが、必ずしも改良されるわけではない。

インターフェイスはプログラミングにおける戦いのかなりの部分を占めており、インターフェイスの問題はいろいろな場面で登場する。もっとも当たり前のケースはライブラリのインターフェイスだが、プログラム同士のインターフェイスやユーザーとプログラムのインターフェイスも存在する。簡潔性と一般性がとりわけ強く求められる分野がインターフェイスの設計だ。統一性があり、学習と使用が簡単なインターフェイスを採用すること。これに愚直に固執しよう。そのための効果的なテクニックが抽象化だ。完璧なコンポーネントやライブラリやプログラムを想像してみて、その理想にできる限りマッチするインターフェイスを作成しよう。実装のディテールは境界線の向こうの安全な場所に隠蔽すること。

自動化は過小評価されている概念だ。仕事は自分の手でやるよりもコンピュータにやらせた方がはるかに実効性がある。本書ではテストとデバッグと性能分析の場面でその実例を見てきたほか、コードの記述における自動化の例も紹介した。問題がそれにふさわしければ、人間が書くのが大変なプログラムでもプログラムによって生成できるのだ。

記法も過小評価されている。これは単にプログラマがコンピュータに作業を指示する方法ではない。記法はさまざまな種類のツールを実装するための有機的枠組をもたらし、プログラムを記述するプログラムの構造を導き出す。我々は大半のプログラミング作業に、大規模な汎用言語を何の不満も感じることなく使っている。しかし作業内容の範囲が狭くてわかり切っており、プログラミングするのがほとんど機械的な作業に感じられるようになってきたら、そろそろその作業を自然に表現する記法とそれを実装する言語を作成する時期だと言えるだろう。正規表現は我々のお気に入りの実例のひとつだが、特定用途のアプリケーション用に小さな言語を作る機会は無数にある。そのメリットを享受するには必ずしも高度な言語を作る必要はない。

特定の言語やシステムやツールを押しつけられ、自動化されてしかるべき作業をしていると、プログラマ個人としてはすぐに自分が巨大な機械の小さな歯車のように感じられてくるだろう。しかし長い目で考えれば、自分の手もとにあるものを駆使していかにうまく仕事をするかということが重要になる。本書のアイデアをいくつか応用すれば、自分のコードが扱いやすくなり、デバッグセッションの苦労が減り、自分のプログラミングにもっと自信が持てるようになるだろう。読者が本書を通して、自分のコンピュータ環境の生産性と実効性を向上させるヒントを得られることを願っている。

Appendix：ルール集

私の発見した真理はいずれも、のちに別の真理を見つけるルールとなって役立った。

René Descartes, *Le Discours de la Méthode*

章によっては、議論の主旨を一言で表現したルールや指針が登場する。参照の便宜を考えて、それらをここにまとめておくことにする。それぞれのルールは、その目的や対象を説明する文脈の中で提示されている点を忘れないこと。

スタイル

グローバルにはわかりやすい名前を、ローカルには短い名前を
統一しよう
関数には能動的な名前を
名前は的確に
構造がわかるようにインデントしよう
自然な形の式を使おう
かっこを使ってあいまいさを解消しよう
複雑な式は分割しよう
明快に書こう
副作用に注意
インデントとブレースのスタイルを統一しよう
慣用句によって一貫性を確保しよう
多分岐の判定には else-if を使おう
関数マクロはなるべく使うな
マクロの本体と引数はかっこに入れよう
マジックナンバーには名前をつけよう
数値はマクロではなく定数として定義しよう
整数ではなく文字定数を使おう
オブジェクトサイズは言語に計算させよう
当たり前のことはいちいち書くな
関数とグローバルデータにコメントを
悪いコードにコメントをつけるな、書き直せ

コードと矛盾させるな
あくまでも明快に、混乱を招くな

インターフェイス

実装の詳細を隠蔽しよう
直交性のある小さなプリミティブセットを選択しよう
ユーザーに内緒で何かをするな
同じことはどこでも同じように実行しよう
リソースの解放は割り当てと同じレイヤで
エラーの検出は低いレベルで、その処理は高いレベルで
例外は例外的な状況にのみ使用しよう

デバッグ

おなじみのパターンを見つけよう
最新の変更点は要チェック
同じ間違いを繰り返すな
デバッグは今すぐに
スタックトレースを取得しよう
打つ前に読め
自分のコードを他人に説明してみよう
バグを再現できるようにしよう
分割統治しよう
誤動作を「数字占い」で検証しよう
出力表示によってバグ探索範囲を狭めよう
自己検証コードを記述しよう
ログファイルを出力しよう
作図しよう
ツールを使おう
記録をとろう

テスト

境界をテストしよう
事前と事後の状態をテストしよう
アサーションを使おう

プログラミングは防御的に
エラーの戻り値をチェックしよう
テストはインクリメンタルに
テストは単純な部品から
期待される出力を把握しておこう
保存される性質を検証しよう
独立した実装同士を比較しよう
テストの網羅範囲を測定しよう
回帰テストを自動化しよう
自給自足テストを作成しよう

性　能

時間計測を自動化しよう
プロファイラを利用しよう
ホットスポットに神経を集中しよう
作図しよう
より優れたアルゴリズムやデータ構造を利用しよう
コンパイラの最適化を有効に
コードをチューニングしよう
関係ない部分を最適化するな
共通する式をまとめよう
高価な処理を安価な処理に置き換えよう
ループは展開するか除去しよう
頻繁に使われる値をキャッシュしよう
専用のアロケータを書こう
入力と出力をバッファリングしよう
特殊なケースは別個に処理しよう
結果を事前に計算しておこう
近似値を使おう
より低級な言語で書き直そう
できる限り小さなデータ型を使って領域を節約しよう
簡単に再計算できるものを記憶するな

移植性

標準に固執しよう
王道のプログラミングをしよう
言語のトラブルスポットに気をつけよう
複数のコンパイラで試してみよう
標準ライブラリを使おう
どこでも利用できる機能だけを使おう
条件コンパイルは避けよう
システム依存のコードは別個のファイルに
システム依存部分はインターフェイスの裏に隠蔽しよう
データ交換にはテキストを
データ交換には固定のバイト順を使おう
仕様を変えるなら名前を変えよう
既存のプログラムやデータとの互換性を維持しよう
ASCII を前提にするな
英語を前提にするな

索　引

女性：ミニー叔母さんはこの中にいませんか？
浮浪者：よかったら自分で中に入って探してみたらどうだい。ここにあんたの叔母さんがいなくても、きっと誰か代わりが見つかるだろうよ。

The Marx Brothers, *A Night at the Opera*

Symbols

A

N

O

P

Q

R

S

T

ソ

タ

チ

ツ

テ

ト

ナ

ニ

ヌ

ハ

ホ

マ

ミ

ム

メ

モ

ワ

著者／訳者

Brian W. Kernighan

Lucent Technologies 社ベル研究所の計算機科学研究センターに所属。Addison-Wesley 社の Professional Computing シリーズの顧問を務める。Dennis Ritchie との共著に『プログラミング言語 C』がある。

Rob Pike

Lucent Technologies 社ベル研究所の計算機科学研究センターに所属。オペレーティングシステム Plan 9 と Inferno の開発で設計／実装リーダーを務めた。研究の中心テーマはソフトウェアをもっと簡単に書けるようにするためのソフトウェア。

福崎俊博（ふくざき としひろ）

1958 年 1 月生まれ、早稲田大学政治経済学部政治学科卒。1970 年代後半よりコンピュータに興味を持ち、独学でアセンブラ、Pascal、C によるプログラミングに手を染める。1985 年頃よりフリーランスのライター／翻訳者として活動。『ハッカーズ大辞典』（アスキー）、『sed & awk プログラミング』（オライリー・ジャパン）、『入門 GNU Emacs 第 2 版』（同）など訳書多数。興味のある分野はオペレーティングシステム、言語、Unix ツール。

- 本書は、株式会社アスキーより刊行された『プログラミング作法』を再刊行したものです。再刊行にあたり、旧版刊行後に発見された誤植等を修正しております。
- 本書に対するお問い合わせは、電子メール (info@asciidwango.jp) にてお願いいたします。但し、本書の記述内容を越えるご質問にはお答えできませんので、ご了承ください。

■本文図版：内田 華代
■編集協力：原田 俊介、中野 賢

プログラミング作法

2017年1月30日　初版発行

著　者　Brian W. Kernighan,　Rob Pike
翻　訳　福崎 俊博
発行者　川上量生
発　行　株式会社ドワンゴ
〒104-0061
東京都中央区銀座 4-12-15 歌舞伎座タワー
編集　03-3549-6153
電子メール　info@asciidwango.jp
http://asciidwango.jp/

発　売　株式会社 KADOKAWA
〒102-8177
東京都千代田区富士見 2-13-3
営業　0570-002-301 (カスタマーサポート・ナビダイヤル)
受付時間　9:00～17:00 (土日 祝日 年末年始を除く)
http://www.kadokawa.co.jp/

印刷・製本　株式会社リーブルテック

Printed in Japan

ISBN 978-4-04-893052-9

アスキードワンゴ編集部
編　集　鈴木嘉平